西部史学

（第二辑）

黄贤全　邹芙都◎主编

西南师范大学出版社

国家一级出版社　全国百佳图书出版单位

图书在版编目（CIP）数据

西部史学. 第二辑 / 黄贤全，邹芙都主编. — 重庆:
西南师范大学出版社，2019.4
ISBN 978-7-5621-5807-3

Ⅰ. ①西… Ⅱ. ①黄… ②邹… Ⅲ. ①史学－研究－
中国 Ⅳ. ①K092

中国版本图书馆CIP数据核字（2019）第067469号

西部史学（第二辑）

黄贤全　邹芙都　主编

责任编辑：段小佳
书名题签：朱彦民
装帧设计：润江文化
照　　排：重庆大雅数码印刷有限公司·张祥
出版发行：西南师范大学出版社
　　　　　　网　址：http://www.xscbs.com
　　　　　　地　址：重庆市北碚区天生路1号
　　　　　　邮　编：400715
　　　　　　电　话：023-68868624
经　　销：新华书店
印　　刷：重庆荟文印务有限公司
幅面尺寸：170mm × 240mm
印　　张：16.5
字　　数：278千字
版　　次：2019年4月　第1版
印　　次：2019年4月　第1次印刷
书　　号：ISBN 978-7-5621-5807-3

定　　价：58.00元

目录

一、先秦秦汉史研究

夏代及其以前巴史料辨析

　　——兼论巴人起源问题 ｜ 朱圣钟　　　　　　　　　003

齐侯钟考释 ｜ 付　强　　　　　　　　　　　　　　　028

汉武帝时期关东民变时间考 ｜ 安子毓　　　　　　　　033

二、明清史研究

清在闽设置龙岩、永春直隶州的动机与成效考 ｜ 王日根　张宗魁　049

论明清私阉律例 ｜ 柏　桦　　　　　　　　　　　　　080

刘陶会讲

　　——刘宗周、陶奭龄的"证人社"讲会与晚明浙中王学的分化 ｜ 张天杰　100

三、史学史研究

王国维的治学特色与史学方法

　　——以"二重证据法"为考察中心 ｜ 彭　华　　　　121

四、经济史研究

东晋南朝南方麦作推广的再探讨 ｜ 王 勇　　　　135

五、古典学研究

塞克斯都·恩披里柯：其人其书 ｜ 崔延强　　　　147

波利比乌斯的历史编纂方法 ｜ 范秀琳　　　　156

六、边疆与民族史研究

论国家治理视野下清代滇东南边疆民族地区文教仓廪制度 ｜ 聂 迅　173

吐谷浑与突厥关系史考论 ｜ 李文学　　　　186

明清时期土司承袭与国家治理 ｜ 李良品　　　　196

七、世界史研究

斯蒂芬·兰顿与《大宪章》的形成 ｜ 王美君　　　　209

"欧洲"还是"罗马"

　　——基于历史文献对于法兰克人"欧洲"认同意识形成的探讨

　　　　　　　　　　　　　　　　　　　　　　　 ｜ 朱君杙　224

八、经典译文

耶稣会士与毛皮贸易 ｜ ［加］布鲁斯G.特里格 著　梁立佳 译　　　239

一 先秦秦汉史研究

夏代及其以前巴史料辨析[①]
——兼论巴人起源问题

朱圣钟[②]

（西南大学历史文化学院）

摘　要：该文从史料来源的可靠性、相关史实的分析入手，对史籍所载五条夏代及其以前巴史料进行了讨论，指出《华阳国志》所载巴人源自人皇、地皇、黄帝，巴人参与大禹会稽诸侯盟会，《山海经·海内经》《路史·匡名纪》所载巴人源自太皞、伏羲，《墨子·节葬》所载舜死葬南巴，《竹书纪年》《山海经·海内南经》《水经·江水注》所载孟涂司巴地在三峡地区秭归均不可信，唯有《世本》所载巴人事迹可信，凡以前四条史料为据推演的早期巴人或巴史结论都值得商榷；并以《世本》所载廪君事迹为据，结合相关史实对巴人起源问题进行了讨论，认为巴人起源地武落钟离山在清江流域，今湖北长阳县都镇湾佷山。

关键词：巴人；史料；起源；巴地

对史学研究而言，史料的真实可靠是一个基本的前提，因此史料本身的考据就史学研究而言就显得尤为重要。关于夏代及其以前的巴和巴人史料少而且简略，然而即便是这些有限的史料也存在诸多问题。许多学者对这些史料的真实性不作辨析，并以此为据推导演绎夏代及其以前的巴人历史，实

① 基金项目：国家社科基金一般项目"中国古代巴人分布迁徙及其与环境的关系研究"（项目编号：07BZS037）成果。

② 作者简介：朱圣钟，1973年生，男，土家族，湖北巴东人，历史学（历史地理）博士，西南大学历史文化学院历史地理研究所教授，主要研究方向为中国西南民族地区历史经济地理与环境变迁、历史地理文献。

在不是文史工作者应有的做法。本文就夏代及其以前的几条巴史料进行辨析，兼论巴人起源问题，藉以求教方家。

一、《华阳国志·巴志》中巴史料辨析

《华阳国志·巴志》载："人皇始出，继地皇之后，兄弟九人分理九州，为九圉，人皇居中州，制八辅。华阳之壤，梁岷之域，是其一圉，圉中之国则巴、蜀矣。……其君上世未闻。五帝以来，黄帝、高阳之支庶世为侯伯。"[①]

《华阳国志·巴志》载："禹会诸侯于会稽，执玉帛者万国，巴蜀往焉。"[②]

第一条史料出自常璩《华阳国志》，是将巴族源上溯到中原地区传说时代的人皇。人皇为古谶纬书中的人物，谶纬诸书创始于西汉末而盛于东汉初，谶纬之说自然不能当作分析远古史事的依据，这在史学界已是共识。黄帝为传说中华夏文明的缔造者，是华夏族先祖，也是三皇五帝谱系中的代表，常璩此说在《山海经》后、《路史》前，与《路史》虽略有不同，但核心思想一样，都认为巴人与华夏族同源同宗。童恩正认为常璩如此记载的目的是将各少数民族全部纳入中原文化体系[③]，以人种一元论为中原王朝对少数民族政治统治的合理性寻找理论依据。顾颉刚也认为："自从人皇到黄帝，他们对于巴蜀的关系大抵由于一二人的掉舌弄笔生出来的枝节，没有历史的价值。"[④]后世学者也深以为然，孙华就指出巴人源自黄帝的说法"不可信"[⑤]，林奇也认为此说是"不可靠的"[⑥]。因此我们认为《华阳国志》这段关于巴族起源的记载并不可信，对我们研究巴人起源没有太大的史料价值。

第二条史料最早见于《华阳国志》，是说夏王禹会盟诸侯于会稽，巴、蜀也参与了会盟。有学者以此为信史推断巴人在夏禹时代就与中原地区有了联

---

① [晋]常璩著，刘琳校注：《华阳国志校注》(修订版)，成都：成都时代出版社，2007年，第4页。
② [晋]常璩著，任乃强校注：《华阳国志校补图注》，上海：上海古籍出版社，1987年，第4页。
③ 童恩正：《古代的巴蜀》，成都：四川人民出版社，1979年，第8页。
④ 顾颉刚：《论巴蜀与中原的关系》，成都：四川人民出版社，1981年，第36～37页。
⑤ 孙华：《四川盆地的青铜时代》，北京：科学出版社，2000年，第354页。
⑥ 林奇：《巴楚关系初探》，《江汉论坛》1980年第4期，第87～91页。

系①，其说有待商榷。早期史籍确有禹会诸侯于会稽的记载，如《左传·哀公七年》载"禹合诸侯于涂山，执玉帛者万国"②，《国语·鲁语》载"昔禹致群神于会稽之山"③。不过学者们对"禹会盟诸侯于会稽"之说仍有怀疑④，认为会稽山在浙江绍兴，禹活动地域在豫西、晋南一带，禹不可能把会盟地选在绍兴会稽山，会稽禹迹是禹后裔迁越地后出于对禹的尊崇和拜祭而设置的⑤，我们认为此说有理，禹会诸侯于会稽说不能成立。涂山地望在河南登封、嵩县伊河、洛河以南山岳地带⑥，其地在夏王朝中心区域内，涂山作为会盟地点倒是可能的。

既然禹会诸侯于会稽说难以成立，那么巴参与会稽会盟也就为无稽之谈。史籍虽载禹会诸侯于涂山，但未载会盟诸侯名目，其中有无巴、蜀不得而知。《华阳国志》之前也无巴、蜀参与大禹诸侯会盟的记载。夏后氏建立夏朝前主要活动地域在豫西和晋南，中心区域在豫西⑦，其势力未远播巴、蜀；巴、蜀僻处西南，且自古是"蜀道之难，难于上青天"，山川阻隔，距离辽远，巴、蜀能否参与会盟未可知。因此常璩说禹会诸侯"巴蜀与焉"有想当然之嫌，顾颉刚先生曾对常璩此说提出过质疑⑧，确乎为中肯之语。

二、《山海经·海内经》《路史·国名纪》巴史料辨析

《山海经·海内经》载："西南有巴国，太皞生咸鸟，咸鸟生乘厘，乘厘生后照，后照是始为巴人。"⑨

《路史·国名纪》载："伏羲生咸鸟，咸鸟生乘厘，是司水土，生后照，后照生顾相，夅（降）处于巴，是生巴人。"⑩

① 潘光旦：《湘西北的"土家"与古代的巴人》，载《土家族社会历史调查》，北京：民族出版社，2009年，第19～115页。
② 杨伯峻编著：《春秋左传注》，北京：中华书局，1990年，第1642页。
③ 上海师范大学古籍整理组校点：《国语》，上海：上海古籍出版社，1978年，第213页。
④ 田敏：《夏代巴人地域考》，《湖北民族学院学报》（社会科学版）1994年第1期，第25～26页。
⑤ 田继周：《先秦民族史》，成都：四川民族出版社，1988年，第174页。
⑥ 董其祥：《涂山新考》，载《巴史新考》，重庆：重庆出版社，1983年，第78～93页。
⑦ 周苏平：《尧、舜、禹"禅让"的历史背景》《西北大学学报》（哲学社会科学版）1993年第2期，第45～52页。
⑧ 顾颉刚：《论巴蜀与中原的关系》，成都：四川人民出版社，1981年，第69页。
⑨ 袁珂校注：《山海经校注》，成都：巴蜀书社，1993年，第514页。
⑩ [宋]罗泌：《路史》，上海：中华书局，1936年，第62页。又《路史·后纪》（第66页）载"太昊伏戏氏……母华胥，居于华胥之渚"，注文载"乃阆中渝水之地"，又载"今峨眉亦有女娲祠"。常璩《华阳志》等谓伏羲女娲之所常游。此类犹多。"则是伏羲生于阆中渝水，作为太昊（伏羲）女弟的女娲也生于阆中渝水一带，他们兄妹活动于川北与川西一带。于是有"伏羲生咸鸟，咸鸟生乘厘，是司水土，生后照，后照生顾相，夅（降）处于巴，是生巴人"的记载，将伏羲与阆中巴地联系起来。罗泌此说与众多文献"伏羲生纪"说法相抵牾。

这两条史料中的巴人世系初见于《山海经·海内经》，罗泌《路史·国名纪》大体延续了《山海经》的说法又有所改动，两条史料出处和撰者虽不同，但所载巴人世系大体相同，显然罗泌是继承和发扬了《山海经》的说法，所以我们将这两条史料当作同一史料在不同时代的两个版本处理。这条史料目前在巴史研究中引用率很高，多数学者论及巴人起源等问题时都会引用，有的甚至以此为据衍生出关于巴人族源、起源地的诸多说法，都是以这条史料真实可信为前提的。

《山海经》究竟作于何时至今仍众说纷纭，顾颉刚认为《山海经》是周末到西汉中叶写成的[①]，谭其骧认为《山海经》中《山经》写成于秦始皇统一六国后[②]，徐显之认为《山海经》大量资料定型于夏，润色成文于春秋战国，资料补充一直延续到汉晋[③]，蒙文通认为《山海经》成书时代在公元前4世纪中叶以前[④]，孙致中认为《山海经》成书时代在战国或战国以前[⑤]，唐世贵认为《山海经》成书于西周初中期至战国中期[⑥]，万群认为《山海经》中《山经》成书于战国中晚期，《海经》《荒经》成书于战国末至汉初[⑦]。由于《山海经》成书时代存疑，因此我们无法判断"西南有巴国"中的巴国始于何时。

《山海经》史料价值历代也争讼不一，《汉书·艺文志》将其归入数术刑法类，杜佑《通典》以《山海经》为"恢怪不经"之书[⑧]，《宋史·艺文志》将其列入五行类，胡应麟《四部正讹》称其为神怪之书，纪昀《四库全书总目提要》将其归入小说类，惟刘歆、《隋书·经籍志》以《山海经》为地理书，张之洞《书目答问》将《山海经》归入史书类[⑨]。

今人对《山海经》史料价值也是各抒己见。部分学者以《山海经》为有利用价值的史书、地理书，如蒙文通以《山海经》为研究我国及东亚、中亚各族上古时代生活斗争、民族关系的重要书籍[⑩]；吕子方认为《山海经》是名物方志

---

① 顾颉刚：《论巴蜀与中原的关系》，成都：四川人民出版社，1981年，第39页。
② 谭其骧：《论五藏山经的地域范围》，载《中国科技史探索》，上海：上海古籍出版社，1982年。
③ 徐显之：《山海经探原》，武汉：武汉出版社，1991年，第283页。
④ 蒙文通：《略论〈山海经〉的写作时代及其产生地域》，载《中华文史论丛》第1辑，北京：中华书局，1962年，第43~70页。
⑤ 孙致中：《〈山海经〉的作者及著作时代》，《贵州文史丛刊》1986年第1期，第78~82页。
⑥ 唐世贵：《〈山海经〉成书时地及作者新探》，《成都理工大学学报》（社会科学版）2006年第1期，第51~56页。
⑦ 万群：《从汉语史角度看〈山海经〉的成书年代》，《中国典籍与文化》2013年第2期，第4~11页。
⑧ [唐]杜佑撰，王文锦等点校：《通典》，北京：中华书局，1988年，第4562页。
⑨ [清]张之洞：《书目答问》，上海：商务印书馆，1933年，第56页。
⑩ 蒙文通：《略论〈山海经〉的写作时代及其产生地域》，载《中华文史论丛》第1辑，北京：中华书局，1962年，第43~70页。

书，虽夹杂神话传说，但更多是上古社会的实况记录，反映我国某个时期某些地区氏族部落文化概况，史料价值极高①；常征认为《山海经》是极有价值的史料书，"纪事之古始论，存世古文献恐无出其右者"②；徐显之认为《山海经》为氏族社会志，《山经》为以山为经的方物志，《海经》为以氏族为经的社会志，《海内经》则有科技志的性质③；胡远鹏认为《山海经》为一部信史④；安京认为《山海经》为地理书⑤；董其祥认为《山海经》成书比《蜀王本纪》《三巴记》《华阳国志》早，其史料是可信的⑥；周集云认为《山海经》中巴人世系是据巴人早期传说记录的⑦。部分学者则认为其史料价值有限，如袁珂认为《山海经》是"现存的唯一的保存中国古代神话资料最多的著作"⑧，属神话传说一类；童恩正认为《山海经》是反映古代南方文化的作品，记载了很多南方民族，特别是西南民族的神话，而太皞（即伏羲）又是其中最具普遍性的人物，他和女娲都是传说中的世界创造者，原是某一民族的神话人物，后流传成共同的神话人物，到战国时代被整理成谱系齐全的历史，因此不能以此作为解释巴人历史的依据⑨，林时九认为《山海经》为反映古代的文化作品，其中记载了许多古代民族的神话传说，传说故事不能作为巴人起源的历史依据⑩。这两种截然不同的观点恰好反映了《山海经》内容庞杂，传说与史实相混，因此我们引用这部著作中的资料，要有审慎的态度，不能主观上认定其史料可靠就以其为凭据进行古史推演。

《山海经》将巴人祖先上溯到太皞，而《路史》将巴人始源上溯到伏羲。据中国古史传说，太皞氏为东方部族，太皞又作"大皞""太昊"，为太皞氏部族首领，出生地及活动地域据《左传·昭公十七年》载"陈，大皞之虚"，又载"太皞氏以龙纪，故为龙师而龙名"⑪，《左传·僖公二十一年》载"任、宿、须句、颛臾，风

① 吕子方：《中国科学技术史论文集》（下），成都：四川科学技术出版社，1984年，第1页。

② 常征：《〈山海经〉及其史料价值》，《北京社会科学》1988年第3期，第28～40页。

③ 徐显之：《山海经探原》，武汉：武汉出版社，1991年，第1～92页。

④ 胡远鹏：《论〈山海经〉是一部信史》，《中国文化研究》1995年第4期，第50～55页。

⑤ 安京：《〈山海经〉史料比较研究》，《中国边疆史地研究》1996年第1期，第3～15页。

⑥ 董其祥：《〈山海经〉记载的巴史》，载《巴史新考》，重庆：重庆出版社，1983年，第34～51页。

⑦ 周集云：《巴族史探微》，成都：四川省社会科学院出版社，1989年，第1页。

⑧ 袁珂：《中国古代神话》，北京：华夏出版社，2006年，第9页。

⑨ 童恩正：《古代的巴蜀》，成都：四川人民出版社，1979年，第7～8页。

⑩ 林时九：《巴文化与土家族刍议》，《吉首大学学报》（社会科学版）1987年第4期，第30～38页。

⑪ 杨伯峻编著：《春秋左传注》（修订本），北京：中华书局，1990年，第1391、1386页。

姓也,实司大皞与有济之祀,以服事诸夏"①,《诗补传》载"营丘,太皞之后爽鸠氏之墟"②,《礼记·月令》疏载"东方之帝谓之大皞"③。陈在今河南淮阳,任在今山东济宁,宿、须句在今山东东平,颛臾在今山东费县④,营丘位置一说在山东淄博,一说在山东昌乐⑤,从地域看太皞活动地在今山东半岛和河南东部一带,周集云认为在河南开封以东,安徽亳县以北地域⑥,徐旭生认为在今河南、山东、安徽、江苏四省毗邻地区⑦,如此则太皞氏部族处诸夏之东,西与中原诸夏相邻,故太皞被称为东方之帝。太皞氏部族"以服事诸夏",在"侯、服、甸、要、荒"五服中处第二等级,表明太皞氏本不属"诸夏"系统,故太皞氏被认定为东夷部族⑧。西汉谶纬说盛行,作为东夷部族首领的太皞被纳入远古帝王世系中,排序还在黄帝之先⑨,太皞也由东夷变身为华夏帝王。《山海经》将僻处西南的巴族渊源比附于太皞,是将巴人族源与华夏远古帝王联系在一起,与常璩将巴族源比附于人皇、黄帝的做法并无二致。为何古文献多将巴族源比附于中原帝王呢?罗泌《路史》解释是"蛮夷之种多帝者之苗矣,若巴人之出于伏羲……安是果信耶?……蛮夷之丑,虽有盛强,苟非先王之后者,皆不足以得志于中国"⑩,可见将族源比附于远古帝王,只是为了蛮夷能"得志于中国",这完全是一种政治需要,而实情远非如此。因此对于巴人起源的这类记载,我们当然不能信以为真。

伏羲又称宓羲、庖牺、炮牺、包牺、伏戏、伏牺。晋皇甫谧《帝王世纪》载华胥"生庖牺于成纪,蛇首人身"⑪,后世也多有伏羲生成纪的记载。《元和郡县图志》载秦州成纪县"本汉旧县,也属天水。伏羲氏母曰华胥,履大人迹,生伏羲

---

① 杨伯峻编著:《春秋左传注》(修订本),北京:中华书局,1990年,第391~392页。

② [宋]范处义撰:《诗补传》卷29,文渊阁四库全书本,第72~423页。

③ [清]孙希旦撰,沈啸寰、王星贤点校:《礼记集解》,北京:中华书局,1989年,第404页。

④ [清]阮元校刻:《十三经注疏》,北京:中华书局,1980年,第1811页。

⑤ 魏嵩山主编:《中国历史地名大辞典》,广州:广东教育出版社,1995年,第995页;戴均良主编:《中国古今地名大词典》,上海:上海辞书出版社,2005年,第2654页。

⑥ 周集云:《巴族史探微》,成都:四川省社会科学院出版社,1989年,第1页。

⑦ 徐旭生:《中国古史的传说时代》,北京:科学出版社,1961年,第56页。

⑧ 杨铭:《巴人源出东夷考》,《历史研究》1999年第6期,第36~50页。

⑨ [清]阮元校刻:《十三经注疏》,北京:中华书局,1980年,第776页。

⑩ [宋]罗泌撰:《路史》卷24《国名纪》,文渊阁四库全书本,第323页。

⑪ [晋]皇甫谧著,徐宗元辑:《帝王世纪辑存》,北京:中华书局,1964年,第3页。

于成纪，即此丘也"①，雍正《甘肃通志》载秦州成纪废县"庖羲氏生于成纪"②，则成纪在今甘肃省天水、秦安一带，则是伏羲出生在西北，伏羲氏为西方部族，在远古族系中属西戎一族。

汉代以后史籍多将太皞与伏羲视为一人，或以太皞指伏羲，或称太皞伏羲氏，实则不然。从太皞、伏羲出生地、图腾、世次关系和姓氏来看，太皞与伏羲实非一人③，我们认为此说有理④。首先太皞为东方部族，伏羲为西方部族，二者出生地和活动地域不同。其次从图腾来看，《左传·昭公十七年》载"太皞氏以龙纪，故为龙师而龙名"，孔颖达疏引服虔称"太昊以龙名官，春官为青龙氏，夏官为赤龙氏，秋官为白龙氏，冬官为黑龙氏，中官为黄龙氏"，则太皞氏以龙为图腾。《帝王世纪》称伏羲"蛇首人身"，司马贞《补史记三皇本纪》载伏羲"蛇身人头"，陈耀文《天中记》卷二十二载"伏羲人头蛇身"，则伏羲与蛇联系密切，以蛇为图腾。另外从世次关系看，《韩非子·说难》《易·系辞》《礼记》等载上古世系依次为有巢氏、燧人氏、伏羲氏、神农氏、黄帝、尧、舜，伏羲氏世系明确。太皞在先秦文献中与伏羲无瓜葛，春秋战国时东夷为齐、鲁等国所并始融入华夏，至秦并天下"其淮、泗夷散为民户"，东夷才完全融入华夏族，太皞始纳入华夏族帝王世系，因此太皞原本不属华夏族。最后从姓氏看，《左传·僖公二十一年》载太皞氏"风姓"。伏羲氏据《左传》杜预注"共工氏以诸侯霸九州岛者，在神龙前、太昊后"，《国语》韦昭注"共工氏在羲农之间"，司马贞《补史记三皇本纪》载"宓羲之后已经数世……诸侯有共工氏"，《国语》贾逵注"共工氏姜姓"，则伏羲氏为姜姓，太皞氏、伏羲氏姓氏不同。

既然太皞是太皞，伏羲是伏羲，为何后世文献将二者等同起来呢？这要归咎于汉以后的学者。战国中期以前文献诸如《论语》《墨子》《左传》《国语》《孟子》等载太皞而无伏羲，即便是涉及古帝王较多的《山海经》也没有伏羲的记载。战国中晚期后伏羲始见记载，其身份或神或人，如《庄子·内篇》两处、《外篇》三处提到伏羲，之后《管子》《荀子》《商君书》《易·系辞》遂有伏羲的记载。司马迁撰《史记》，其《五帝本纪》始自黄帝而未载伏羲，班固撰《汉书》，伏

①［唐］李吉甫撰，贺次君点校：《元和郡县图志》，北京：中华书局，1983年，第982页。
②［清］许容修，李迪等纂：《甘肃通志》卷23《古迹·直隶秦州》，清乾隆元年（1736年）刻本。
③屠武周：《伏羲非太昊考》，《东南文化》1990年第4期，第20～25页。
④朱圣钟：《"巴人源于古羌人"说质疑——兼与彭官章先生等人商榷》，《西南大学学报》（社会科学版）2009年第5期，第54～58页。

羲始进入远古帝王序列,身份也由创始神演变为历史人物。可见伏羲进入远古帝王行列也经历了一个从无到有、从零散到系统、从神到人的变化过程。在先秦史籍中伏羲与太皞也无任何关联,如战国末《荀子·正论篇》载"太昊",而其《荀子·成相篇》载"伏羲",荀子将二人分开记述,显见二者并非一人。

最早将太皞伏羲并称的是西汉末刘歆的《世经》,它将太皞与伏羲并列于黄帝之上构建了一套上古帝王世系。刘歆革新战国邹衍以土、木、金、火、水顺序解说朝代更替的"五德终始说",提出木、火、土、金、水五行相生的新五德终始说,将太皞伏羲氏、炎帝神农、少昊氏、颛顼、帝喾、尧、舜等原未纳入帝王世系的都囊括到新五德终始说体系中,此后文献遂有太昊伏羲氏之名,太皞与伏羲也合二为一了。崔述《崔东壁遗书》①、徐旭生《中国古史的传说时代》②也认为太皞、伏羲合而为一是后人捏造的。

根据对太皞与伏羲关系的讨论,我们认为早期太皞与伏羲本为两人,罗泌《路史》因受五德终始说影响,认定太皞、伏羲为一人,遂在《路史·国名纪》中以伏羲代替《山海经》中的太皞,遂有巴人出自伏羲之说。因此罗泌《路史》中的巴人始自伏羲说有待商榷。因此我们不能单凭《山海经》或《路史·国名纪》的记载来推演巴人始自太皞或伏羲。

既然这两条关于巴人的史料有诸多疑点,我们本着存疑史料不用的原则,在研究早期巴人或巴史相关问题时,不宜用这两条史料作立论的依据。因此,许多以这两条史料为立论依据推演出的关于巴人或巴史的结论都是值得商榷的。

三、《墨子·节葬》巴史料辨析

《墨子·节葬》载:"舜西教乎七戎,道死,葬南巴之中,衣衾三领,穀木之棺,葛以缄之。"③

这条史料记载的是舜死后葬所问题。李贤等注《后汉书》引《墨子·节葬》以

---

① [清]崔述撰著,顾颉刚编订:《崔东壁遗书》,上海:上海古籍出版社,1983年,第38页。
② 徐旭生:《中国古史的传说时代》,北京:文物出版社,1985年,第49页。
③ [南朝·宋]范晔撰,[唐]李贤等注:《后汉书》卷49《王符传》,北京:中华书局,1965年,第1637页。又[清]毕沅校注:《墨子》[清乾隆四十九年(1784年)灵岩山馆刻本]卷六载"舜西教乎七戎,道死,葬南巳之市,衣衾三领,穀木之棺,葛以缄之",又载"南巳实当作南巴,形相近,字之讹也"。

为舜死葬于"南巴",清毕沅注《墨子》也认为"'南已'实当作'南巴',形相近,字之讹也",又说"九嶷古巴地",并引《史记正义》称"《周地志》云:'南渡老子水,登巴岭山,南回记大江。此南是古巴国,因以名山。'是也'"①今世学者论及舜死葬之地也以"葬南已之市"为"葬南巴之市",并推断"苍梧古有南巴之称。疑自楚以西,自巴以南至于苍梧,古皆称巴;战国以后始谓象郡以南为百越"②。

史家对这条史料真伪其实早有讨论,毕沅引《吕氏春秋·安死》云"舜葬纪市",与南巴无涉,晋高诱称为"纪邑",而王念孙引《北堂书钞》及《初学记·礼部下》《后汉书·赵咨传》注及《太平御览》并作"南已",今人孙启治亦说"王说'南已'是"③,则《墨子》所载"舜葬南已之市"之"南已"为"南巴"说难令人信服,以"南巴"推导出"自巴以南至于苍梧,古皆称巴"的结论也不可信。查舜活动地域在河南东部、山东一带④,未远及苍梧地,苍梧为古百越地,与巴地相隔悬远,因此"舜死葬南巴"说不可信,自然"自巴以南至于苍梧,古皆称巴"的说法也不能成立。

四、《竹书纪年》《山海经·海内南经》《水经·江水注》巴史料辨析

《竹书纪年》载:"八年,帝使孟涂如巴莅讼。"⑤

《山海经·海内南经》载:"夏后启之臣曰孟涂,是司神于巴。人请讼于孟涂之所,其衣有血者乃执之,是请生。居山上;在丹山西。丹山在丹阳南,丹阳居属也。"⑥

《水经·江水注》载:"(大巫山)神孟涂所处。山海经曰:夏后启之臣孟涂,是司神于巴,巴人讼于孟涂之所,其衣有血者执之,是请生,居山上,在丹山西。郭景纯云,丹山在丹阳,属巴,丹山西即巫山者也。"⑦

① 吴毓江撰,孙启治点校:《墨子校注》,北京:中华书局,1993年,第283~284页。
② 蒙文通:《百越民族考》,《历史研究》1983年第1期,第54~59页;张勋燎:《古代巴人的起源及其与蜀人、僚人的关系》,载《南方民族考古》第1辑,成都:四川大学出版社,1987年,第45~70页。
③ 吴毓江撰,孙启治点校:《墨子校注》,北京:中华书局,1993年,第283~284页。
④ 周苏平:《尧、舜、禹"禅让"的历史背景》,《西北大学学报》(哲学社会科学版)1993年第2期,第45~52页。
⑤ [梁]沈约注:《竹书纪年集解》,上海:广益书局,1936年,第26页。
⑥ 袁珂校注:《山海经校注》,成都:巴蜀书社,1992年,第326页;周集云《巴族史探徵》(成都:四川省社会科学院出版社,1989年,第2页)认为文中"居属"为"巴属","丹山,在丹阳南"为郭璞羼入《山海经》正文的,原文无此记载。
⑦ [北魏]郦道元著,[清]王先谦校:《合校水经注》,北京:中华书局,2009年,第492~493页。

《竹书纪年》《山海经·海内南经》《水经·江水注》这几条史料记载的都是夏启时孟涂司巴事件,只是详略不同,因此我们将其视为同一条史料的不同版本。

《竹书纪年》为战国时魏国史书,晋武帝太康二年(281年)出土于汲郡(今河南卫辉市西南)古墓中,因书于竹简上故称《竹书》,体裁按年编次故称《纪年》,全书原十三篇,叙述了夏、商、西周和春秋、战国史事,具有较高史料价值。《竹书纪年》原件已散佚,现流传有《古本竹书纪年》《今本竹书纪年》两个版本。清代学者朱右曾将南北朝至宋代古书中的注释和一些类书中原本佚文汇辑编为《汲冢纪年存真》,王国维在《存真》基础上重辑为《古本竹书纪年辑校》,沈祥雍又对王国维《辑校》本校订增补,编为《古本竹书纪年辑校订补》,这些皆称古本。现流行的今本较早的是明天一阁刻本,《今本竹书纪年》也是从古注、类书所引古本辑录出来的,但又增加了一些非古本佚文,并抄录沈约《宋书·符瑞志》作沈约注,经重编的今本《竹书纪年》中春秋、战国部分采用东周纪年,与古本用晋国、魏国纪年不同,今本出现时间也较早,故今本也有一定史料价值。而"孟涂司巴"仅见于今本《竹书纪年》[①],《古本竹书纪年》各本中无此记载[②],又《山海经》也有孟涂司巴的记载,两相印证,孟涂司巴的真实性似无可怀疑,而《水经注》则是祖述《山海经》。

据这条史料分析,孟涂为夏启派入巴地负责刑狱的官吏,孟涂司巴说明夏启时巴人已臣属于夏王朝[③]。孟涂听讼之巴地在何处?《竹书纪年》《山海经》均未指明。郭璞注《山海经》称"晋建平郡丹阳城秭归县东七里,即孟涂所居",是以孟涂司巴地在湖北秭归县境,郦道元注《水经》,秭归县下也引述了孟涂司巴事迹,认为丹山西在巫山,丹山、丹阳在三峡地区。以孟涂司巴地在秭归还见于《竹书纪年集解》《山海经·海内南经》"丹阳"注。罗泌《路史》"丹阳"注亦载"晋建平郡有丹阳城,在秭归县之东七里。丹山之西,即孟涂之所理也。丹山乃今巫山"[④],则似乎孟涂司巴地在湖北秭归县,后世学者以郭璞

① 明嘉靖中四明范氏天一阁刊本《竹书纪年》卷上、聚学轩丛书本《竹书纪年》卷上、四部丛刊本《竹书纪年》卷上、增定古今逸史本《竹书纪年》卷上、日本早稻田大学图书馆藏本《竹书纪年》卷上均有相同记载:"(帝启)八年,使孟涂如巴莅讼。"

② 范祥雍编:《古本竹书纪年辑校订补》,上海:新知识出版社,1957年;方诗铭、王修龄录校:《古本竹书纪年辑证》,上海:上海古籍出版社,1981年;佚名撰,张洁、戴和冰点校:《古本竹书纪年》,济南:齐鲁书社,2000年。

③ 周集云:《巴族史探微》,成都:四川省社会科学院出版社,1989年,第4页。

④ [宋]罗泌撰:《路史》卷23,文渊阁四库全书本,第149页。

注为信史,亦以孟涂司巴地在秭归[①]。

说丹山、丹阳在秭归有两大疑点:一是夏王朝版图西起华山以东,东达豫东平原,北自济水以南,南至淮河沿岸[②],中心区域在豫西、晋南[③],若丹山、丹阳在峡江地区,则夏王朝势力延伸到三峡地区。而秭归峡江地区与夏王朝中心区山川阻隔,距离辽远,在交通不发达的夏代,夏朝势力不可能扩展至此。二是早有人对丹山、丹阳秭归说提出疑议,清郝懿行引《晋书·地理志》称"建平郡有秭归,无丹阳,其丹阳属丹阳郡也"[④],查《晋书·地理志》建平郡确有秭归而无丹阳,而丹阳郡则有丹阳[⑤],郭璞说建平郡有丹阳,言之无据。晋丹阳郡丹阳县在安徽省当涂丹阳镇,其地距豫西、晋南甚远,郝懿行所说丹阳也非孟涂司巴地。

学者们对孟涂司巴之丹阳、丹山秭归说也多有怀疑,王光镐认为郭璞秭归丹山、丹阳说"破绽百出,处处露出生造的痕迹"[⑥],何光岳据夏启与有扈氏交战地在今陕西户县甘亭推断巴人在夏活动地域以南,丹山即商县丹霞山,丹山西在镇巴巴庙河一带[⑦]。《通典》载梁州"当夏殷之间为蛮夷之国,所谓巴、賨、彭、濮之人也"[⑧],是说夏商梁州曾为巴、賨、彭、濮人聚居地,而巴、賨、濮人后来也是巴人部族。田敏据《史记》载秦、楚丹阳之战认为丹阳在丹水之阳,在丹江与淅水交汇之地,其地近豫西、晋南,"孟涂所司丹阳之地,正应是今丹江流域的丹淅地区,而与秭归无关"[⑨],亦属言之有据。另据汉江上游考古发现,在陕南紫阳县马家营、白马石,汉阴县阮家坝等遗址夏商遗存中出土陶器

① 周集云:《巴族史探微》(成都:四川省社会科学院出版社,1989年,第3页)认为乒山在今江陵至秭归长江北岸丘陵地带,巫山、秭归、丹阳、丹山以至于江陵地带,都是巴人聚居地;李学勤:《巴史的几个问题》(载《巴渝文化》第3辑,重庆:西南师范大学出版社,1994年,第41~45页)认为乒山西即巫山,为巴之东界,以此为据论证夏代巴在四川(今四川省、重庆市)东部一带活动;董其祥:《古代的巴与越》(载《巴史新考》,重庆:重庆出版社,1983年,第8~33页)也认为"孟涂司巴"地在今湖北秭归西面巫山一带,是廪君蛮源出地;邓少琴:《巴蜀史稿》(重庆地方史资料组编印,1986年,第72页)认为楚熊挚所居地即夏后启臣孟涂司神之巴,其地在峡江地区秭归一带。

② 郑杰祥:《夏史初探》,郑州:中州古籍出版社,1988年,第73~86页。

③ 杜勇:《论夏朝国家形式及其统一的意义》,《天津师范大学学报》(社会科学版)2007年第1期,第31~39页。

④ 袁珂校撰:《山海经校注》,成都:巴蜀书社,1993年,第327页。

⑤ [唐]房玄龄等撰:《晋书》,北京:中华书局,1974年,第456、460页。中华书局1974年本作"丹杨郡",县作"丹杨",而郡下载"汉置"。《汉书·地理志》载有丹阳郡,郡下辖有丹阳县,则是《晋书·地理志》"丹杨"即"丹阳",同音异写而已。

⑥ 王光镐:《楚文化源流新证》,武汉:武汉大学出版社,1988年,第345~347页。

⑦ 何光岳:《南蛮源流史》,南昌:江西教育出版社,1988年,第399页。

⑧ [唐]杜佑撰,王文锦、王永兴、刘俊文等点校:《通典》,北京:中华书局,1988年,第4574页。

⑨ 田敏:《夏代巴人地域考》,《湖北民族学院学报》(社会科学版)1994年第1期,第25~26页。

以绳纹圜底罐为主，该遗存被界定为早期巴蜀文化白马石类型[1]，而夏商以前文化面貌与关中和豫西考古文化联系密切，表明陕南汉江流域早期巴蜀文化是从南边传入的，而陕南汉水流域在地域上与巴地邻近，这种早期巴蜀文化白马类型的主人当为北迁巴人。因此夏代巴人地域北界扩展到汉水上游是可能的。孟涂司巴之丹山、丹阳当在汉水上游何处？目前因资料所限还无法确认，前述何光岳、田敏之说或皆有可能。

五、《世本》巴史料辨析及巴人起源

《世本》载："巴郡南郡蛮，本有五姓：巴氏、樊氏、瞫氏、相氏、郑氏，皆出于武落钟离山。其山有赤黑二穴，巴氏之子生于赤穴，四姓之子皆生黑穴。未有君长，俱事鬼神。廪君名曰务相，姓巴氏，与樊氏、瞫氏、相氏、郑氏凡五姓，俱出争神。乃共掷剑于石，约能中者，奉以为君。巴氏子务相乃独中之，众皆叹。又令各乘土船，雕文画之，而浮水中，约能浮者，当以为君。余姓悉沉，惟务相独浮，因共立之，是为廪君，乃乘土船从夷水至盐阳。盐水有神女谓廪君曰：'此地广大，鱼盐所出，愿留共居'。廪君不许。盐神暮辄来取宿，旦即化为虫，与诸虫群飞，掩蔽日光，天地晦冥，积十余日。廪君不知东西所向七日七夜，使人操青缕以遗盐神，曰：'婴此即相宜。云与女俱生，弗宜将去'。盐神受而婴之。廪君即立阳石上，应青缕而射之，中盐神，盐神死，天乃大开。廪君于是君乎夷城，四姓皆臣之。"[2]

这条史料记载了廪君及巴人起源的相关情况，也是很多学者在论及巴人起源时常引用的一段史料。廪君的记载目前所知最早出自《世本》，《世本》为研究先秦历史的重要典籍，清王谟说"欲稍知先古世系源流，舍《世本》更别无考据"[3]，梁启超说"史学界最初有组织的名著，则春秋战国间得二书焉，一曰左丘之《国语》，二曰不知撰人之《世本》"[4]，可见《世本》的史料价值是很高的。

---

① 陕西省考古研究所、陕西省安康水电站库区考古队《陕南考古报告集》，西安：三秦出版社，1994年，第268、345、386页。

② [汉]宋衷注，[清]秦嘉谟等辑《世本八种》，北京：中华书局，2008年。

③ [汉]宋衷注，[清]王谟辑：《世本·王谟辑本·序录》，《世本八种》，北京：中华书局，2008年，第1页。

④ 梁启超：《中国历史研究法》，北京：东方出版社，2012年，第15页。

《世本》成书时间还有争议，一说在春秋时期，为左丘明所著，如《颜氏家训·书证》载"《世本》，左丘明所书"，近代章太炎信从此说，其《訄书·尊史》第五十六称"改左丘明成《春秋》内、外《传》，又有《世本》以为胠翼"，现有人认为《世本》成书于春秋末年，战国末年增入战国史料，至楚汉之际略有增益①，是对春秋成书说有所发展。二说成书于春秋战国之际，认为最初为记载世系谱牒之书，各篇成书时间不一，初有《世》《系世》《经世》《谱牒》《系本》等名，《国语·鲁语》《国语·楚语》《周礼·小史》《庄子·齐物论》《荀子·礼论》《大戴礼·卫将军文子篇》等多有提及②。三说成书于战国末年，为赵国人编著，清张澍《辑〈世本〉序》载"《王侯大夫谱》云'赵孝成王丹生悼襄王偃，偃生今王迁'，是作者犹赵王迁时"③，近代学者陈梦家也持此说④，又吕幼樵也认为《世本》成书于战国末年⑤。四说成书于楚汉时期，其说始见晋杨泉《物理论》，但此书已佚，清人曾从唐《意林》、宋《太平御览》引文中辑出其文"楚汉之际，有好事者作《世本》，上录黄帝，下逮汉末"，刘知几《史通·古今正史》亦载"楚汉之际，有好事者录自古帝王、公侯、卿大夫之世，终乎秦襄，号曰《世本》十五篇"，现也有学者赞同此说⑥，徐中舒说《世本》成书最晚是在秦汉之间⑦。五说为西汉刘向辑录成书，如《隋书·经籍志》载"《世本》二卷，刘向撰"，后李宗邺⑧、陈建梁⑨、乔治忠⑩也持此观点。六说为古史官所著，时代不确，如《汉书·艺文志》载"《世本》十五篇，古史官记黄帝以来讫春秋诸侯大夫"⑪，司马贞《史记索隐》引刘向语亦载"《世本》，古史官明于古事者所记也，录黄帝已来帝王诸侯及卿大夫系谥名号，凡十五篇"⑫，成书时代界定模糊。以上诸说虽对《世本》成书时间看法不同，但都认同《世本》各篇撰成时代早于《世本》编辑成书时间，书中有汉初学者附益内容。

① 周晶晶：《〈世本〉研究》，济南：山东大学硕士学位论文，2008年，第6～11页。
② 王玉德：《〈世本〉成书初探》，《华中师范大学学报》（哲学社会科学版）1986年第1期，第100～105页。
③ ［汉］宋衷注，［清］张澍辑：《世本·张澍稡集补注本》，《世本八种》，北京：中华书局，2008年，第2页。
④ 陈梦家：《〈世本〉考略》，《西周年代考·六国纪年》，北京：中华书局，2005年，第135～141页。
⑤ 吕幼樵：《〈世本〉述论》，《贵州师范大学学报》（社会科学版）1997年第4期，第46～48页。
⑥ 齐思和：《黄帝之制器故事》，载《古史辨》，上海：上海古籍出版社，1982年，第381～451页。
⑦ 徐中舒：《巴蜀文化初论》，载《论巴蜀文化》，成都：四川人民出版社，1982年，第1～47页。
⑧ 李宗邺：《中国历史要籍介绍》，上海：上海古籍出版社，1982年，第106页。
⑨ 陈建梁：《〈世本〉析论》，《史学史研究》1996年第1期，第55～61页。
⑩ 乔治忠、童杰：《〈世本〉成书年代问题考论》，《史学集刊》2010年第5期，第39～45页。
⑪ ［汉］班固撰，［唐］颜师古注：《汉书》卷30《艺文志》，北京：中华书局，1962年，第1714页。
⑫ ［唐］司马贞撰：《史记索隐·集解序》，文渊阁四库全书本。

在重视世系与血统的王朝时代,承载谱系和血统的《世本》造假的可能性不大,因此其史料价值就弥足珍贵,这也是《世本》为后世学者多所征引的一个重要原因。而同时代书籍如《山海经》等,只能是"为《世本》增益旧闻,其他胄系名号,缪难理矣,及以《世本》为权度,而亦灼然昭彻"①,故古史世系编次还当以《世本》为准。因此司马迁编著《史记》就多有征引②,汉班固、刘向、王充、郑玄、赵岐等史家著书也多引用此书。

从目前《世本》辑本内容看,除王梓材撰本外各辑本都载有廪君事迹③,王谟辑本廪君史迹载于周世系下;孙冯翼辑本廪君史迹载于氏姓篇下;陈其荣增订本氏姓篇下载廪君事迹,并称"巴氏,巴子国,子孙以国为氏";秦嘉谟辑补本氏姓篇下载廪君事迹,张澍稡集补注本氏姓篇下载"巴氏,巴子国,子孙以国为氏",后载廪君事迹;雷学淇校辑本氏姓下载"巴子国,子孙以国为氏",后载廪君事迹;茆泮林辑本氏姓篇下巴氏后载廪君事迹。因此从《世本》辑本来看,巴国就是廪君巴氏建立的方国。巴氏子务相在与樊、瞫、相、郑等四姓结盟后取得部落联盟首领地位,巴成为部落联盟名称,后向外扩张,建立国家,国家也以巴为名,故"巴氏,巴子国,子孙以国为氏"。我国历史上乃至世界历史上,曾建立过民族政权的部族在发展过程中都有过类似经历。正因为巴国与廪君有渊源关系,故《世本》中廪君事迹才会在《后汉书》《晋书》《水经注》《通志》《十六国春秋》《蛮书》《元和郡县图志》《太平寰宇记》《舆地广记》《通典》《文献通考》《太平御览》《太平广记》《册府元龟》《广博物志》等诸多文献中被征引。

在巴人起源研究中多数学者以廪君为巴人始祖④,我们认为此说比较符合历史实际。既以廪君为巴人始源,就涉及廪君时代问题。目前关于廪君时

① 章太炎:《訄书·尊史》,载《章太炎全集》(三),上海:上海人民出版社,1984年,第313页。

② [汉]班固撰,[唐]颜师古注:《汉书》(北京:中华书局,1962年,第2737页)载《世本》,录黄帝以来至春秋时帝王公卿大夫祖世所出","司马迁据《左氏》、《国语》,采《世本》、《战国策》,述《楚汉春秋》,接其后世,迄于天汉",是说司马迁撰《史记》亦采用《世本》史料为据。

③ [汉]宋衷注,[清]秦嘉谟等辑:《世本八种》,北京:中华书局,2008年。

④ 童恩正《古代的巴蜀》(成都:四川人民出版社,1979年,第8页)认为《世本》中廪君种传说可能是巴人自己对历史的追忆,虽朴素简单,但较为可靠,《世本》关于廪君的记载虽然夹杂一些神话,却也指明巴人最初发源地及向外迁徙路线;林奇、邓辉:《镈于刍议》,《江汉考古》1987年第4期,第61~88页;王宏:《巴、蜀文化源流粗疏》,《江汉考古》1997年第3期,第63~74页;杨铭:《巴人源出东夷考》,《历史研究》1999年第6期,第36~50页;周明阜:《湘西先秦考古文化的多元性建构探讨》,《吉首大学学报》(社会科学版)1993年第12期,第71~79页。

代主要有氏族社会末期说①、新石器时代说②、夏商时代说③、西周说④、春秋末战国初说⑤、战国说⑥。产生争议的根源在于《世本》未明载廪君时代，因此后世文献也无法判定其时代，如《水经注》载廪君"事既鸿古，难以明征"⑦，《通典》称"廪君种不知何代"⑧，未指明时代或说明其时代较早，至少比《世本》成书著录其事时代更早。氏族社会末期说的依据是廪君获得部族首领的遴选方式与氏族社会末期相似，遂断定廪君处氏族社会末期，此说或有道理，但仍无法确定具体时代，毕竟历史上很多族群发展历程与华夏族存在不同步现象。新石器时代说、夏商时代说倒有可能，毕竟在清江流域及峡江地区发现

① 童恩正：《古代的巴蜀》（成都：四川人民出版社，1979年，第9页）认为廪君巴人生活时代在原始社会后期，廪君蛮五姓可理解为部落的五个氏族，"五姓争为君长"实质上为五个氏族贵族争夺军事酋长职位的斗争；彭武一：《古代巴人廪君时期的社会和宗教——兼及土家族与古代巴人的渊源关系》[《吉首大学学报》（社会科学版）1982年第2期]认为廪君所处时代是野蛮时代，巴、樊、晒、相、郑分别为五个部落，务相称廪君说明当时建立了以巴氏为首的部落联盟；张侯：《廪君在清江流域的足迹》[《湖北民族学院学报》（社会科学版）1993年第1期]认为廪君时代为远古氏族时期；段超：《略论巴文化和土家族文化的关系》[《中南民族学院学报》（哲学社会科学版）1991年第2期，第17～87页]认为廪君时代巴人已进入父系氏族社会阶段；王宏：《巴、蜀文化源流粗疏》（《江汉考古》1997年第3期，第63～74页）认为廪君所处时代大致在原始社会末期向阶级社会转化的时期。
② 林奇：《巴楚关系初探》（《江汉论坛》1980年第4期，第87～91页）认为巴国建立于新石器时代夷水流域，夷水流域巴国为廪君所建，廪君时代在新石器时代；王宏：《巴、蜀文化源流粗疏》（《江汉考古》1997年第3期，第63～74页）认为廪君处新石器时代末期至夏商时代。
③ 潘光旦：《湘西北的"土家"与古代巴人》（载《土家族社会历史调查》，北京：民族出版社，2009年）认为廪君年代约相当于夏代初年；彭英明：《试论湘鄂西土家族"同源异支"：廪君蛮的起源及其发展述略》[《中南民族学院学报》（哲学社会科学版）1984年第3期，第12～20页]认为廪君蛮留居长阳武落钟离山时间最迟在公元前二十一世纪，即夏代初年；姚政：《论巴族国家的形成》（载《巴渝文化》，重庆：西南师范大学出版社，1994年）认为廪君筑夷城、建国时间在商代早期；杨铭：《巴人源出东夷考》（《历史研究》1999年第6期，第36～50页）认为廪君时代在殷商时期，巴人形成和得名也是在殷商时代；杨权喜：《略论古代的巴》（《四川文物》1991年第1期，第12～17页）认为廪君巴为古代民族融合的产物，殷商卜辞中"虎方"可能与廪君巴有关，商代后期廪君巴可能据有川东、鄂西；张希周：《廪君时代的巴人活动地域》（《江汉论坛》1983年第11期，第59～65页）认为廪君所处时代远在西周之前。
④ 周集云：《巴族史探微》（成都：四川省社会科学院出版社，1989年，第57页）认为廪君兴起于周初；蒙默、刘琳等：《四川古代史稿》（成都：四川人民出版社，1989年，第25页）认为廪君时代不会早于西周。
⑤ 段渝：《"古荆为巴"考辨》（《贵州社会科学》1984年第3期，第70～76页）认为廪君时代在春秋末叶以后，又段渝：《试论宗姬巴国与廪君蛮夷的关系》（载《四川历史研究论文集》，成都：四川社会科学院出版社，1987年，第19～35页）说不早于春秋战国之际。
⑥ 董其祥：《巴子五姓考》（载《巴史新考》，重庆：重庆出版社，1983年，第66～77页）认为廪君时代在战国时代；彭官章：《廪君时代考略》（《贵州民族研究》1987年第3期，第69～71页）、彭官章、朴永子：《羌人·巴人·土家族》[《吉首大学学报》（社会科学版），1982年第1期]认为廪君年代为战国时期，具体年代在公元前377年至公元前361年左右；赵小帆：《试论湘鄂川黔边界地区出土的虎钮錞于的族属问题》（《贵州民族研究》1995年第2期，第54～58页）认为"君"为战国时期封爵，周以前未有此封号，故断定廪君时代在战国后期；沈长云：《论姬姓巴国的建立与其土著的族属等有关问题》，（载《巴渝文化》第3辑，重庆：西南师范大学出版社，1994年，第82～92页）认为廪君与蜀杜宇同时，廪君也在战国之世。
⑦ [北魏]郦道元著，[清]王先谦校：《合校水经注》，北京：中华书局，2009年，第530页。
⑧ [唐]杜佑撰，王文锦、王永兴、刘俊文等点校：《通典》，北京：中华书局，1988年，第5043页。

众多新石器时代至夏商时期人类遗物,虽不能肯定是廪君及其部族留下的,但也不能排除这种可能。又《世本》记录的是"黄帝以来讫春秋"史迹①,则可排除廪君为战国时人物的可能;西周初年巴与濮、楚、邓已是周之南土,巴已建国,则廪君时代又当在巴建国之前,则廪君时代又当在西周以前,因此又可排除廪君时代西周说、春秋末战国初说、战国说诸说。再结合前文所述夏启时孟涂司巴事件及汉水上游紫阳、汉阴等地夏商时期巴(蜀)文化的考古发现,我们又可将廪君时代上溯至黄帝时代至夏朝时段。

《世本》所载廪君活动地域涉及夷水、武落钟离山、盐阳、夷城等地。《世本》未载夷水在何处,晋袁崧《宜都山川记》载很山县"夷水又东迳石室,……乡人今名为仙人室","自盐水西北行五十余里有一山,……名为难留城"②,则是夷水在很山县境,又《水经注》载"夷水即很山清江","盐水即夷水"③,则夷水即盐水,即很山清江,也即今湖北清江,后世文献也多持此说,如《元和郡县图志》载施州清江郡"清江,一名夷水,昔廪君浮土舟于夷水,即此"④,《通典》载"今夷陵郡巴山县清江水,一名夷水,一名盐水,其源出清江郡清江县西都亭山"⑤,《太平寰宇记》载"清江,一名夷水,……昔巴蛮有五姓,未有君长,俱事鬼神。又各令乘土船,约浮当以为君。唯务相独浮之,共立为君,神女谓廪君"⑥,夷水为清江说为众多文献所认可,故大多数学者均以清江为廪君夷

① [汉]班固撰,[唐]颜师古注:《汉书》,北京:中华书局,1962年,第1714页。
② [晋]袁崧撰:《宜都山川记》,载《汉唐地理书钞》,北京:中华书局,1961年,第357页。
③ [北魏]郦道元著,[清]王先谦校:《合校水经注》,北京:中华书局,2009年,第529、530页。
④ [唐]李吉甫撰,贺次君点校:《元和郡县图志》,北京:中华书局,1983年,第753页。
⑤ [唐]杜佑撰,王文锦、王永兴、刘俊文等点校:《通典》,北京:中华书局,1988年,第5043页。
⑥ [宋]乐史撰,王文楚点校:《太平寰宇记》,北京:中华书局,2007年,第2865页。

水①，我们也赞成此说。至于廪君夷水其他说法因缺乏系统的文献证据链和考古材料作支撑②，我们不予采信。

《世本》载武落钟离山与夷水有关，夷水即今清江，则武落钟离山在清江流域。《水经》载"难留城"，但未载与廪君有关系。袁崧《宜都山川记》载佷山县难留城山"自盐水西北行五十余里有一山，独立峻绝，……从西面上里余得石穴，行百许步得石碛，有二文石并在穴中"③，也未载与廪君有关系。南朝刘宋时难留城山仍见著于世，盛弘之《荆州记》载"难留山北有石室，可容数百人，常以此室僻崄不可考，因名为难留城。西北有石穴，把火行百余步，有二大石，相去可丈余，名为阴阳石。阴石常湿，阳石常炀。旱则鞭阴石，应时雨；雨则鞭阳石，俄而晴"，又引《世本》载"廪君使人操青缕以遗盐神曰：'婴此即相宜。云与女俱生，宜将去'，盐神受缕而婴之。廪君即立阳石上，应青缕而射之，中盐神。盐神死，天乃大开"④，是盛弘之将难留城山石穴及阴阳石与廪君事迹联系在一起；而同时代的范晔著《后汉书·南蛮西南夷列传》巴郡南郡蛮条引述《世本》廪君事迹，是说廪君蛮分布地域在巴郡、南郡地域内，而夷水

---

① 童恩正：《古代的巴蜀》，成都：四川人民出版社，1979年，第9页；董其祥：《古代的巴与越》，载《巴史新考》，重庆：重庆出版社，1983年，第8～33页；董其祥：《〈山海经〉记载的巴史》，载《巴史新考》，重庆：重庆出版社，1983年，第34～51页；李绍明：《川东南为巴国南境说》，载《土家族研究论文选集》，湘西土家族苗族自治州图书馆资料室编印，1985年，第65～72页；李绍明：《川东南土家与巴国南境问题》，《思想战线》1985年第5期，第74～78、50页；罗二虎：《初论晚期巴文化的类型》，载《重庆·2001三峡文物保护学术研讨会论文集》，北京：科学出版社，2003年，第162～174页；柳春鸣：《试论廪君蛮迁徙的方向——〈水经·夷水注〉释读新得》，载《巴渝文化》第3辑，重庆：西南师范大学出版社，1994年，第113～121页；彭邦炯：《关于巴的探索》，载《巴渝文化》第3辑，重庆：西南师范大学出版社，1994年，第46～64页；王家佑、王子岗：《涪陵出土的巴文物与川东巴国》，载《四川大学学报丛刊》第5辑，四川人民出版社，1980年，第166～169、164页；周集云：《巴族史探微》，成都：四川省社会科学院出版社，1989年，第47～51页；李恕豪：《试论"巴"的得名之由》，《天府新论》1986年第1期，第57～60页；孙华、曾宪龙：《尖底杯与花边陶釜：兼说峡江地区先秦时期的鱼盐业》，载《巴渝文化》第4辑，重庆：重庆出版社，1999年，第59～78页；管维良：《巫山盐泉与巴族兴衰》，载《巴渝文化》第4辑，重庆：重庆出版社，1999年，第79～99页；邓少琴：《巴史再探》，载《巴蜀史迹探索》，成都：四川人民出版社，1983年，第52～90页；王宏：《巴蜀文化源流粗疏》，《江汉考古》1997年第3期，第63～74页。

② 关于廪君夷水，段渝：《试论宗姬巴国与廪君蛮夷水的关系》（载《四川历史研究论文集》，成都：四川社会科学院出版社，1987年，第19～35页）认为夷水为汉水支流蛮河，主要依据是《水经·沔水注》载蛮河在东晋桓温之前名为夷水，因避讳而改称蛮河，因此河有夷水名，故推测为廪君夷水，并推论清江夷水名是廪君南迁清江后才有的。此说虽有道理，但蛮河流域我们找不到武落钟离山，后世文献也无蛮河即廪君夷水的记载，蛮河流域也无相应的考古遗物，因此我们不取廪君夷水蛮说。另外周宏伟：《廪君巴人夷水应为今大宁河：兼论廪君巴人的迁徙原因》（载《历史地理》第23辑，上海：上海人民出版社，2008年，第380～399页）认为廪君夷水为今大宁河；杨铭：《巴子五姓晋南结盟考》（《民族研究》1997年第5期，第102～106页）认为夷水为今黄河支流涑水，但均缺乏系统的文献证据链和考古材料作支撑，无法形成定论。因此我们判定廪君夷水地望时，虽提及这几种说法，但不取用其说。

③ ［清］王谟辑：《汉唐地理书钞》，北京：中华书局，1961年，第357页。

④ ［清］王谟辑：《汉唐地理书钞》，北京：中华书局，1961年，第380～381页。

在南郡地域内,故武落钟离山当在此地域内探寻。至郦道元注《水经》遂将廪君事迹载难留城山条下:"(夷水)东迳难留城南。城即山也,独立峻绝,西面上里余得石穴。把火行百许步,得二大石碛,皆立穴中,相去一丈,俗名阴阳石。……东北面又有石室,可容数百人,每乱,民入室避贼,无可攻理,因名难留城也。昔巴蛮有五姓,未有君长,俱事鬼神,乃共掷剑于石穴,约能中者,奉以为君,巴氏子务相乃中之。又令各乘土舟,约浮者当以为君,惟务相独浮,因共立之,是为廪君。乃乘土舟,从夷水下至盐阳。盐水有神女,谓廪君曰:'此地广大,鱼盐所出,愿留共居',廪君不许。盐神暮辄来宿,且化为虫,群飞蔽日,天地晦暝,积十余日。廪君因伺便射杀之,天乃开明。廪君乘土舟下及夷城,……因立城其傍而居之,四姓臣之。死,精魂化而为白虎,故巴氏以虎饮人血,遂以人祀"[①],郦道元所载廪君事迹与《世本》大略相同,只是《世本》"武落钟离山"变成了《水经注》"难留城山"。考虑到《世本》成书时代早于《水经》《宜都山川记》《后汉书》《水经注》,且汉晋文献中无武落钟离山的记载,则难留城山名当是由武落钟离山演变而来的。

难留城山即武落钟离山,据《水经注》载为"夷水自沙渠县入,水流浅狭,裁得通船,东迳难留城南,……夷水又东与温泉三水合,……夷水又东迳佷山县故城南"[②],则难留城山在沙渠县东,温泉、佷山县故城以西,据此有学者提

---

① [北魏]郦道元著,王先谦校:《合校水经注》,北京:中华书局,2009年,第529~530页。
② [北魏]郦道元著,王先谦校:《合校水经注》,北京:中华书局,2009年,第529页。

出武落钟离山柳山说①、三里城说②。但是《水经注》所载是否可信呢？这仍是一个值得讨论的问题。就笔者对《水经注》的研习体会而言，该书对南方地区水文地理的记载舛误甚多，其中廪君沿夷水迁徙路线的记载也是有问题的③，郦道元载"（廪君）从夷水下至盐阳"，"廪君乘土舟下及夷城"，是说廪君迁徙路线是顺夷水而下。而《世本》关于廪君沿夷水迁徙路线只是说"（廪君）乘土船从夷水至盐阳"，"廪君于是君乎夷城"，并未说是溯夷水而上，还是顺夷水而下，郦道元首倡廪君顺夷水而下说。

《世本》载盐阳是廪君沿夷水迁徙路线上的重要地名，因此确定盐阳地望对判断廪君迁徙路线及武落钟离山方位至为重要。查清江流域历史时期有迹可循的盐产地在今长阳县渔峡口镇盐池温泉一带，旧称盐井寺之地④，宋代还曾在此置汉流盐井、飞鱼盐井煮盐⑤，因此夷水流域"鱼盐所出"的盐水神女部落聚居地盐阳当在此处。而廪君巴人是自清江流域武落钟离山向西扩张

① 宫哲兵：《廪君巴人发源地"武落钟离山"新考——兼论"赤黑二穴"在长阳柳山》，《中南民族大学学报》（人文社会科学版）2005年第1期，第15～19页；宫哲兵：《巴人"赤黑二穴"考》，《三峡大学学报》（人文社会科学版）2005年第1期，第24～29页；宫哲兵：《廪君巴人"武落钟离山"新考》，《湖北民族学院学报》（哲学社会科学版）2007年第2期，第1～5页。武落钟离山柳山说主要立论依据，一是柳山地理位置符合史志所载难留城山，二是柳山地形符合史志所载难留城山，三是柳山地貌符合史志记载的难留城山，四是柳山因为难留水而名柳山，五是地质勘探表明柳山是难留水的山，六是武汉大学图书馆线装书民国长阳地图在柳山位置上标注难留城山，七是以榨洞为赤穴虎洞为黑穴。宫哲兵、何智斌：《武落钟离山在水布垭大坝一带——从一幅古地图分析巴人发祥地》[《湖北民族学院学报》（哲学社会科学版）2010年第3期，第22～26页]一文在原柳山说基础上，又将武落钟离山地域扩，认为巴东水布垭大坝、长阳柳山、榨洞、盐池河、招徕河为武落钟离山中心区域，还包括香炉石、白虎垅等地，这是对此前武落钟离山柳山说的修正，但也间接否定了先前的武落钟离山柳山说。
② 郑国晋：《再论武落钟离山应是巴东三里城——就几份古地图与宫哲兵教授商榷》，《重庆三峡学院学报》2011年第2期，第32～35页。该文对宫哲兵武落钟离山"柳山说"提出反对意见，主要理由一是"柳山说"依据的地图本身缺乏可信度，如武汉大学图书馆线装图书民国10年长阳地图本身没有比例标记，无法确定地点间距离，图上所标难留城山并非一定是柳山；二是"柳山说"与史料不符，柳山不满足武落钟离山的条件，如柳山特征与难留城山的记载不符，榨洞、虎洞所处方位与难留城石穴和避难石室不符，且"柳山说"颠倒了清江由西向东最后注入长江的事实，难留城位于温泉以西，"柳山说"却将难留城山界定在温泉以东，违背了《水经·夷水注》中关于夷水流向的记载；三是"柳山说"于情理不符，认为若以榨洞为赤穴，则距盐池温泉直线距离仅800米，廪君大可不必乘土船沿清江至盐阳，且榨洞口下即水流湍急的牛皮滩，即便是现代机帆船尚不能过滩，廪君不可能舍弃几百米的陆路近路不走，而乘简陋的土船冒生命危险从牛皮滩上盐池；若以榨洞为赤穴，则廪君与盐池温泉的盐神女部落为邻居，而榨洞考古出土文物只能是盐神女部落生活的佐证。同时据清杨守敬《水经注图》、汪士铎《水经注图》二图标示难留城位置在盐池温泉以西，推定难留城山也即武落钟离山在今巴东境内三里城。
③ 朱圣钟：《〈水经注〉所载土家族地区若干历史水文地理问题考释》，《中央民族大学学报》（哲学社会科学版）2002年第6期，第68～73页；朱圣钟：《〈水经·江水注〉"江水汉安"与"洛水汉安"考》，《中国史研究》2011年第2期，第194～196页；朱圣钟：《〈水经·夷水注〉正误一则》，《中国历史地理论丛》2000年第15卷第4期，第159～160页。
④ ［清］李拔纂修：《长阳县志》卷2《寺观》，故宫博物院编：《故宫珍本丛刊》第143册《湖北府州县志》第13册，海口：海南出版社，2001年，第65页。
⑤ 朱圣钟：《区域经济与空间过程：土家族地区历史经济地理规律探索》，北京：科学出版社，2015年，第201页。

入川渝并于今重庆一带建立巴国的,因此廪君巴人总体迁徙方向是西迁,在清江流域则是溯清江西迁徙的。因此我们认为廪君始居地武落钟离山当在盐阳下游去寻找。前述武落钟离山三里城说显然与此方位相悖;而柳山与盐池温泉相邻,若柳山为廪君始居地,则廪君五姓部落与盐水神女部落比邻而处,显然与《世本》所载盐阳与武落钟离山为两地、廪君自武落钟离山迁徙至盐阳的说法相悖,因此武落钟离山"柳山说"也不妥。

　　盐池温泉以东武落钟离山方位,《通典》载"在今夷陵郡巴山县"①,此后《十六国春秋》《文献通考》《御定渊鉴类函》也有相同的记载②,《太平寰宇记》载长阳县"武落山,一名难留山,在县西七十八里。本廪君所出处"③,《嘉庆重修一统志》载武落钟离山"在长阳县西北七十八里,一名难留山"④,巴山县为隋分佷山县置,属清江郡,唐初仍置巴山县,先后属江州、睦州、东松州、峡州(夷陵郡)⑤,至唐天宝年间省巴山县入长阳⑥,治地在今长阳县州衙坪⑦,现已为隔河岩水库所淹没。宋长阳县治今长阳县城,州衙坪至长阳县城距离与"七十八里"之数基本相合,因此武落钟离山当在州衙坪近旁。考察州衙坪一带山地,州衙坪对岸佷山三面环水,在清江河谷中成独立山势,而佷山魁头岩与《水经注》所载难留城山"城即山也,独立峻绝"山势相合。实地考察发现魁头岩下有石层堆积,有一石下四面悬空成石穴,因大石背阳,石面阴湿而黑,有人以此为黑穴;其下一穴岩呈丹色,表面部分风化成朱石粉,遂被视为赤穴⑧,其实魁头岩下的石层堆积应是山岩崩塌形成的,用崩塌岩石形成的石穴作廪君巴人赤穴、黑穴显然是不合理的,不过也不排除盔头岩下堆积石层是赤、黑二穴崩塌后形成的。因为实地考察在魁头岩东北岩间还发现有一石穴,穴腹狭长可容百余人,石室东南岩如刀削,仅西北有小径相通,易守难攻,即民避贼之处,赤、黑二穴可能与此岩穴类似。又《嘉庆重修一统志》、同治

① [唐]杜佑撰,王文锦、王永兴、刘俊文等点校:《通典》卷187《边防》,北京:中华书局,1988年,第5043页。

② 《十六国春秋》卷76《蜀录》(文渊阁四库全书本)载武落钟离山"即今夷陵郡巴山县";《文献通考》卷328《四裔考》(文渊阁四库全书本)载武落钟离山"在今夷陵郡巴山县";《御定渊鉴类函》卷232《边塞部》(文渊阁四库全书本)载武落钟离山"即今夷陵郡巴山县"。

③ [宋]乐史撰,王文楚点校:《太平寰宇记》,北京:中华书局,2007年,第2864页。

④ [清]仁宗敕撰:《嘉庆重修一统志》卷350《宜昌府·山川》,上海:上海书店,1984年。

⑤ [后晋]刘昫等撰:《旧唐书》卷39《地理志》,北京:中华书局,1975年,第1554页。

⑥ [宋]欧阳修、宋祁撰:《新唐书》卷40《地理志》,北京:中华书局,1975年,第1028页。

⑦ 长阳土家族自治县地方志编纂委员会:《长阳县志》,北京:中国城市出版社,1992年,第47页。

⑧ 张希周:《试论古代巴人发源于湖北长阳佷山》,《四川大学学报》(哲学社会科学版)1982年第1期,第77~79页。

《长阳县志》、同治《宜昌府志》等也以清江北岸龙角山为武落钟离山[1]，但查阅清嘉庆以前史籍只载龙角山石穴有阴阳石，不载与武落钟离山或廪君有何关系[2]，因此清代方志将龙角山视作武落钟离山的记载也是不可信的。也正因为如此，目前学术界多数学者还是以武落钟离山在湖北长阳县佷山故地[3]，今日长阳佷山魁头岩已被认定为武落钟离山，并以其为巴人发源地而成为旅游胜地。

廪君夷城文献记载无多，《世本》载廪君从武落钟离山发，先至盐阳征服盐水神女部落，然后才"君乎夷城"，可见夷城与盐阳为两地。从廪君西迁入川渝的态势来看，夷城当在自盐阳至川、渝的西迁路途中。目前一些论著提到的夷城地望主要有恩施、渔峡口镇、佷山故城、宜昌和宜城诸说。"夷城恩施

① 《嘉庆重修一统志》卷350《宜昌府》载:武落钟离山"在长阳县西北七十八里,一名难留山,一名龙角山";同治《长阳县志》卷1《地理志》载:龙角山"即武落钟离山";同治《宜昌府志》卷2《疆域志》载龙角山与同治《长阳县志》相同。
② 《舆地纪胜》卷73《荆湖北路·峡州》载:龙角山"在长阳县清江北,山穴有阴阳石",又载武落钟离山,则是视二者非同一山;《大明一统志》卷62《荆州府》:龙角山"在长阳县清江北,山穴内有阴阳二石,阴石常湿,阳石常燥。旱鞭阴石则雨潦,鞭阳石则霁",亦并列载有钟离山石穴;乾隆《长阳县志》卷1《地理志》载:龙角山"清江北。方域志:山穴有阴阳二石,阴石常湿,阳石常燥,旱鞭阴石则雨,涝鞭阳石则霁",没有记载与武落钟离山有何关系。
③ 童恩正:《古代的巴蜀》,成都:四川人民出版社,1979年,第9页;朱世学:《三峡考古与巴文化研究》,北京:科学出版社,2009年,第39页;杨华、屈定富:《长江三峡南岸入蜀古道考证》,《三峡大学学报》(人文社会科学版)2006年第4期,第5～11页;张雄:《"巴氏蛮夷"浅论》,《中南民族学院学报》1984年第2期,第81～87页;张雄、黄成贤:《"廪君蛮"的发源地及迁徙走向考:长阳、五峰、秭归、巴东、奉节等县巴族史迹访问记》,载《土家族研究论文选集》,湘西土家族苗族自治州图书馆资料室编印,1985年,第52～64页;姚政:《论巴族国家的形成》,载《巴渝文化》第3辑,重庆:西南师范大学出版社,1994年,第65～81页;彭英明:《试论湘鄂西土家族"同源异支":廪君蛮的起源及其发展述略》,《中南民族学院学报》(哲学社会科学版)1984年第3期,第12～20页;沈长云:《论姬姓巴国的建立与其土著的族属等有关问题》,载《巴渝文化》第3辑,重庆:西南师范大学出版社,1994年;赵小帆:《试论湘鄂川黔边界地区出土的虎钮錞于的族属问题》,《贵州民族研究》1995年第2期,第54～58页;罗二虎:《初论晚期巴文化的类型》,载《重庆·2001三峡文物保护学术研讨会论文集》,北京:科学出版社,2003年,第162～174页;张希周:《试论古代巴人发源于湖北长阳佷山》,《四川大学学报》(哲学社会科学版)1982年第1期,第77～79页;张希周:《廪君时代的巴人活动地域》,《江汉论坛》1983年第11期,第59～65页;李绍明:《川东南土家与巴国南境问题》,《思想战线》1985年第5期,第74～78、50页;田敏:《廪君巴迁徙走向考》,《中南民族学院学报》(人文社会科学版)1996年第16卷第6期,第61～64页;张文:《巴蜀古王考》,载《巴渝文化》第3辑,重庆:西南师范大学出版社,1994年,第98～112页;申世放《巴族鱼文化》,载《巴渝文化》第3辑,重庆:西南师范大学出版社,1994年,第223～234页;王家佑、王子岗:《涪陵出土的巴文物与川东巴国》,载《四川大学学报丛刊》第5辑,四川人民出版社,1980年,第166～169、164页;李恕豪:《试论"巴"的得名之由》,《天府新论》1986年第1期,第57～60页。

说"认为夷城在今恩施一带①,主要依据是《后汉书·南蛮西南夷列传》李善注引盛弘之《荆州记》载"今施州清江县水一名盐水,源出清江县西都亭山",隋清江县治今恩施市,则恩施清江有盐水名;又《隋书·地理志》载北周在清江上游置盐水县,《读史方舆纪要》载盐水废县在"(施州)卫东百七十里。吴沙渠县地,后周置盐水县",恩施清江古称盐水,设县也以盐水为名,则廪君夷城距恩施不远。"夷城渔峡口镇说"认为廪君夷城在长阳县渔峡口镇一带②,其依据一是《世本》《后汉书》未将盐阳、夷城分开,《水经注》《太平寰宇记》载夷城"石岸险曲""其水亦曲""望如穴状",与今渔峡口、白虎垅、巴王沱一带地貌相合;二是《晋书》载廪君杀盐水女神后乘土船经夷城,渔峡口处盐池温泉东约30里,是从倵山至盐池温泉必经之地;三是《世本》《后汉书》载廪君死化白虎,今渔峡口有白虎垅地名;四是在渔峡口、白虎垅、巴王沱至招徕河清江北岸,考古发现有古城遗迹及香炉石遗址。不过"夷城渔峡口镇说"仍有疑点,如白虎垅、巴王沱等地名不见于清以前史籍,故不排除它们为后世附会衍生的地名,这些地名不能作为廪君遗迹的直接依据;《世本》《后汉书》中盐阳、夷城名并列,则盐阳、夷城自当为两地;若以盐池温泉一带为盐水神女部落聚居地,则渔峡口镇处武落钟离山至盐阳路途中,则是廪君征服盐神部落后又率部东迁渔峡口镇一带,这与廪君巴人溯清江西迁川渝大势不合;渔峡口一带考古发现的聚落遗址也有可能是盐水神女部落的居址,或是廪君巴人在征服盐水神女落时所建聚居点,却未必一定就是廪君夷城;至于文献所载"石岸险曲""其水亦曲""望如穴状"的夷城地貌,在清江河谷类似地方有很多,非独渔峡口、白虎垅、巴王沱如此,因此"夷城渔峡口镇"说仍值得商榷。至于夷城倵山故

① 童恩正:《古代的巴蜀》,成都:四川人民出版社,1979年,第12页;董其祥:《〈山海经〉记载的巴史》,载《巴史新考》,重庆:重庆出版社,1983年,第34~51页;周集云:《巴族史探微》,成都:四川省社会科学院出版社,1989年,第49页;管维良:《巴族史》,成都:天地出版社,1996年,第38页;管维良:《巫山盐泉与巴族兴衰》,载《巴渝文化》第4辑,重庆:重庆出版社,1999年,第79~99页;李绍明:《川东南为巴国南境说》,载《土家族研究论文选编》,湘西土家族苗族自治州图书馆资料室编印,1985年,第65~72页;李绍明:《川东南土家与巴国南境问题》,《思想战线》1985年第5期,第74~78、50页;姚政:《论巴族国家的形成》,载《巴渝文化》第3辑,重庆:西南师范大学出版社,1994年,第65~81页;申世放:《巴族鱼文化》,载《巴渝文化》第3辑,重庆:西南师范大学出版社,1994年,第223~234页。
② 邓身先:《夷城考》,载《三峡文化研究丛刊》第3辑,武汉:武汉出版社,2003年;张希周:《廪君时代的巴人活动地域》,《江汉论坛》1983年第11期,第59~65页;张希周:《试论古代巴人发源于长阳倵山》,《四川大学学报》1982年第1期,第77~79页;朱世学:《三峡考古与巴文化研究》,北京:科学出版社,2009年,第41~42页;罗家新:《浅谈夷城》,载《湖北省考古学会论文选集》,《江汉考古》1991年增刊。

城说则不太可能①，俍山武落钟离山为廪君蛮发源地，夷城是廪君迁出武落钟离山后所建都城，与其发源地肯定不在一处。"夷城宜昌说""宜城说"也无相关文献和考古证据作支撑，故此二说也不可取。因此对已有诸说我们更倾向"夷城恩施说"，其地正处盐阳盐池温泉以西、廪君巴人西迁入川渝路线上。

关于廪君及其族人西迁入川渝路线目前既无文献记载，也没有可资利用的直接考古材料，因此我们只能依据常理推断其西迁路线：居于武落钟离山的廪君巴人在廪君率领下溯夷水而上，打败盐神部落后据有清江流域，在清江上游恩施一带建立夷城，控制了清江流域后逐渐向西扩张，分数路进入今重庆境内，一部分由夷城溯清江上行达利川县境，再越齐岳山，循龙河过石柱，达今丰都一带；一部分越齐岳山，循郁水至彭水，沿乌江达涪陵；一部分由夷城经宣恩县、咸丰县，越过齐岳山，沿唐崖河过黔江，由龚滩转乌江下行至涪陵；一部分可能从夷城越齐岳山至今奉节一带②。此外可能有部分廪君巴人溯清江而上向西迁徙，然后再沿大溪北上达今重庆巫山境内③。

《世本》载廪君事迹截止到"君乎夷城"，未涉及夷城廪君巴人时代巴人疆域及后廪君时代巴人分布地域，这也导致廪君时代及后廪君时代巴人地域成为巴史研究的又一疑案。据《左传》《竹书纪年》《水经注》载，夏、商时期巴人活动地域北达汉水上游，东北达襄阳附近汉水南岸，东达江汉平原西部枝江、松滋，西与蜀地东境相接，如此广大的疆域形成不可能是廪君务相完成的，而当是集数代廪君之功形成的。后世文献载廪君蛮分布范围，如《后汉书·南蛮西南夷列传》巴郡南郡蛮下载廪君蛮，则汉代巴郡、南郡均有廪君蛮，《通典》载"（廪君种）皆出于武落钟离山。……巴梁间诸巴皆是也。即巴汉之地"④，《太平寰宇记》载"（廪君）始自武落钟离山"，"后散居巴梁间，即古荆、梁之境。……大约今为巴、峡、巫、夔四郡皆是"⑤，廪君巴人跨渝、川、陕、鄂、湘、黔

① 柳春鸣：《试论廪君蛮迁徙的方向：〈水经·夷水注〉释读新得》，载《巴渝文化》第3辑，重庆：西南师范大学出版社，1994年，第113～121页。
② 周集云：《巴族史探微》，成都：四川省社会科学院出版社，1989年，第42、52～53页。
③ 童恩正：《古代的巴蜀》，成都：四川人民出版社，1979年，第11～13页；彭英明：《试论湘鄂西土家族"同源异支"：廪君蛮的起源及其发展述略》，《中南民族学院学报》（哲学社会科学版）1984年第3期，第12～20页；张雄、黄成贤：《"廪君蛮"的发源地及迁徙走向考：长阳、五峰、秭归、巴东、奉节等县巴族史迹访问记》，载《土家族研究论文选集》，湘西土家族苗族自治州图书馆资料室编印，1985年，第52～64页。
④ ［唐］杜佑撰，王文锦、王永兴、刘俊文等点校：《通典》，北京：中华书局，1988年，第5043页。
⑤ ［宋］乐史撰，王文楚点校：《太平寰宇记》，北京：中华书局，2007年，第3398页。

等地的分布格局当是廪君及其后继者逐步完成的。从巴子五姓分布来看，《蛮书》载巴郡有四姓，为巴氏、繁（即樊）氏、陈氏、郑氏，无《世本》五姓中瞫、相二姓，又多一陈姓，可能瞫、相二姓多分布于南郡，其他姓氏多分布于巴郡[①]。这种姓氏分布差异当是廪君巴人在迁徙过程中形成的。

六、结论与讨论

通过上文对夏代及其以前巴史料的分析，笔者对这些史料及巴人起源问题有以下几点认识：

（1）《华阳国志》将巴人起源上溯至中原的人皇、地皇及黄帝的记载不可信，这种做法主要是想以人种一元论为中原王朝对少数民族政治统治的合理性寻找理论依据；该书关于巴人参与夏禹会稽诸侯盟会的记载也是不可信的，夏王朝疆域未远及浙江会稽，大禹足迹也未远及会稽，会稽禹迹是禹后裔迁越地后为尊崇大禹而留下的。

（2）《山海经·海内经》《路史·国名纪》中关于巴人起源于太皞、伏羲的记载也是不可信的，因为《山海经》《路史》本身的史料并非百分百可信，而且太皞本为东夷部族首领，伏羲本为西戎部族首领，太皞、伏羲本为二人，后演变为一人且进入古帝王世系是后世学者人为捏造出来的，将巴人先祖比附到远古帝王太皞、伏羲，与《华阳国志》中将巴人先祖比附于人皇、地皇和黄帝的原因同出一辙。

（3）《墨子·节葬》所载舜死葬南巴的记载也不可信，"南巴"当为"南已"，故自巴以南至苍梧皆为巴地的说法也不能成立。

（4）《竹书纪年》《山海经·海内南经》《水经·江水注》中关于孟涂司巴事件的记载是可信的，但《山海经·海内南经》《水经·江水注》中关于孟涂司巴地在湖北秭归的说法则不可信，夏王朝疆域西起华山以东，东达豫东平原，北自济水以南，南至淮河沿岸，中心区域在豫西、晋南，长江三峡地区的秭归与夏地相隔甚远，而且秭归丹山、丹阳说本身也是疑点重重，孟涂司巴地不可能在三峡地区秭归一带，但有可能位于汉水上游一带，夏商时代汉水上游的巴人是从南边的巴地迁入的。

[①] 徐中舒：《巴蜀文化续论》，载《论巴蜀文化》，成都：四川人民出版社，1982年，第48～137页。

（5）在重视世系与血统的王朝时代，《世本》造假的可能性不大，因而《世本》关于廪君巴人的记载是可信的。据《世本》记载廪君为巴人始祖，其发源地武落钟离山位于湖北清江流域长阳县都镇湾佷山，后廪君率部族溯清江至渔峡口镇盐池温泉盐阳之地征服盐水神女部落，后溯清江西迁至今恩施一带的夷城建立廪君巴人部族联盟政权，后巴人持续西迁入川渝，最终建立地跨渝川陕鄂湘黔毗邻地带的巴国。而前引《华阳国志》《山海经》《路史》《水经注》《墨子》中关于夏代及其以前的几条巴史料多不可信，凡是以此为据推演出的关于巴人起源和巴人早期历史的论点都是值得商榷的。

齐侯钟考释①

付　强
（上海三唐美术馆）

摘　要：新见齐侯钟为春秋中晚期器，齐侯钟铭文显示该器是齐侯为二女儿出嫁所作的媵器，齐侯为齐孝公或齐昭公。钟铭"鼏（谧）静安盨（宁）"是春秋中晚期到战国时期的习语，意为希望齐国和谐安定。

关键词：齐侯钟；春秋中晚期；齐孝公；齐昭公；鼏（谧）静安盨（宁）

　　小文《齐侯钟初探》发表后②，由于所附照片较小，许多好友来信说对此钟的真伪有所怀疑，加之释文上还有一些不成熟的问题，现附上大一些的照片，对此钟再作一点讨论，希望消除大家的疑虑。

　　钟的形制较小，全身素面，钟体两侧有两个相对的细长条状镂空，甬部无孔也无钮，证明此钟不是用来悬挂的。查阅吴镇烽先生的《商周青铜器铭文暨图像集成》和《商周青铜器铭文暨图像集成续编》发现这件钟并没有被著录，乃为首次出现。从形制看，钟的时代属于春秋中晚期。钟面上刻有铭文八行三十字，现依原行款隶写如下：

　　　　齐侯作朕子中（仲）姜宝钟，其眉寿万年，齐邦鼏（谧）静安盨
　　（宁），永保其身，子孙永保用之。

---

① 作者简介：付强，男，陕西省丹凤县人，上海三唐美术馆馆员，主要从事青铜器与古文字研究。
② 付强：《齐侯钟初探》，武汉大学简帛网，http://www.bsm.org.cn/show_article.php?id=2840，2017-07-17。

　　和齐侯钟相关的铭文见于1957年河南孟津邙山坡出土的齐侯盂;清同治庚午(1870年)山西荣河县后土祠旁出土的鏊镈;《商周青铜器铭文暨图像集成续编》收录的齐侯子仲姜鬲甲乙;上海博物馆收藏的子中姜盘。

齐侯盂

齐侯盂铭文

子中(仲)姜,齐侯的二儿女,即豩镈铭文中的豩之妻。齐侯钟是齐侯为二女儿出嫁所作的媵器,中(仲)姜嫁的夫君就是豩,豩镈为豩迎娶中(仲)姜所作的器物,所以这组铜器都是为这次婚姻所作的,时间一定是同步的。豩的身份是鲍叔牙之孙、跻仲之子。冯时先生认为这组铜器作于齐昭公时①,张俊成先生通过更加详细的论证,认为豩镈的年代当在上限起于前齐孝公元年(前642年),下限止于齐昭公十年(前623年)②。我们认为其说是可信的,所以这个齐侯可能是齐孝公或齐昭公。

齐侯钟

① 冯时:《春秋齐侯盂与豩镈对读》,《徐中舒先生百年诞辰纪念文集》,成都:巴蜀书社,1998年,第135页。
② 张俊成:《东周齐国铭文综合研究》,成都:四川大学博士学位论文,2011年。

齐侯钟铭文

此器自名为"钟"，我们认为其应该为"铎"。一是此器形制较小，全身素面，《说文》：铎，大铃也。正好和铎近似于铃而比铃大的特征相符。二是钟面上一般是不会有两个细长条状孔的。三是此器甬部无孔也无钮，证明不是用来悬挂的，说明其使用时要么以手持之，要么可以安揷上木柄。铎，文献中记载颇多。《左传·襄公十四年》，故《夏书》曰："遒人以木铎徇于路"；《周礼·夏官·大司马》：卒长执铙，两司马执铎，公司马执镯；《周礼·小宰》：徇以木铎；《国语·吴语》：王乃秉枹，亲就鸣钟、鼓、丁宁、镎于，振铎，勇怯尽应，三军皆哗，扣以振旅，其声动天地。①所以这件自名为"钟"的乐器应该称为"齐侯铎"。

齐邦鼏（谧）静安盥（宁），此句见于春秋中期的国差罉：国差（佐）立（莅）事（岁），咸丁亥，攻（工）币（师）铷铸西（墉）宝罉四秉，用实旨酉（酒），侯氏受福眉寿，卑（俾）旨卑（俾）清，侯氏毋瘠毋瘠，齐邦鼏（谧）静安宁，子子孙孙永保用之。

鼏（谧）静一词还见于春秋晚期的文公之母弟钟：不（丕）义又匽，余文公之母弟，余鼏静，（朕）配远（迩）。用匽（宴）乐者（诸）父兄弟，余不（敢）困（窘），龏（龚）好朋友，氏尸（夷）仆。

---

① 朱凤瀚：《中国青铜器综论（上）》，上海：上海古籍出版社，2009年，第381～382页。

战国时期的峋嵝碑：隹（唯）王二年六月丁酉，承（嗣）戉（越）臣（宪）亘朱
丩，凡以（愁）巛（顺），巺（厥）日登。余（盟）于此，曰：虔宝（主）山麓，女（汝）弼
益畐（福），利乔（朕）四行，王生（姓）禾（和）攸（攸），卑（俾）帀（师）长黍。扬
王。夃夕衮赏，穆用工，（期）允有乍（作）。南夆（峰）（渊）百（陌），曲（曲）则
（侧）丘田，烟艹（草）鼏盗（宁）。用（拜）光乔（朕）。

鼏（谧）静安盗（宁），应该是春秋中晚期到战国时期的习语，齐邦鼏（谧）
静安盗（宁），这句话的大概意思说的是希望齐国安定。

娶妻必亲往迎逆，《左传·宣公五年》："秋，九月，齐高固来逆女，自为也。
故书曰，逆叔姬，卿自逆也。"《左传·襄公十五年》："官师从单靖公，逆王后于
齐。"这些例子使得我们联想到最近的几件青铜器可能都和迎亲有关系，他们是：

公妣呼疑逆中氏于侃。疑尊卣铭文

王姶呼昔鸡■（迓①）芳姞于韩。昔鸡簋铭文

特别是疑尊卣铭文与《左传·襄公十五年》"官师从单靖公，逆王后于齐"
的词例完全一样，更加肯定了我们认为疑尊卣铭文和昔鸡簋铭文都是讲迎亲
的事情，这是我们以前所不知道的。

附记：文章在写作过程中与陕西省考古研究院吴镇烽先生多有讨论，谨
致谢忱！

① 沈培：《释甲金文中的"迓"——兼论上古音鱼月通转的证据问题》（初稿），《"上古音与古文字研究的整合"国际研
讨会论文集》，澳门大学中国语言文学系、香港浸会大学饶宗颐国学院，2017年7月15日—17日。

汉武帝时期关东民变时间考

安子毓①

（中国社会科学院中国历史研究院）

摘　要： 综合《史记》《汉书》相关记载，可以发现武帝时期关东地区爆发的大规模民变与天汉二年暴胜之出使并非一事。结合王温舒被杀时间、刺史一职设立时间、关东河灾的情况及武帝出巡的范围，大致可判定此民变当爆发在武帝执政中期的元鼎年间，与武帝晚年的政策转折并无直接关系。

关键词： 刺史；瓠子；酷吏；暴胜之；汉武帝

汉武帝时期，关东地区爆发了大规模民变。此事在武帝朝影响颇大，学者多引之讨论武帝朝的社会、财政等重大问题，且多认为这一事件对武帝晚年的政策转向有推动作用。②然而，相关论述中对此民变的具体时间及前因后果却往往语焉不详。究其原因，当与此民变的相关记载较为模糊有关。

对此事相对详细的记载见于《史记·酷吏列传》：

> 自温舒等以恶为治，而郡守、都尉、诸侯二千石欲为治者，其治大抵尽放温舒，而吏民益轻犯法，盗贼滋起。南阳有梅免、白政，楚有殷中、杜少，齐有徐勃，燕赵之间有坚卢、范生之属。大群至数千

---

① 作者简介：安子毓，1981年生，男，中国社会科学院历史研究院副研究员，历史学博士。主要研究方向为秦汉史。

② 徐复观：《〈盐铁论〉中的政治社会文化问题》，载《两汉思想史》，北京：九州出版社，2014年，第108~114页；林剑鸣：《秦汉史》，上海：上海人民出版社，2003年，第439~440页；杨华星、缪坤和：《汉代专卖制度研究》，贵阳：贵州大学出版社，2011年，第102~130页。

人,擅自号,攻城邑,取库兵,释死罪,缚辱郡太守、都尉,杀二千石,为檄告县趣具食;小群以百数,掠卤乡里者,不可胜数也。于是天子始使御史中丞、丞相长史督之。犹弗能禁也,乃使光禄大夫范昆、诸辅都尉及故九卿张德等衣绣衣,持节,虎符发兵以兴击,斩首大部或至万余级,及以法诛通饮食,坐连诸郡,甚者数千人。数岁,乃颇得其渠率。散卒失亡,复聚党阻山川者,往往而群居,无可奈何。于是作"沈命法",曰群盗起不发觉,发觉而捕弗满品者,二千石以下至小吏主者皆死。其后小吏畏诛,虽有盗不敢发,恐不能得,坐课累府,府亦使其不言。故盗贼浸多,上下相为匿,以文辞避法焉。①

关于此事的发生时间,《资治通鉴》系于天汉二年(公元前99年),②今人吕思勉、徐复观、王云度等先生亦皆略同此论。③细究史料,此系年当是将此事与天汉二年暴胜之事混为一谈。《汉书·武帝纪》云:

泰山、琅琊群盗徐勃等阻山攻城,道路不通。遣直指使者暴胜之等衣绣衣杖斧分部逐捕。刺史郡守以下皆伏诛。

冬十一月,诏关都尉曰:"今豪杰多远交,依东方群盗。其谨察出入者。"④

天汉二年是汉武帝在位第四十二年,已属武帝在位晚期,时距其征和四年(公元前89年)下轮台诏约十年。事实上,班固亦是持此观点的。《汉书·元后传》云:

贺,字翁孺。为武帝绣衣御史,逐捕魏郡群盗坚卢等党与,及吏畏懦逗留当坐者,翁孺皆纵不诛。它部御史暴胜之等奏杀二千石,诛千石以下,及通行饮食坐连及者,大部至斩万余人,语见《酷吏传》。翁孺以奉使不称免,叹曰:"吾闻活千人有封子孙,吾所活者万余人,后世其兴乎!"⑤

①《史记》卷一百二十二《酷吏列传》,北京:中华书局,1959年,第3151页。
②《资治通鉴》卷十三《汉纪五》,北京:中华书局,1956年,第717~718页。
③吕思勉:《秦汉史》,上海:上海古籍出版社,2005年,第127~128页;徐复观:《〈盐铁论〉中的政治社会文化问题》,载《两汉思想史》,第108~114页;王云度:《秦汉史编年上》,南京:凤凰出版社,2011年,第450页。
④《汉书》卷六《武帝纪》,北京:中华书局,1962年,第204页。
⑤《汉书》卷九十八《元后传》,北京:中华书局,1962年,第4013~4014页。

"魏郡群盗坚卢"当即"燕赵之间有坚卢","及通行饮食坐连及者,大部至斩万余人,语见《酷吏传》"更表明了此事与《史记·酷吏列传》所载为一事。然其中又言"它部御史暴胜之等奏杀二千石,诛千石以下",可见在班固心中已认为二者为一事。

受此系年影响,学界多认为关东民变使汉武帝认识到其旧有政策问题之严重,促使其改变执政路线,下轮台罪己诏。①但蹊跷的是,这些著作虽然大致接受了关东民变发生在武帝晚年的观点,但在谈及此事时却往往回避其具体时间,似乎对此尚有疑虑。

一、关东民变与暴胜之出使非一事

细究《史记》《汉书》的相关记载不难发现,上述著作的疑虑是有道理的,简单将关东民变一事系于天汉二年(公元前99年)将造成许多矛盾。

这一系年与太史公的断限原则相悖。关于《史记》断限有多种说法,如班固有谓"讫于天汉"②,褚少孙有谓"太史公记事尽于孝武之事"③,但出自太史公原文的只有两种,其一是麟止说,见于《史记·太史公自序》:

> 于是卒述陶唐以来,至于麟止,自黄帝始。

所谓"至于麟止",集解注引张晏语云:

> 武帝获麟,迁以为述事之端。上纪黄帝,下至麟止,犹《春秋》止于获麟也。

索隐注引服虔语云:

> 武帝至雍获白麟,而铸金作麟足形,故云"麟止"。迁作《史记》止于此,犹《春秋》终于获麟然也。④

按张晏所言"获麟",当即元狩元年(公元前122年)武帝"获白麟,作《白麟之歌》"一事。⑤而服虔虽亦言"获麟"一事,却又言及"铸金作麟足形",亦即太

① 林剑鸣:《秦汉史》,上海:上海人民出版社,2003年,第439页。
② 《汉书》卷六十二《司马迁传》,北京:中华书局,1962年,第2737页。
③ 《史记》卷二十《建元以来侯者年表》,北京:中华书局,1959年,第1059页。
④ 以上三条见《史记》卷一百三十《太史公自序》,北京:中华书局,1959年,第3300~3301页。
⑤ 《汉书》卷六《武帝纪》,北京:中华书局,1962年,第174页。

始三年铸麟趾金一事,乃使此断限产生了两种说法。两相比较,服虔说未免牵强,学界主流看法多同张晏说,认为指的是元狩元年(公元前122年)。

其二是太初说,亦出自《史记·太史公自序》:

> 余述历黄帝以来至太初而讫,百三十篇。①

相较"麟止说","太初说"的证据更多。如《汉兴以来诸侯王年表》《高祖功臣侯者年表》皆在行文中明确以太初为断。②

张大可、吴汝煜等先生认为,"至于麟止"是司马谈最初设定的计划,"至太初而讫"则是司马迁在对其父计划作出的修正,其说或可信从。③既然司马迁明确以太初为断,则记叙天汉年间的史事未免与此矛盾,虽可以特例为解,然毕竟是违背了一般原则。

第一,天汉二年说与《史记·酷吏列传》的叙述体例相悖。此传中,叙十位传主,皆按时间排序。为了保证这一顺序,甚至将宁成事截为两段,将其后期任关都尉,并被义纵抄家定罪一事放在义纵事中叙述。④实际上,《酷吏列传》纪事至最后一位传主杜周为御史大夫而止,时年为天汉三年(公元前98年)。若关东民变发生在天汉二年,则无论从时间、相关性还是行文习惯来说,将此事置于全篇最末最为合理。然按照行文,司马迁却认为此事是王温舒受重用,令官吏行事"其治大抵尽放温舒"导致的结果,记载在王温舒事与咸宣事之间。查《汉书·百官公卿表》,元封六年(公元前105年),"右辅都尉王温舒行中尉事,二年狱族";太初元年,"故左内史咸宣为右扶风,三年下狱自杀"。⑤是知王温舒被杀于太初二年,咸宣被杀于太初四年,皆不至天汉间。从叙述顺序来看,如果关东民变发生在天汉二年的话,其行文位置实与整个《酷吏列传》的体例矛盾。更何况天汉二年距王温舒被下狱族诛相隔数年,官吏焉能以族诛为美事而效之?

第二,细读《史记·酷吏列传》与《汉书·武帝纪》的记载,可以发现其中歧异众多。就范围而言,《酷吏列传》所载为遍及关东各地的大范围民变,而天

①《史记》卷一百三十《太史公自序》,北京:中华书局,1959年,第3321页。

②参见《史记》卷十七《汉兴以来诸侯王年表》、卷十八《高祖功臣侯者年表》,北京:中华书局,1959年,第803、878页。

③张大可:《〈史记〉断限考略》,《西北大学学报(哲学社会科学版)》,1983年第2期,第17~26页;吴汝煜:《关于〈史记〉的著述目的、断限及其他》,《徐州师范学院学报》,1983年第2期,第127页。

④《史记》卷一百二十二《酷吏列传》,北京:中华书局,1959年,第3134~3135、3145~3146页。

⑤《汉书》卷十九下《百官公卿表下》,北京:中华书局,1962年,第782~783页。

汉二年只是"泰山、琅琊群盗"起事而已,涉及范围不可同日而语。

第三,两事的负责人存在着明显的歧异。《武帝纪》中所载负责人为暴胜之。关于其出使细节,《汉书·王䜣传》有云:

> 王䜣,济南人也。以郡县吏积功,稍迁为被阳令。武帝末,军旅数发,郡国盗贼群起,绣衣御史暴胜之使持斧逐捕盗贼,以军兴从事,诛二千石以下。胜之过被阳,欲斩䜣,䜣已解衣伏质,仰言曰:"使君颛杀生之柄,威震郡国,令复斩一䜣,不足以增威,不如时有所宽,以明恩贷,令尽死力。"胜之壮其言,贳不诛,因与䜣相结厚。
>
> 胜之使还,荐䜣,征为右辅都尉,守右扶风。①

《汉书·隽不疑传》更云:

> 武帝末,郡国盗贼群起,暴胜之为直指使者,衣绣衣,持斧,逐捕盗贼,督课郡国,东至海,以军兴诛不从命者,威振州郡。胜之素闻不疑贤,至勃海,遣吏请与相见。不疑冠进贤冠,带櫑具剑,佩环玦,褒衣博带,盛服至门上谒。门下欲使解剑,不疑曰:"剑者君子武备,所以卫身,不可解。请退。"吏白胜之。胜之开阁延请,望见不疑容貌尊严,衣冠甚伟,胜之躧履起迎。登堂坐定,不疑据地曰:"窃伏海濒,闻暴公子威名旧矣,今乃承颜接辞。凡为吏,太刚则折,太柔则废,威行施之以恩,然后树功扬名,永终天禄。"胜之知不疑非庸人,敬纳其戒,深接以礼意,问当世所施行。门下诸从事皆州郡选吏,侧听不疑,莫不惊骇。至昏夜,罢去。胜之遂表荐不疑,征诣公车,拜为青州刺史。②

所谓"威震郡国""威振州郡",无疑体现了其负责人地位。而其出使返回后,一言即可荐隽不疑为青州刺史,荐王䜣为代守右扶风的右辅都尉,其权势可见一斑,足见暴胜之在天汉二年出使中的主导地位。

然《史记·酷吏列传》所载负责出使事者为"光禄大夫范昆、诸辅都尉及故九卿张德",竟不及暴胜之一字。若此事果与暴胜之有关,以其上述名声威势,司马迁焉能不记载。事实上,这几位负责人在史书中仅此一见,既无"威震郡国"之名声,亦无推荐显官之记载,显见其主要是分部负责,并无权力集

中造成之威名、权势。若依《汉书·元后传》所言,暴胜之只是诸部使者之一,又怎会有连荐两位显臣的可能?

第一,两事的主要目的并不相同。

《酷吏列传》中,使者所行事主要是"衣绣衣,持节,虎符发兵以兴击,斩首大部或至万余级,及以法诛通饮食,坐连诸郡,甚者数千人。数岁,乃颇得其渠率"。可见其主要目的是镇压起事民众,前后持续"数岁",并未有株连官吏之任务。直至民变被初步平定,方有所谓"沈命法"之设立,开始追究官吏之责任。

天汉二年事中,暴胜之未带发兵用的虎符,带的是象征王权的"斧",主要职责则是督课官吏,是以"刺史、郡守以下皆伏诛"。这一点从前引《汉书·王诉传》《汉书·隽不疑传》中可以得到进一步证明,传中暴胜之主要行动就是诛杀镇压起义不力的官吏,而王诉、隽不疑之言显然也是劝其宽贷官吏,不要滥杀。

由此回看前文所引《汉书·元后传》即可发现问题。《酷吏列传》所言"斩首大部或至万余级,及以法诛通饮食",其诛斩对象本为起义民众,然在《元后传》却被篡改了原意,将目标改换成了官吏,以与暴胜之事相联系。一部之中,官吏总共才有多少,暴胜之再暴戾,又怎会诛杀万数?官吏若遭此普遍屠戮,又该遣何人为其镇压起事民众呢?可见这显然是班固为牵合二事而妄改原文,与原始记载不合,不足为训。

事实上,《汉书》所载暴胜之事与《酷吏列传》所载关东民变事确有相关性,然不可混为一谈。"泰山、琅琊群盗徐勃等"当即"齐有徐勃",《册府元龟》亦云"泰山琅琊群盗徐勃"。[1]关东地区的大规模民变经范昆、张德等人打击后虽暂时被强行镇压,然流民问题并未被解决,[2]起事者"散卒失亡,复聚党阻山川者,往往而群居,无可奈何",这一情况当即《武帝纪》所称徐勃等"阻山攻城,道路不通"一事,是以单谓"泰山、琅琊群盗"而不及其余。则暴胜之负责之事可视为关东民变的善后工作,是遵照民变初步平息后所设之"沈命法"行事,二者虽有关联,然不可视为一体。事实上,是年之所以派暴胜之督办徐勃之事,或仅因次年武帝复有远巡泰山之意,故而活动于泰山附近导致"道路不通"的徐勃成了汉廷的眼中钉。

---

①《册府元龟》卷一六一《帝王部·命使一》,北京:中华书局,1960年,第1940页。
② 如后文所引,至元封四年(公元前107年),仍有二百万关东流民。

二、关东民变与刺史之设

依《史记·酷吏列传》所载,此次关东民变中,起义军"擅自号,攻城邑,取库兵,释死罪,缚辱郡太守、都尉,杀二千石,为檄告县趣具食"①,规模可谓极其惊人。将此事与新莽末年的另一记载作一对比,或许更为直观。彼时荆州牧帅军征讨绿林军,为绿林所败,"牧欲北归随,(马)武等复遮击之,钩牧车屏泥,刺杀其骖乘,然不敢杀牧也"②。绿林军初起之际,在大胜的情况下尚不敢杀州牧,而武帝朝此民变,太守却被缚、被辱、被杀,两相比较,足见武帝朝民变之剧。

然而,如此重大的事件却在史料中缺少了具体时间,这其中当有两个原因。一个原因当系武帝文过饰非,有意抹去了原始档案;另一个原因则可能与前引《汉书·元后传》史料有关。元后祖先王贺因镇压关东民变不力被免官,而造反一事在君主制下又是重罪难以回护,则此事对官吏而言本非美事。然而借着武帝以来这段史事的模糊性,将此事与后来暴胜之诛杀官吏一事相混淆,则此事反而具备了道德性,更成功地利用"吾所活者万余人,后世其兴乎"这一说法神化了王氏家族,为其专权提供了便利。关东民变一事的时间遂被进一步模糊化。

虽然如此,如果细究史料,仍可大致断定此事发生之年代。

《史记》将关东民变一事与王温舒连及而言,称因地方诸吏效法王温舒,以致此变。则此事当发生在王温舒因酷烈被由地方官擢为九卿,形成榜样效应之后。查《汉书·百官公卿表》,元狩四年(公元前119年),"河内太守王温舒为中尉"③,是年可视为此民变发生时间之上限。而至太初二年(公元前103年),王温舒被诛五族,而《史记》叙事基本又是"至太初而讫"④,则此年可作最下限。

进一步细读《酷吏列传》的记载,可以发现,前后负责此事之人选,最初为"御史中丞、丞相长史",之后为"光禄大夫范昆、诸辅都尉及故九卿张德",而有巡查地方职责的刺史压根没有被涉及,明见当时尚以御史、丞相使督郡国,刺史制度尚未建立,使者多以御史身份行事。则通过考定刺史一职设立之时间,当可细化此事之下限。

建立刺史制度被认为是武帝后期的政绩之一。汉初以来,主要是靠丞相

---

① 《史记》卷一百二十二《酷吏列传》,北京:中华书局,1959年,第3151页。
② 《后汉书》卷十一《刘玄刘盆子列传》李贤注转引《续汉书》,北京:中华书局,1965年,第468页。
③ 《汉书》卷十九《百官公卿表》,北京:中华书局,1962年,第775页。
④ 《史记》卷一百三十《太史公自序》,北京:中华书局,1959年,第3322页。

使、御史监察地方，然并未形成固定制度。武帝即位后，多次派谒者、博士、大夫等"循行郡国"①，了解民间疾苦。元封五年（公元前106年），武帝将地方郡国分为十三州，各州设刺史；征和四年（公元前89年），设司隶校尉，"察三辅、三河、弘农"②。至此，天下被分为十四个监察区，刺史监察制度就此建立。

刺史监察制度之建立大略如上，许多著作也往往将此与刺史一职的设立相等同。对于武帝设立刺史的原因，以往研究往往以加强监察制度这一宏观原因泛泛释之，然以武帝只争朝夕的性格，若其果真感到旧有制度存在问题，则当亟刻改革。如其设立"中朝官"控制外朝是在建元、元光年间，"独尊儒术"之施行在元光、元朔年间，"推恩令"之施行在元朔二年，皆是在其即位早期即已着手实施。然刺史制度却晚在武帝执政中后期方开始建立，可见起初武帝对此并不以为意，其制度之建立当有重大事件之刺激。

个人以为，刺史制度之建立，其初意并不在建立监察制度，刺激此制度形成之原因实当即关东民变。如前所论，习惯上往往将刺史的建立与十三部的设置等同，认为发生在元封五年。然《汉官六种·汉旧仪》有云：

> 吏不奉法，乘公就私，凌暴百姓，行权相放，治不平正，处官不良，细民不通，下失其职，俗不孝弟，不务于本，衣服无度，出入无时，众强胜寡，盗贼滋彰，丞相以闻。于是乃命刺史出刺并察监御史。元封元年，御史止不复监。③

是知在元封元年（公元前110年）之前刺史一职已设立，关东民变事实当发生在元封元年之前。

事实上，元封元年很可能是一个比较准确的下限，至此年，范昆、张德等人镇压民变的行动应当取得了初步的成果。

这一点可由汉武帝出巡事来印证。从元鼎四年（公元前119年），武帝开始了巡游无度的生活，然而最初的几年，他一直在雍、甘泉、汾阴、缑氏等西部地区进行中短途巡游，完全不符合其好大喜功的性格。《史记·封禅书》载元鼎四年时有谓"是岁，天子始巡郡县，侵寻于泰山矣"④。既"侵寻於泰山"何以不

---

① 《史记》卷三十《平准书》，北京：中华书局，1959年，第1433页。
② 《汉书》卷十九《百官公卿表上》，北京：中华书局，1962年，第737页。
③ [清]孙星衍等辑：《汉官六种》之《汉旧仪》卷上，北京：中华书局，1990年，第72页。
④ 《史记》卷二十八《封禅书》，北京：中华书局，1959年，第1389页。

直接过去？而在元封元年(公元前110年)武帝终于东巡海边，封禅泰山之后，次年又意犹未尽地"还祠泰山"。《史记·封禅书》载元封二年(公元前109年)祀泰山事云：

> 是岁旱。于是天子既出无名，乃祷万里沙，过祠泰山。①

在遭遇灾年，没有祭祀泰山理由的情况下，汉武帝还要挖空心思编出"祷万里沙"这一理由再赴泰山，足见之前不远巡绝非其本意。结合前述关东民变事不难理解，在太守动辄被捉、被杀的情况下，渴求长生的汉武帝自然不会拿自己的性命开玩笑，只好压抑本性，在西部作中短途巡游了。

由此回看刺史之设，实当系在镇压关东民变过程中所设置的层层监督之结构。至元封元年，民变既已初步平定，则干脆废止监御史而以刺史代之。其后当因权责不清，故又细分十三州。是知刺史制度建立之意义本不在其监察作用，此作用在之前本已有监御史承担，若非关东民变，本无新设之必要。刺史监察制度之意义实在于经过十三州部划分，使其权责明晰，避免了叠床架屋与互相推诿。是以《汉书·武帝纪》独载元封五年(公元前106年)"初置刺史部十三州"②，却不关注刺史一职设立之时间，可谓深得历史之关节。

值得注意的是，置十三州刺史的前一年即元封四年(公元前107年)，亦曾发生大灾：

> 夏，大旱，民多喝死。③

《万石张叔列传》更云：

> 元封四年中，关东流民二百万口，无名数者四十万……④

十三州之设当亦与此次大灾之后的流民四起有关。

三、关东民变与河决瓠子

关东民变的下限既初步确定，其上限是否可以进行进一步细化呢？个人以为，此民变之起或在元鼎二三年间。《汉书·武帝纪》云：

① 《史记》卷二十八《封禅书》，北京：中华书局，1959年，第1399页。
② 《汉书》卷六《武帝纪》，北京：中华书局，1962年，第197页。
③ 《汉书》卷六《武帝纪》，北京：中华书局，1962年，第195页。
④ 《史记》卷一百三《万石张叔列传》，北京：中华书局，1959年，第2768页。

（元鼎二年）三月，大雨雪。夏，大水，关东饿死者以千数。

秋九月，诏曰："仁不异远，义不辞难，今京师虽未为丰年，山林池泽之饶与民共之。今水潦移于江南，迫隆冬至，朕惧其饥寒不活。江南之地，火耕水耨，方下巴蜀之粟致之江陵，遣博士中等分循行，谕告所抵，无令重困。吏民有振救饥民免其厄者，具举以闻。"

……

（元鼎三年）十一月，令民告缗者以其半与之。

夏四月，雨雹，关东郡国十余饥，人相食。①

《史记·平准书》云：

是时山东被河菑，及岁不登数年，人或相食，方一二千里。天子怜之，诏曰："江南火耕水耨，令饥民得流就食江淮间，欲留，留处。"遣使冠盖相属于道，护之，下巴蜀粟以振之。②

《史记·河渠书》亦云：

自河决瓠子后二十余岁，岁因以数不登，而梁楚之地尤甚。③

所谓"河菑""河决瓠子"，即当时关东的黄河决口问题。史家往往将元封二年（公元前109年）修复黄河水道亦视作武帝功绩之一。如《盐铁论》载御史语即云：

大河之始决于瓠子也，涓涓尔，及其卒，泛滥为中国害，菑梁、楚，破曹、卫，城郭坏沮，蓄积漂流，百姓木栖，千里无庐，令孤寡无所依，老弱无所归。故先帝闵悼其菑，亲省河堤，举禹之功，河流以复，曹、卫以宁。百姓戴其功，咏其德，歌"宣房塞，万福来"焉……④

然而黄河决口早在元光三年（公元前132年），彼时堵决口未成，竟长期不闻不问：

今天子元光之中，而河决于瓠子，东南注钜野，通于淮、泗。于

①《汉书》卷六《武帝纪》，北京：中华书局，1962年，第482页。
②《史记》卷三十《平准书》，北京：中华书局，1959年，第1437页。
③《史记》卷二十九《河渠书》，北京：中华书局，1959年，第1412页。
④ 王利器：《盐铁论校注》卷十《申韩第五十六》，北京：中华书局，1992年，第579页。

是天子使汲黯、郑当时兴人徒塞之，辄复坏。是时武安侯田蚡为丞相，其奉邑食鄃。鄃居河北，河决而南则鄃无水菑，邑收多。蚡言于上曰："江河之决皆天事，未易以人力为强塞，塞之未必应天。"而望气用数者亦以为然。于是天子久之不事复塞也。①

史书将此事怪罪于田蚡，然田蚡在元光四年(公元前131年)即已去世，此后武帝继续听任之泛滥二十余年，亦足见这位好大喜功的帝王心中实不重民生之疾苦，岂可独罪田蚡？

由元光三年(公元前132年)至元鼎二年(公元前115年)，关东民众苦于河患已二十年。而从元光六年(公元前129年)至元狩四年(公元前119年)首尾十年的汉匈战争更将文景之时的积蓄耗尽。②当此该休养生息之际，武帝反倒行逆施，行告缗之策，而又适会关东民众遭此重灾，则民变之起自是必然之事。

《史记·平准书》又称：

> 南越反，西羌侵边为桀。于是天子为山东不赡，赦天下，因南方楼船卒二十余万人击南越，数万人发三河以西骑击西羌，又数万人度河筑令居。③

查诸本纪，此事当发生在元鼎五年(公元前112年)。所谓"天子为山东不赡"当不过文饰之辞，武帝一生好大喜功，极少以细民疾苦为意，之所以未从关东征兵，实当因彼时关东民变四起，自顾尚且不暇，何能出兵？

由此也就不难理解，为何在元鼎年间会有"是时上方忧河决"④的记载——河决已二十余年，何以此时"方忧"？武帝此时之所以突然"忧河决"，并非其良心发现，不过因河决引起的民变影响了其封禅泰山的计划而已。

综上，从职官等硬性证据来讲，关东民变的时间上下限当在元狩四年(公元前119年)至元封元年(公元前110年)之间。而从情理上进一步推断，此事大略当发生在元鼎二年(公元前115年)至元鼎六年(公元前111年)。此民变的声势虽被镇压，然其余部仍长期坚持斗争，如暴胜之在天汉二年镇压的徐

①《史记》卷二十九《河渠书》，北京：中华书局，1959年，第1409页。
②[日]加藤繁：《中国经济史考证》上卷，北京：中华书局，2012年，第98～99页。
③《史记》卷三十《平准书》，北京：中华书局，1959年，第1438～1439页。
④《史记》卷二十八《封禅书》，北京：中华书局，1959年，第1390页。

勃等人,若由元鼎二年开始计算,其斗争前后已持续十七年之久。

关东民变对汉廷政策的调整有一定意义,在民变初平未久的元封二年(公元前109年),为害多年的瓠子决口终于被堵上了。不过,关于其过程,相关记载尚有不同。《史记·河渠书》云:

> 天子既封禅巡祭山川,其明年,旱,干封少雨。天子乃使汲仁、郭昌发卒数万人塞瓠子决。于是天子已用事万里沙,则还自临决河,沈白马玉璧于河,令群臣从官自将军已下皆负薪寘决河。是时东郡烧草,以故薪柴少,而下淇园之竹以为楗。

> 天子既临河决,悼功之不成,乃作歌曰……于是卒塞瓠子,筑宫其上,名曰宣房宫。而道河北行二渠,复禹旧迹,而梁、楚之地复宁,无水灾。①

《史记·封禅书》云:

> 还至瓠子,自临塞决河,留二日,沈祠而去。使二卿将卒塞决河,徙二渠,复禹之故迹焉。②

依《史记·河渠书》所载,汲仁、郭昌率数万卒塞河在前,武帝令从官塞河在后,似乎功成于武帝从官之手。依《封禅书》所载,则是武帝命从官塞河后,"二卿将卒塞决河"。

按司马迁有云:

> 余从负薪塞宣房,悲《瓠子》之诗而作《河渠书》。③

其既为此事亲历者,当不致混淆此事。《河渠书》既谓"天子既临河决,悼功之不成",则显然当时工程量尚重,非一时所能完成。汲仁、郭昌率数万卒开始治河当在武帝临决河之前,功成当在其离去之后。黄河堵决口本也不是少数从官所能完成的,武帝此令不过表示吏民同甘苦之意而已。然因司马迁亲历此事,触动颇大,叙此事特详,因而在行文上产生了混淆而已。

此年堵河成功的气候基础则在于这一年"旱,干封少雨",不至于重新溃坝。然河决之后,见于《汉书·武帝纪》的大旱之年便有元光六年(公元前129年)、

---

①《史记》卷二十九《河渠书》,北京:中华书局,1959年,第1412～1413页。

②《史记》卷二十八《封禅书》,北京:中华书局,1959年,第1399页。

③《史记》卷二十九《河渠书》,北京:中华书局,1959年,第1415页。

元朔五年(公元前124年),像元封二年(公元前109年)这样不载入本纪的普通旱年自然更多,可见这一点并不能回护武帝二十余年对决河毫无作为之可恶。比起《瓠子之歌》①中的故作悲悯,恐怕关东民变表达出的布衣之怒才是令其重视此事的真正原因。则此事恐怕无论如何难以视作武帝之德政,只是对其滔天大错作出的必要弥补而已。《盐铁论》载文学语有谓"河水泛滥,而有宣房之功"②,语虽刻薄,然实得其要。

四、结语

虽然武帝对水患进行了治理,然而就整体而言,武帝显然没有就此次民变吸取足够的教训。司马光责其"内侈宫室,外事四夷,信惑神怪,巡游无度"③,其中,"内侈宫室"与"信惑神怪,巡游无度"这两项纯粹满足帝王物欲,对黎民无丝毫好处的行为皆发生在元鼎以后,在民变之后不但没有丝毫节制,反而更加变本加厉地施行了下去。

"内侈宫室"方面,元鼎二年(公元前115年),"起柏梁台";元封二年(公元前109年),"令长安则作飞廉、桂馆,甘泉则作益寿、延寿馆",又"作甘泉通天台","作明堂于泰山下";元封六年(公元前105年),"作首山宫";太初元年(公元前104年),"起建章宫";太初四年(公元前101年),"起明光宫"④。可见武帝大建宫室在民变之后反而更加严重,直至天汉初年汉匈再次开战方告一段落。至于"巡游无度"方面,就更加触目惊心,自元封元年(公元前110年)以来,武帝以江南、泰山以及今山东省沿海地区为终点的长途巡游高达十次,即使在汉匈开战后依旧乐此不疲,一直延续到了其临终前两年——征和四年(公元前89年)。

综上,可见学界过去认为此民变导致武帝晚年改变执政路线的观点恐难成立。促使汉廷改变执政路线的原因主要是征和年间内政外战双重失败,与发生在元鼎年间的关东民变关系甚微。

①《史记》卷二十九《河渠书》,北京:中华书局,1959年,第1413页。

② 王利器:《盐铁论校注》卷一之《力耕第二》,北京:中华书局,1992年,第29页。

③《资治通鉴》卷二十二,第747页。

④ 本段诸条参见《汉书》卷六《武帝纪》,北京:中华书局,1962年,第182、193、194、198、199、202页;卷二十五下《郊祀志下》,第1241~1242页。

二　明清史研究

清在闽设置龙岩、永春直隶州的动机与成效考

王日根　张宗魁①

（厦门大学历史系　厦门市外国语中学）

摘　要：明代以后，中央王朝进一步加强了对福建的行政管理，多有设县举措，但是，晚明以后郑氏集团曾依托泉漳汀地区的腹地构筑自己的海上帝国。尽管清康熙时期统一了台湾，消灭了郑氏政权，但是泉漳汀社会状况依然严峻，雍正帝采取积极主动的态度，以设置龙岩州、永春州的办法，纠正了明代以来对该区域行政治理的薄弱局面，同时也彰显了其对福建海洋区域治理的崭新探索成果。

关键词：龙岩；永春；行政治理

在中国行政区划的设置中，直隶州起于元朝，本来宋代时路下设府、州，元代则将州分为直隶州和散州，直隶州与路、府并列，以加强对这些区域的行政控制能力。明沿元制，直隶州上隶于京师或省（布政使司），地位同府，散州则隶属于府。清代直隶州与府平级，隶属于省，下辖数县，直隶州知州为正五品。雍正十二年（1734 年），升福建龙岩县为直隶州，辖漳平、宁洋二县。同年，升永春县为直隶州，割泉州府之德化、延平府之大田属之，治永春。雍正提升这两个地方的行政级别，包含了对明代以来二地区仍存在的行政薄弱状况的纠偏，也体现了清王朝对福建边防的进一步重视与应对。

① 王日根，1964 年生，江苏兴化人，厦门大学历史系教授，博士生导师，主要研究领域为明清社会经济史、海洋史；张宗魁，1978 年生，福建永安人，厦门市外国语中学历史教师，主要研究领域为福建地方史。

一、龙岩州的设立

郑氏集团在构建自己的海上帝国时,曾与明清王朝延续了半个世纪的相互争夺状态①。郑氏集团以泉漳汀州为腹地,形成了自己的势力范围,泉漳汀地区的社会经济与郑氏集团的兴衰也产生了密切的关联。在长期的相互争夺中,泉漳汀地区社会动荡,山贼、盗匪等各种反抗势力此起彼伏。据乾隆《龙岩州志》的记载:

> 崇祯九年十月,贼首和尚仔掠漳平永福邓家坊,知县高光映督乡兵讨平之。

> 十年七月,山寇张维新、林覆等流劫龙岩大池、大吉,知县邓藩锡计擒之。

> 十六年,宁洋贼梁三兄弟肆行劫掠,知县陈良言获其妻。梁三啸聚攻县要释,良言斩其妻首掷城下,率乡勇追剿之,遂溃散。

> 国朝顺治元年(自元年至三年,江南福王、福建唐王相继自立,尚未归顺)春,平和贼梁良等万余寇龙岩、漳平,焚掠无数。

> 是年八月,广寇掠龙岩赤水、大池等处,知县董汝昌督兵追至华家亭而逸。

> 是年,宁洋庠生廖淡修聚众蹂躏龙岩、漳平、宁洋间,知府金丽泽、参将颜荣率兵,合漳平知县张重任击之,斩淡修于西埔营。

> 二年,广寇由永定掠龙岩。

> 三年四月,龙岩土寇黄德纯、吴宛遂等集众万余攻城,漳郡参将颜荣提兵驰援,总兵洪政继至,合兵大破之,斩宛遂。

> 是年,大师入闽,分遣别将略定旁郡。九月十六日,由大田抵漳平,屯东坑口,次日,即由永福入漳郡,诸县各以次归附。

> 四年正月,广贼袭龙岩,盛寒,夜迷道,城中觉之,贼知有备,遂遁。

> 是年二月,明遗弁陈国祚攻漳平,知县戴真学请援,郡千总王玉至,直突其营,射杀国祚,众溃。

---

① 王日根:《郑氏集团与明清王朝对汀漳泉海域社会控制权的争夺》,《华中师范大学学报》(人文社会科学版)2017年第1期,第121~128页。

是年八月,漳平贼陈大衮寇县,防将张奇、卢泗、顾雍击杀之。

五年四月,永春庠生杨为赦借名倡义,合贼伙林俊、虎皮郑等数万人攻漳平,屯于后葛。防将张奇、卢泗、顾雍进攻其营,伏发,皆被杀。知县戴真学密书请援,郡镇遣赫文兴、王玉、高树标救之,贼遁。

是年五月,连城贼犯龙岩,镇标李芳率兵赴援,击走之。又防将曾庆寻引广寇,伪称永宁王,据龙岩以叛。

是月,贼首王镐、赖雄、张文等万余人攻漳平。六月,贼乘夜袭城,知县戴真学见势不支,刃其妻,死之。教谕刘泰阳越城,溺水死。防将陈治龙奔漳,按律坐斩。

是年,有男子伪称益藩,以贼王镐、张文等万余人围宁洋六阅月,粮尽援绝,城遂陷,囚知县张天麒。

六年正月,副总兵王信领兵复龙岩,曾庆等遁。

是年二月,副总兵王邦俊督兵进剿王镐等,复漳平、宁洋。

是年十月,广寇犯龙岩,防将王信击败之。

十年十二月,土寇邓和尚破龙岩苏坂,据其寨。知县王有容请汀总镇王振宇遣将来援。有容督防兵乡勇剿之,斩馘甚众,贼弃寨遁。

十一年正月,有抚寇之议。郑成功遣其党分散各邑,沿乡派饷,凡数月,岩、平、宁皆罹其害。

十二年三月,漳平县防将谢衡潜通贼,知县师若玮势逼宵遁。贼入城,恶衡反覆,杀之。四月汀州兵至,贼奔而城复。(时米大涌贵,饥死者不计其数)。

是年,山寇郑鹏破宁洋,焚劫,知县曹耿源寻抚之。

十三年,宁洋渠寇林胜等据乌锥寨,(乌锥在瑞峰水南,寨险壁立,人迹罕到。)知县萧亮进剿,寻就抚。

十四年,抚寇郑鹏、郑鹊复叛,据宁洋马山。又土寇温魁据王城、城口。宁洋知县萧亮俱平之。

十五年,宁洋积寇黄邹据长安,窝藏渠寇张耀华,啸党劫杀。知县萧亮计诱黄邹,擒之。耀华惧,就抚。

十六年，宁洋朱文英、张振、王宾与郑鼎、卢鸥鸪等群丑播虐，知县萧亮迭用剿抚，先后授首。

十七年，渠魁李月高啸党千余，流劫宁洋，出没四境，聚散无常。知县萧亮请漳、泉、延，汀各镇官兵环攻擒戮之。

十八年，逆丑黄盛车、郑惟荣、李玉瑞等劫杀宁洋。知县萧亮授计林胜带领丁壮往剿，斩黄，平郑，李玉瑞窜于延就抚。①

在《龙岩州志》的记载中，明崇祯九年（1636年）之前地方的最后一次动乱在嘉靖四十四年（1565年），然后是长达近八十年的地方安靖的时期，而崇祯年间龙岩、漳平、宁洋的动乱并没有导致县城陷落。明亡至顺治三年（1646年）的四年时间里，地方动乱不已，但三县县城仍控制在隆武政权手中。顺治三年，清军控制了三县，而之后的日子里仅顺治五年（1648年）、顺治十一年（1654年）、顺治十二年（1655年）宁洋县有三次短暂地陷于地方山寇武装或郑成功军事力量的手中，其他绝大多数时间里，清军控制住了三县的县城，并利用山区作为对沿海作战的后勤基地。

《龙岩州志》记载：

王有容，字自牧，麻城人。性倜傥，有济变才。初任安化令。顺治九年，避籍改知龙岩。时海寇围郡城初解，海澄未下，大师云集，一日郡下牒，征岩随征夫千七百名。有容补牍力争，得减三分之二。复请以牛代夫，悉报可，军需亦得从减。因乘暇增城浚濠，储粮置械。十一年冬，寇再至，漳郡失守，岩孤城无援，有容乞师汀、赣，得千人，与士民沥血撄城固守。明年春，寇拥众数万薄城。有容调兵据胜地，屡挫其锋，三日解围去。邑得保全，有容之力也。②

这则史料说明了九龙江上游三县对于清廷与沿海作战的重要作用。

而从康熙十三年（1674年）三藩之乱起到康熙十七年（1678年）四年间，龙岩、漳平、宁洋的地方社会再度陷入战争中。《龙岩州志》载：

康熙十三年三月，耿精忠反，传檄至漳，郡邑各望风降附。

① 龙岩地方志编纂委员会整理：《龙岩州志·清·乾隆三年镌》卷12《杂记·寇乱》，福州：福建省地图出版社，1987年，第307~309页。
② 龙岩地方志编纂委员会整理：《龙岩州志·清·乾隆三年镌》卷5《秩官志》，福州：福建省地图出版社，1987年，第168页。

是年九月,郑经遣将蔡龙攻宁洋,知县常铉禧协防永安,游击梁起凤、防守王邦富统兵拒于赤濑隔,败之。既而,海兵复四集,官兵退,撄城拒守,海兵攻围日急,王邦富烧青云桥及城外民居,常铉禧、梁起凤遁走,永安城破。

十六年二月,大兵至漳,始复之。

十七年六月,漳浦白头贼蔡寅寇漳平,城陷。知县高登瑛奔龙岩求援,贼入据之。

是年七月,白头贼寇宁洋,知县陈运泰击走之。

是年八月十三日,喇将军统骑万余,自广抵泉,道径漳平,贼惧出降,复之。[1]

康熙十七年(1678年)后,清军重新获得了对三县的控制权。从上引的材料中,可以看到这三个县域受到的军事行动有来自泉州府山区永春等地山寇的侵扰,也有由永定等地过来的饶贼和广寇,更主要的是地方自己的寇乱集团。郑氏海上力量在利用顺治朝和谈的时机和三藩之乱时,短暂控制过该地。最后的威胁来自三藩之乱期间漳浦有名的白头贼。而康熙十七年后清军控制住这一区域,同时在沿海战场也取得了有利的态势,对于清统治者来说,对龙岩地方之于漳州沿海的军事重要性是非常清楚的。

在清康熙二十二年(1683年)康熙皇帝收复台湾后,清朝中央对福建地区采取休养生息的策略,较多依靠收复台湾的功臣如施琅和蓝理等人对漳泉沿海地区予以控制。而康熙朝剩下的时间里,对福建地方基本采取怀柔感化的做法,行政区划方面也没有什么大的调整。而在收复台湾之后,漳州沿海社会每隔数年就有一些动乱,集中于漳浦、诏安、平和数县。如《漳州府志》记载:

二十四年六月三十夜,贼伙林恩、陈妈等十余人,谋袭漳城不果。事泄,驻防总兵官金世荣悉杖杀之。

三十年三月,奸民林姐谋袭漳城,事觉,姐逃之管溪。左营游击张继良率兵掩捕,合管溪汛兵击之,姐被擒,斩于市。

三十六年四月,诏安贼吕扁聚党于平和白叶渠。渠深险,为广东大埔县山联界。数日间,众至七百余人,劫掠渐逼县城。时居民

① 龙岩地方志编纂委员会整理:《龙岩州志·清·乾隆三年镌》卷12《杂记·寇乱》,福州:福建省地图出版社,1987年,第309~310页。

俱依乡堡为固,贼无所得食。间道夜趋南靖之山城墟,会阻雨。既至天已明,贼争夺食。汛防千总曾高捷击走之,转遁平和高滩。约正吴元臣纠乡壮击杀贼百余人,生擒者数十,枭吕扁,余党俱散。

三十七年七月,贼首钟平鼻,吕扁党也。是年,平和有更丈粮之议,人情汹汹。知县奔郡城。平鼻潜结群盗营大丰社,距邑三十里,约期劫县而自为内应。与弟钟二乘间登城伺探,为营兵所执杀之。邑乡壮夜薄贼营,知平鼻既诛,皆溃。

四十一年夏,漳浦贼首曾睦聚党百余人于七星洞,官兵往捕,遁入灶山,走平和山中,竖旗集众,谋再至浦。知县陈汝咸以间谍诱睦入浦界,伏乡壮掩击,生擒睦,杖杀之,余党悉散。[1]

虽然这些地方动乱都被镇压了下去,实际上康熙采用的怀柔政策并没有完全平定漳州沿海地方的反叛力量。至康熙六十年(1721年),台湾发生朱一贵叛乱。这一叛乱也影响了漳州沿海社会。"六十年四月,台湾作乱,郡城戒严,居民逃窜,仅存绅士。众扶老携幼,有司莫能禁止,各乡寨堡皆增筑。"[2]

而同时漳州山区的龙岩、漳平、宁洋三县,在康熙末年也出现动乱的苗头。乾隆《龙岩州志》纪录:"(康熙)四十六年八月,漳平土寇陈首魁作乱,知府赵完璧招降之。四十九年十一月,漳平土寇陈五显劫掠,捕诛之。"[3]这样的局面,在雍正皇帝即位后予以重视,并在地方政区调整中体现出来。

康熙年间重用福建籍的文官如安溪李光地等,朝廷对福建的地方内情还是明了的。同时漳浦的蔡世远出于李光地门下,长期在漳州地方居住,设立族规、置祭田、立乡约,居乡二十余年,而宗族中三百余家,远离诉讼,风气醇正。而漳浦蔡氏一族,连续出现科举等第者,成为漳州地方有名的科举宗族。

而雍正帝登基后一改康熙年间比较无为的统治手法,在全国范围内加强控制。雍正七年(1729年),以漳、泉自海疆宁靖后,福建文武官员因军功骤致通显,子弟骄悍无所畏惧,危害地方,诏在漳浦地方居乡的蔡世远与福建籍贯的京官共同参议,讨论在福建地方设立观风整俗使一事。雍正帝因雍正六年(1728年),福建学政程元章上奏,称福建泉、漳风俗未醇厚,责成巡道整饬,自

---

① 光绪《漳州府志》卷47《寇乱》,光绪三年刻本。

② 光绪《漳州府志》卷47《寇乱》,光绪三年刻本。

③ 龙岩地方志编纂委员会整理:《龙岩州志·清·乾隆三年镌》卷12《杂记·寇乱》,福州:福建省地图出版社,1987年,第310页。

此益加儆戒。但人有贤愚,士或鄙劣薄行,民又多因怒互事,未必洗心涤虑,应请设观风整俗使,防范化导,于风俗人心有益。[①]后经蔡世远等人复奏,请予照办,于雍正七年,以刘师恕充任福建观风整俗使,加强福建吏治、民风的监察机制。但很快地方的观风整俗使因职权不明,容易越出职权,与地方官常常发生冲突,而无法真正有效管理地方,所以该职务仅在雍正末年昙花一现于福建,刘师恕很快转任吏部侍郎。而在雍正朝改变对福建地方施政手段的时候,雍正朝别具特色的升级直隶州的统治手法也运用于福建地方,而且选择了明末清初社会动乱特别严重的漳州和泉州的山区加以升级。

清代的直隶州制度是继承了明代直隶州制度又有所发展,而到雍正朝时期直隶州的升格成为一种潮流。根据日本学者真水康树的研究,明代全国共有21个直隶州,清代至康熙朝结束基本没有新设的直隶州,沿袭了明代21个直隶州的体制。但雍正朝短短13年时间内,新增直隶州达70个。在清代,有的散州升为直隶州,有的直隶州升为府,行政制度在各个层级之间频繁地升降。可以说在总共五百多年的明清历史当中,仅仅十三年的雍正年间在地方管制方面进行的改革规模最大。[②]而这一时期,福建省级政区内新设了龙岩、永春两个直隶州,福宁直隶州升格为福宁府。

福建政区的改府升州的动议,始于雍正十一年(1733年)六月二十七日福建总督郝玉麟和福建巡抚赵国麟的上奏:

> 又闽省下游,泉、漳二府,俗悍民习,健讼好斗,所辖地方太广,实有鞭长不及之处。应各设直隶州,互相分理。内有泉属之永春县,接连兴、延、漳三郡,奸宄易于透越,重冈复岭离府甚远,西北至德化仅三十里,西南至大田一百一十里,应以永春县改为直隶州,以德化、大田二县归其管辖。再漳州府所辖龙岩县,上接汀州,下通延、建,距漳州府竟有三百余里,一切公事,呼应维艰。查龙岩东至漳平,西至宁洋,各七十里。应以龙岩县改为直隶州,以漳平、宁洋二县就近归其管辖,均于地方,实有裨益等语。臣等查福宁州实属边海要区,为全闽屏障,应请改设知府,添设附郭一县,以隆体制,以

① 陈遵统等编纂:《福建编年史》(中),福州:福建人民出版社,2009年,第1022页。
② [日]真水康树:《明清地方行政制度研究——明两京十三布政使司与清代十八省行政系统的整顿》,北京:北京燕山出版社,1997年,第85~86页。

專职守。至双溪地方,系古田县要隘之区,四面环山,每致藏奸聚匪,应设县治以弹压化海。至永春、龙岩二邑,议改为州,均系因地制宜等,非敢草率更张,因再四斟酌,实于地方有裨,其添改府州县应需、佐杂等官及各紧要村镇移驻改设之处,容臣等斟酌附疏题请。惟是臣等知识浅短,是否可行,不敢冒昧,具题合先具折奏。①

上溯明代的历史,明中叶以来新设的漳平县、宁洋县的确立,成为雍正时期设立龙岩州的基础。再经过明末清初的地方动乱及平息,漳州府属十县都受到了强烈的冲击,同时地方形势也发生了根本的变化。而漳州府是作为闽粤交界的区域,地域广大,属县过多,并沿着不同的河流在府内部形成不同的经济及市场区域,分别统治成为官方的一种策略选择。而明中叶郭造卿在《闽中经略议》中就指出了福建闽中延平、汀州、漳州、泉州的山区属县与沿海地方在交通和管理上存在的漏洞。郭造卿说:

以地理较之。沿海州县。通潮汐者六县。而抵大海十五县耳。尚有重岩叠嶂者三十七县。为盗贼穴窟者何乃遣之乎。然诸县属之南赣军门。建邵延三府及福兴漳泉山县。皆当居中绾毂而四哨应然后可也。……夫均闽海也。而漳潮多寇者。为私通多而向道熟救援便耳。故南粤甚多。而闽漳亦多。泉次之。其北邑惠安而上。非为卤掠不徒之矣。故惟梅洲云霄月港海沧桑屿刘店及同安晋江二三海堧也。玺书镇漳亦为此耳。今安边馆又开番市。匪军门镇之。如戎心叵测何。但镇漳则反侧不安。是急而之海也。居会城则此去远。而彼无忌矣。惟居泉弹压此辈。其势易于搜捕。且令会城迤南。不敢睥睨焉。宜为镇者五。海上难以里度。惟视风之顺遂。若沿海之陆。其程可计。省城南行六驿至泉。漳城北上至泉凡五驿。则其道理稍均。可通上下羽檄。而左右策应。不至于后时。宜为镇者六。夫上下各云四郡。在山海分言也。其实建连福州。汀连漳州。而邵延居兴泉之直北。即汀为闽西极边。泉至其界五百五十里。若汀至福州则千余里也。故其由水至延平又陆抵泉四百里。其由漳至者陆路七百余里耳。建由

① [明]郭造卿:《闽中经略议》,载顾炎武:《天下郡国利病书·福建篇》,《四部丛刊三编·史部》,上海:上海书店,1985年,第10页。

东溪下邵。由西溪下皆会于延而入泉。泉属德化。西至延界二百余里。北至福之永福二百余里。即福虽隔府。而其西北古田闽清。皆可由永福入泉。非惟漳泉便。而福建邵汀延盖无不便也。宜为镇者七。闽驿详于通衢。而深山茂林独少。是以官吏罕至。而奸宄遁亡。沙龙邓寇猖獗至炽坐此耳。江漳初设兵备。诸臣经画通道置驿。故其盗区渐弭。自省城而下。江峡涛险。宋初。泉人避之。于北门而往。有驿二三。凤龙溪入福。此其故道可攻也。倘军门移镇而寻故迹于大田德化置驿。则山路四达。可无盗贼忧矣。宜为镇者八。①

从郭造卿的建议可以看出,明人已经觉得闽中山区地域广大,易为盗薮。而控制山区以遏制沿海形势的关键在遏制福宁州与福州会城之间的山区,及控制泉州府和延平府相邻近的大田、德化及漳州府属邻近的龙岩等处以控制漳泉沿海。郭造卿的建议在明代没有落实,但应深刻影响了雍正末年福建主政者的思路。在雍正朝中央已经制定决策用直隶州模式加强对地方管理的大背景下,福建总督郝玉麟和福建巡抚赵国麟顺应明代地方士人的诉求,将福宁州升格为府,这一具体的主张几乎全盘照搬了郭造卿在《闽中分处郡县议》中的主张。而改划了延平府大田加上泉州府毗邻山区县德化、永春为永春州和将漳州九龙江上游的龙岩、漳平、宁洋三县改为龙岩州,则是当时福建主政者在新形势下根据中央的大政而作出的举措。

而在升格龙岩州与永春州的具体施政行为上,漳、泉府县一级的官员首先提出具体的建议。如雍正十年(1732年)龙岩县知县庄年根据上司的授意考察地方形势并提出升格龙岩州的具体建议:

> 查得漳郡统辖十县,俱系山海要区,民习俗悍,奸宄易生,离郡稍远者实有鞭长莫及之势。兹蒙上宪议分直隶州领辖,实属美举。又蒙宪檄以漳平距府尚近,龙岩距府更远,应否将漳平改州,抑或改龙岩为州,饬令查议,敢不悉心勘议,以为万世良图。
>
> 切卑职蒙委署篆,岩、平二邑三至,其地形势源流,素所熟悉。查龙岩一县,在郡之北,西接汀州,东通延、建,向为要镇古邑。自前朝成化七年,割居仁、永福等五里为漳平县,至隆庆元年又割集贤里

---

① 泉州志编纂委员会办公室、泉州市地名学研究会合编:《泉州方舆辑要》,1985年.第225~227页。

五图为宁洋县。是平、宁二邑原为岩邑附庸,而距郡惟岩独远。若将龙岩改州,与汀、漳二府犄角相持,而距平、宁二邑界各仅七十里,又为两邑适中之处。一切解审案件、察盘钱粮,均属至便。则就地位形势而论,宜以岩邑改州也。①

从上引史料中可以看到升格直隶州要有地方县官首先勘察形势,并确立几个属县中哪个作为州治所在。庄年认为从地理及历史沿革和发展程度来说,应该以龙岩为州治,而最终福建总督及巡抚也肯定了这一主张。

至清雍正十二年(1734年)五月,在地方及中央的决策下,龙岩州确立为新的政区体制。"辛卯。吏部等衙门议覆福建总督郝玉麟疏奏酌核海疆情形,增改府州县治事宜。……一、泉州漳州二府,俗悍民刁,地方太广,请各设直隶州分理。泉属之永春县改为直隶永春州,隶以德化、大田二县;漳属之龙岩县改为直隶龙岩州,隶以漳平、宁洋二县。"②

二、永春州的设立

自明代建立以来,泉州府属的山区毗邻安溪、永春、德化和延平府大田等数县,在社会经济及军事防御上存在很强的联动关系,这一区域是连接漳泉沿海与闽江流域经济区的过渡地带。前引郭造卿的建议也重视对大田及德化在交通及军事上的控制。明代这一区域存在比较严重的山寇倡乱,我们参考永春、德化、安溪、大田四县的州县志,将明清时期这一区域的寇乱情况梳理如下。

明中叶邓茂七之乱时,该区域的动乱情形为:

永春县:"明正统十四年,沙县邓茂七遣陈敬德等焚掠永春,攻陷德化城。永春覆鼎民郭荣六屡败之,乃遁。"③

德化:陈敬德攻破德化后,"结寨山谷。出寇永春,复分寇诸县,远近望风降附"④。

---

① [清]庄年:《龙岩改州议详》,载龙岩地方志编纂委员会整理:《龙岩州志:清·乾隆三年镌》卷13《艺文志一》,福州:福建省地图出版社,1987年,第342~343页。

② 王炜编校:《清实录》(科举史料汇编),武汉:武汉大学出版社,2009年,第204页。

③ 潘耀金主编:《永春州志:清·乾隆二十二年版》卷34《崔符》,厦门:厦门大学出版社,1994年,第433页。

④ 潘耀金主编:《永春州志:清·乾隆二十二年版》,厦门:厦门大学出版社,1994年。

安溪:"明正统十四年沙寇邓茂七作乱,分党掠泉州境,安民被害。"①

而大田当时未设县,仍属于尤溪。当地有蒋伯良等人率领乡兵组织参加剿灭邓茂七的战斗。史载:"蒋伯良,四十五都人。……正统戊辰,沙寇邓茂七乱闽,八郡骇然骚动。时宁阳侯屯尤溪,伯良率子弟兵应募。所至克捷,以功授镇抚,累擢至建宁指挥同知。伯良短小剽悍,多机智,治军严刁斗、信赏罚。姊子犯法,挥泪斩之。遇敌必先据险,战则设伏邀击以取胜,故所至多成功。"②

而永春的郭荣六领导的乡兵组织则是这一区域最有效对付邓茂七之乱的民间武装。《永春州志》中记载郭荣六事件的始末:

> 郭荣六:永春人。……正统末,四方寇发,尤麟儿聘荣六,教子弟乡人以攻刺之法。沙寇邓茂七起,麟儿率众筑寨,守于白鹤山。陈敬德来寇,荣六引精兵,逆于小尤中,大败贼。荣六被寇流矢,舆归。贼闻其死,复攻之。荣六裹疮督战,贼大骇,引去,是年八月,贼众数千扎小姑。荣六计曰:"贼众我寡,当以智胜。"陈官兵钉岭东,身引兵从西北疾走,穿贼中,出钉岭,与官兵合,伺贼至半岭,反兵向之。岭窄,陈弗能列。荣六号众曰:"机在是矣!"乃引兵渡小坑,直趋岭下。贼逆击,荣六佯败走,贼逐之。至钉岭桥,荣六反兵逆击,官兵从之,皆殊死战,贼尽歼焉。复攻破贼垒于南安上塔,前后凡十八战,皆捷。贼敛兵,不敢犯永春。③

从上引材料可以看出,明中叶时期的邓茂七之乱,由延平府蔓延于泉州府全区域,是经过泉州府这几个山区县份进而攻打沿海的。而泉州山区宗族力量较大,形成了对付山寇的宗族乡兵组织。其中最有力的是永春的郭荣六。

弘治年间,这一区域受到了漳平贼温文进的寇乱。《永春州志》记载两地受影响在弘治五年间:"弘治五年,漳平盗温文进陷安溪,分掠永春、德化。副使司马垔讨平之。"④而《安溪县志》记载安溪县城被温文进攻破在弘治四年。

① 福建省安溪县工作委员会编:《安溪县志(明·嘉靖版)》卷8《杂志类》,北京:国际华文出版社,2002年,第267页。

② [明]刘维栋,[清]叶振甲修纂;温春派、郑祥果、范立泽点校;大田县地方志编纂委员会整理:《大田县志》,厦门:厦门大学出版社,2016年,第348页。

③ 潘耀金主编:《永春州志·清·乾隆二十二年版》,厦门:厦门大学出版社,1994年,第380~381页。

④ 潘耀金主编:《永春州志·清·乾隆二十三年版》卷34《崔符》,厦门:厦门大学出版社,1994年,第433页。

"弘治四年,漳平盗温文进寇安溪,攻陷县治,副使司马玺督兵平之。"①

温文进应该在弘治四年(1491年)攻陷安溪县城,五年流劫永春和德化。而永春郭荣六之子郭景二率领乡兵,抗御了温文进之乱。史载:"郭景二,荣六子。弘治间,漳寇温文进起,景二遏寇白芒坑。"②当时还属于漳平后属于大田地方的陈仲启参与了平乱。"斌三子仲启,弘治间,檄讨温文进,捐资募兵,所至克捷,骁勇有父风。"③这说明地方防御寇乱必须依靠乡兵组织,而这些乡兵组织往往跟宗族组织是结合在一起的。

正德年间,随着明代保甲制度的破坏和沿海海外贸易的兴起,这一区域首次出现了由外省前来骚扰的盗寇集团。"正德元年,广东盗入闽,人不满九十。官不能御,长驱直入,自南靖、长泰、安溪至永春、德化,剽掠而去。"④而这次寇乱中,永春郭景两次大破乱贼,但自己也战死了。"正德初,流贼至,景二率轻兵逆之上畲,大杀贼,乘胜深入。后援弗至,遂战没,从死者十二人。"⑤安溪在正德年间被这股广寇剽掠甚惨。"正德元年,广东寇始入漳、泉;二年寇复至。正德三年,广东盗至安溪,焚掠地方,势甚猖獗。正德五年,广东盗复至安溪村落,屯聚数日,劫掠甚惨。"而正德九年(1514年),汀漳寇大掠安溪和德化。"正德九年,汀漳剧盗劫掠安溪乡村,居民尽迁山谷。"⑥"九年,汀漳盗流入永春、德化,肆掠而去。"⑦这一股动乱的汀漳寇,就是导致平和设县的同一股动乱。而正德四年(1509年),未设县的大田地方也受到永安及德化流寇的侵扰。从汀漳而来的广寇和汀漳山寇也成为其后几十年骚扰地方的重要组织。

嘉靖年间,伴随沿海贸易的大发展,山区沿海社会发展失衡,社会动乱达到一个顶峰。毗邻漳、泉、延平、汀州四府之交的安溪、永春、德化、大田数县社会治安陷入极恶劣的境地。嘉靖初年,永春受到大侵扰:

> 嘉靖元年,广东、汀、漳盗掠德化,遂入永春。知县柴镳拒于南

①[明]林有年主纂,福建省安溪县志工作委员会整理:《安溪县志(明·嘉靖版)》卷8《杂志类》,北京:国际华文出版社,2002年,第267页。

②潘耀金主编:《永春州志·清·乾隆二十三年版》卷26《人物三·忠义》,厦门:厦门大学出版社,1994年,第381页。

③民国《大田县志》卷6《忠义传》。

④潘耀金主编:《永春州志·清·乾隆二十三年版》卷34《崔荷》,厦门:厦门大学出版社,1994年,第433页。

⑤潘耀金主编:《永春州志·清·乾隆二十三年版》卷3《人物三·忠义》,厦门:厦门大学出版社,1994年,第381页。

⑥[明]林有年主纂,福建省安溪县志工作委员会整理:《安溪县志(明·嘉靖版)》卷8《杂志类》,北京:国际华文出版社,2002年,第267页。

⑦[清]鲁鼎梅修,王必昌纂,福建省德化县地方志编纂委员会整理:《德化县志》卷10《武卫志》,1987年,第267页。

桐,战于赤水,复战于胡坑。义民尤新五……死焉。二年。复战于花石岭,钟旺辉死焉。覆鼎民兵设伏以待,贼突围去。郭显七、郭惠四、郭惠九、陈德充、林启九死焉。八月,贼复至,御于石鼓,刘富旺被杀。三年冬,知具柴镳败寇于高坪,复战于小姑,蔡玉智、王元珍、黄子孝、陈显清、黄子明、张元宗被杀。御史简霄檄金事聂珙督诸县兵来讨,贼奔德化小尤中团,官兵迫及之,奸贼无遗,民陈良战死。①

在这次动乱中,永春的覆鼎乡兵仍起到重要的平乱作用。《德化县志》对这一次动乱平乱的过程记载更加详细:

嘉靖元年秋,广东、汀漳盗流掠南安、安溪、德化、遂入永春。二年元日癸卯,贼至,自德化掠永春,官兵邀之花石岭。戊申,覆鼎乡兵设伏以待,贼突围去。他贼闻覆鼎有备,奔安溪,官兵亦以是日败之于加胡隔。辛亥,泉兵与贼战于高坪,泉州卫经历葛彦被掳;乙酉,漳泉合兵复战于霞村,漳州通判施福被掳,俱赎回。贼仅九十三人,狡而狠。六月贼复至,七月入兴化,杀掠甚惨,兴泉合兵数千攻之。一交锋,辄败。相持数日,我兵不能获其一矢,饱欲而去。三年,冬十月寇永春;初四日,知县柴镳败之于高坪。十一日,战于小姑,御史简霄檄按察司、金事聂珙督诸县兵击之。二十二日,知县南安颜容端、德化梅春、安溪龚颖、同安周惟会、永春柴镳之兵,迫至鸡母岫;龙溪知县黎艮亦以所部兵来会。是日,贼自鸡母岫奔入邑之小尤中团。二十四日,官兵追及,贼穷,奔入里民黄舜大家,遂围之。邑义士涂洪三度其当夜遁,独持短兵伺于要路,截杀无遗。②

而经过嘉靖初年官军的平乱,永春、安溪、德化数县的社会治安基本恢复。史载:"自此一役,寇氛始靖,至甲寅(1554年)以后乃有倭患,辛酉(1561年)、壬戌(1562年)遂大猖獗。"③

而大田设县则跟嘉靖初年的动乱存在直接关系:

嘉靖元年壬午,山贼郑新勾引汀、漳寇掠尤溪,民毙锋刃者以千计。郡守陈能躬历村落,捕获贼首。深抵铁山、郑山诸寨,覆其巢穴。

① 潘耀金主编:《永春州志·清·乾隆二十三年版》卷34《崔符》,厦门:厦门大学出版社,1994年,第433页。
② [清]鲁鼎梅修,王必昌纂,福建省德化县地方志编纂委员会整理:《德化县志》卷10《武卫志》,1987年,第266页。
③ [民国]郑翘松纂:《永春县志》卷3《大事记》,台北:成文出版社有限公司,1975年,第83页。

知县李文宪腰弓矢,冒险阻,亦多有擒戮。然师出无律,或不免舆尸之祸。嗣后县丞何鸣凤按万积洋,督责严急,贼势穷迫,遂就擒。

嘉靖十二年癸巳,郑新余党作乱,比邻聚贤里、黄认团等处所在蜂起。漳州府通判陈岳、延平府通判林元伦、推官徐楷行部,贼负固拒官兵。岳等按兵不动,第责里老捕之,贼多逃遁。越二年而县大田。然四十、四十五、三十八、三十九等都去县百余里,接尤溪一、二都、永安四十一、四十二、四十三等都,三房等乡复相煽乱,辄捕辄叛。山深路险,人马俱困。[1]

大田郑新(有的史料中又称郑星)倡乱至正德年间至嘉靖十二年(1533年),几乎达二十年之久,最终以剿灭该团伙新设大田县为终结,但这一区域的动乱没有从根本上解决。嘉靖二十六年(1547年)安溪有白叶坂之乱。明代泉州张岳在《金宪余公平寇碑记》中说道:

安溪县之西南崇信里白叶坂、九龙岗、大尖、小尖诸山,绵跨泉、漳、汀之交百数十里,重冈复岭,箐林蒙密,奸民保聚其中,各有名字。聚多者至数百人,时出劫掠。去年冬出劫安溪,径抵同安郭外,劫数大家,质其男女以求赎,屯二十里外弗去。

金宪余公适分巡泉境,闻之,调官民共遣文武将吏分部追贼,贼走回安溪,复保险旅拒。公驰入安溪,合诸兵,选其锋锐,亲将之,进逼白叶坂口,斩首数十级,兵势大振。休兵甄赏,效力死战者得上赏,人人争奋。遂进逼诸险,搏斗数十合,相持几一月。以其间探询巢穴远近险易,分兵掩击,贼之渠魁陈日晖与其党悉就擒,遂空其巢。建议设营屯兵于白叶坂口,弹压奸民,俾后不敢保聚。[2]

安溪白叶坂贼在嘉靖二十六年(1547年)倡乱,平息后明政府在白叶坂地方筑城及设立巡检司。

至嘉靖末年的大倭寇时期,漳、泉、延平山区毗邻各县再次陷入动乱之中。先是安溪县在嘉靖三十八年(1559年)四月,"有贼百余自同安来依仁,劫掠林浩家"。开始这一波动乱是对这一区域影响的先声。然后在嘉靖三十九

---

[1] [民国]陈朝宋修纂;福建省地方志编纂委员会整理,《大田县志》卷1《大事志》,厦门:厦门大学出版社,2009年,第44~45页。

[2] 福建省安溪县志工作委员会编:《安溪县志(明·嘉靖版)》卷7《文章类》,北京:国际华文出版社,2002年,第224~225页。

年（1560年），倭寇侵扰永春、安溪两县。

> 三十九年，倭寇至永春，知县万以忠弃城遁。贼肆焚掠。义民
> 尤濂、许时佐与御，大有斩获，乘胜穷追。兵弗继，死之。是年，南安
> 贼来寇，典史侯爵力拒之，兵少弗支，贼焚掠而退。①

> 三十九年七月二十一日，倭贼数千，自永春突至县治，驻扎四十
> 余日，官民庐舍焚毁殆尽。②

在嘉靖四十年（1561年），地方动乱达到鼎沸的程度。永春本地的吕尚四
借倭寇侵扰，社会动荡，官方顾此失彼的情况下，开始倡乱。

《永春州志》记载：

> 四十年，永春贼吕尚四乱。十四都致仕教官蔡钟、刘龙，诸生刘
> 萝麟，里民刘君盟等；十三都诸生盛有德、陈大珪，里民陈克就等，给
> 饷纠兵，相为声援。典史侯爵密约德化，克日捣巢。知县林万春力
> 主招抚，散其兵。贼乘虚攻陷县城，掳万春去。又与贼褚铎合攻德
> 化，知县张大纲大破之，斩获无算。乘胜直抵贼巢，尚四弃妻子，率
> 亲党二十余人投倭，褚铎被擒。③

另据民国《永春县志》记载："四十年夏，六七都叛民吕尚四托名御寇，实
树党行逆，自号中阃。以三都郭南山，八都潘文备、潘君禅，四五都林文焕、赵
天龄等为将。始强取人稻谷，继掠家财，所过胁从党与至万。"④永春吕尚四的
寇乱上涵盖了永春当地社会很大部分的民众，而当地士绅则聚集了乡兵组织
与之对抗。而时任永春知县的林万春处置失宜，导致动乱扩大，永春县城陷
落。《德化县志》记载了永春县城陷落的过程：

> 永春叛民吕尚四纠林文焕、张时睦等党羽三万余人，将攻永春，
> 警闻，永春绅士各捐金募兵四百余，日操夜守，贼避之。五月二日，
> 从间道寇南安，于是永春各都民兵一千五百余人皆来应典史侯爵调
> 度，密约德化克日捣巢。适知县林万春到任，性怯，力主招抚，立散

---

① 潘耀金主编：《永春州志·清·乾隆二十三年版》卷34《崔符》，厦门：厦门大学出版社，1994年，第434页。

② [清]谢宸荃主修；洪龙见主纂；福建省安溪县志工作委员会整理：《安溪县志（清·康熙版）》卷12《疆圉险要》，2003年，第419页。

③ 潘耀金主编：《永春州志·清·乾隆二十三年版》卷34《崔符》，厦门：厦门大学出版社，1994年，第434页。

④ [民国]郑翘松纂：《永春县志》卷3《大事记》，台北：成文出版社有限公司，1975年，第84页。

民兵。贼闻，悉党乘虚攻之，以十七日黎明陷永春城，掳林万春，燔典史廨，大杀市民而去。①

而德化县在嘉靖四十年（1561年）还受到漳州上游苏阿普等人动乱的骚扰，苏阿普之乱是前引宁洋设县的主因。

四十年五月，汀漳盗自永春崎安流入德化小尤中而去。是年，程乡河坝汀漳诸贼首苏阿普、廖铣、赖宗藩等连续出没，无有宁日。一月抄掠四五次，庐舍焚毁一空，民死不可胜计。②

而吕尚四攻陷永春后又进攻德化：

是年（1561年）夏，贼褚铎攻南安城弗克，千户王道成招抚之不听，执道成去。尚四与铎合，所过地方杀掠备惨，遂由仙游入德化石杰，以五月二十二日攻县城，至二十七日，贼党大至，分布城外，焚毁民庐，连营数十处。知县张大纲出战，斩贼数百。次日，贼造牛皮车、竹筏、竹梯，缘城蚁附。复以火铳、毒矢破之。戒壁严垒，乘机出战，屡有斩获。六月三日，乘胜直捣贼巢，尚四弃妻子，率亲党二十余人投倭，为人所杀。褚铎亦为永春人所擒。③

因德化县令张大纲坚决防守，最终剿灭了吕尚四的寇乱。

嘉靖四十年（1561年），安溪则受到了马三岱等本地贼首和广饶贼的骚扰：

四十年八月二十五日，贼首马三岱、谢爱夫、江一峰等引倭首冯哥四老等三四百人，黉夜自南安下呷村出哨县治，俘获男女四百余人。九月初间，又有广饶贼三百余人，伪给捕贼虎牌于兵巡道，来驻县治作贼。至初五日，马三岱复来出哨，闻饶贼剽掠有赀，欲并而有之，大战县前十字街，三岱等败走，时饶贼亦杀真倭十余。④

嘉靖四十年（1561年），大田受到漳州山寇苏阿普的骚扰。"嘉靖四十年，

---

① [清]鲁鼎梅主修；王必昌主纂，福建省德化县地方志编纂委员会整理：《德化县志》卷10《武卫志》，1987年，第268页。

② 同上。

③ 同上。

④ [清]谢宸荃主修；洪龙见主纂，福建省安溪县志工作委员会整理：《安溪县志（清·康熙版）》卷12《疆围险要》，2003年，第258页。

山寇苏阿普、傅诏五等,聚众劫掠,焚民庐舍,郡守周贤宣计剿之。"①嘉靖四十年(1561年)整年间,永春、德化、安溪、大田社会都处于动乱之中。永春的吕尚四动乱则骚动永春、德化两县,而地方的乡族武装也配合政府最终平定了这一寇乱。但地方寇乱不止,嘉靖四十一年(1562年)又有新的寇乱。

> 四十一年,晋江贼谢爱夫等连倭寇数千,攻永春。本学训导吕岳、署典史罗用弼,率民颜钜卿,坚壁拒守二十余日。出精兵,焚其火药,贼多死者。乃遁去。先,贼围城时,间出兵攻掠。留湾李子元、十九都黄光甫等拒之,各有斩获。贼殊死战,民陈通、林德顺、沈佛居、黄元复、吴世可、刘必祉死焉。是年,仙游贼来寇,黄光甫御之于苦竹岭。民杨钦恩战死,贼亦遁去。广贼陈绍禄掠卓埔、小姑、留湾,攻双鱼寨。知县林万春拥兵自卫,告急弗应,寨遂陷。黄光甫率众战于涂桥,复战于石牛。林以成、黄纯福、魏于守、李学任、李学宣、张四仔、朱士登、许养仔、庄以信、颜绵五战死。②

《永春县志》对嘉靖四十二年(1563年)的寇乱始末做了如下记载:广贼陈绍禄因为在永春屡败于乡兵,"次年正月……入德化求抚于知县张大纲,大纲使人谕之,贼乃归所掳寨民十余人而去"。③而安溪在四十一年(1562年)则有漳寇引来倭寇:"四十一年二月,倭贼与漳贼三四百人,驻长泰里劫掠。不久,指挥欧阳深招抚之。"④

嘉靖四十二年(1563年),永春因有乡兵的拱卫,寇乱渐熄。而德化县仍受到倭寇的侵扰:

> 四十二年十月,倭寇千余入德化,至下涌攻寨,半月余弗克,倭乃扶伤出郭坂。时方筑寨,基高四五尺,乡民集其上,负竹筏屋门以御矢石,竟日不避,倭亦重伤归营,民乃下拾战具。次早,倭见之,辄去,过邑西门,往攻仙游五十余日,总兵戚继光援至,倭遂溃。⑤

① [民国]陈朝宗修纂;福建省地方志编纂委员会整理:《大田县志》卷1《大事志》,厦门:厦门大学出版社,2009年,第47~48页。
② 潘耀金主编:《永春州志·清·乾隆二十三年版》卷34《祥异》,厦门:厦门大学出版社,1994年,第434~435页。
③ [民国]郑翘松纂:《永春县志》卷3《大事记》,台北:成文出版社有限公司,1975年,第89页。
④ [清]谢宸荃主修;洪龙见主纂;福建省安溪县志工作委员会整理:《安溪县志(清·康熙版)》卷12《疆圉险要》,2003年,第258页。
⑤ [清]鲁鼎梅主修;王必昌主纂,福建省德化县地方志编纂委员会整理:《德化县志》卷10《武卫志》,1987年,第270页。

在嘉靖四十二年(1563年),由于中央调动浙江的客兵由名将戚继光率领入闽平乱,漳泉延三府交界的山区秩序得到恢复。永春地方动乱还延续到嘉靖至隆庆的改元之际,史料记载:

> 四十六年[笔者按:原史料错误,应为隆庆元年(1567年)]九月,仙游贼苏校、萧学寿复叛,率众三百余突入蓬壶,欲纠合吕尚四余党。警报至县,知县谢衮即召义士黄光甫合各乡兵追至锦斗,鏖战三日,擒斩大半。义士林铎缚林文焕以献。余贼遁安溪,知县悬赏励兵追至安溪,一鼓歼之,生擒苏、萧二贼以归。十二月,倭复从仙游攻十九都湖洋寨,黄光甫御之,大败贼众。黄道谨、黄元六力战死焉。余贼悉还走仙游,自是永地安堵,迄于明亡无复寇氛。①

从嘉靖年间这一区域的寇乱情况来看,永春是这一区域寇乱的中心。安溪、德化两县往往受到永春出来的山寇的攻击,吕尚四集团力量很大,持续时间也很长。同时沿海的倭寇、漳州的漳寇和由漳州过境的广饶贼也不断结合起来骚扰这一区域,劫掠完之后又往仙游及漳泉沿海侵扰。而参阅《闽书》中对这一区域动乱历史的记载,可以看到永春地方力量倡乱与维持治安的乡兵力量之间更深的内在关系。《闽书》中记载了永春覆鼎山郭荣六开创的乡兵组织的情况:"自荣六父子以武勇倡,其乡由是家习技击,骁健冠七泉。自正德至嘉靖初,流贼连发,死者接踵,皆覆鼎之人。嘉靖初,邑令柴镳募其人,与广、饶、汀、漳寇战,邑赖以全。"②郭氏乡兵实际上成为官府平乱的倚靠。

而吕尚四集团的始末,《闽书》中是这样记载的:

> 嘉靖季,倭贼掠蓬壶村。村中巨姓有吕尚四、吕伯三、潘文备、林文焕等,率乡众击走之,用是自喜负,颇有作贼心。文备之弟文从,知而力谏之,文备不听。文从挈室遁入郡城。倭贼驻石勤,谋薄郡,兵备使者万民英檄蓬壶乡兵与同安民兵往剿,两兵不协,大败归,吕伯三等俱死。蓬壶众方愤,万兵备又檄县追蓬壶衣粮,缚数兵系治之。尚四等益愤,因结盟倡乱。而南安县诗山下有褚铎者,出应之,突入县劫系囚,执令林万春去。万兵备遣百户王道成往击之,

---

① [民国]郑翘松纂:《永春县志》卷3《大事记》,台北:成文出版社有限公司,1975年,第89~90页。
② [明]何乔远:《闽书》卷12《方域志》,福州:福建人民出版社,1994年,第275页。

贼佯降，并执道成，势益猖獗。于是万兵备廉知文从有谏兄之美，召使谕之。尚四等不听，且欲挟留之，文从竟计脱。行恺雅与吕、潘诸家善也，时入贼垒为贼看病，贼不疑。时林令亦卧病贼垒中，行恺谓尚四曰："君出令君就医我家，我不敢失。"许之。令既出，行恺因密以尹令号召诸里正，激以大计，又察其党中有悔者，约为内应，则皆诺。会尚四统诸贼攻德化，败归，行恺谓令曰："可矣。"部分已定，行恺佯入垒看病，潜约王道成出，既出，火炮齐发，诸胁从者皆反杀贼。尚四等三十余辈，狂奔走去之附倭，皆为倭所杀。德化官兵来追尚四，至则尚四已败，因攘以为功。行恺不自列，赏不及，复归郡城以医自给。尚四之败于德化也，亦其兄弟有吕伯一、伯四者逃入德化，与德化令张大纲叶义攻守。①

吕尚四集团为一依托宗族力量倡乱的集团，原本这一武装集团是为抗倭自保而壮大的，但其很快就发现倡乱能带来巨大的经济收益，而明政府当时效率低下，难以御盗，这更加剧了地方武装集团的盗贼化。但宗族中出现反对倡乱的成员，仍能看到宗族倡乱的风险，而力图选择与政府合作，这也是政府平乱的依靠之一。明政府在平乱时，由于自身力量不足，所以常常还依赖地方敌对的其他武装宗族，只要这些宗族选择跟政府合作，政府往往给其义民的称号，如上述永春郭氏的乡兵组织。从这一例子可以看到当时福建山区社会动乱的深层次原因，而官方平乱也大多借用乡族自身的力量。

而进入隆庆、万历年间，该地区的寇乱记录就基本消失了，地方社会进入一个长期宁靖的时期。而在明末清初社会大动荡时期，这一区域又出现寇乱频发的局面。首先在崇祯十五年（1642年）德化县：

郡城宦干收租虐民，南安民聚众革斗栳，贼因以起。魁林良顺率党五千余由永春入德化英山、后格等处焚掳。时承平久，闻贼皆惊窜，无敢御者。知县李元龙遣署捕督兵战于后格，失二人。贼益张，入屯草吉垆，有黄举和尚、老张六合等贼应之。游击黄日升提兵追捕、杀黄举和尚，老张六合于小尤上格。良顺复出，陷山湖寨，攻火烽寨。

---

① ［明］何乔远：《闽书》卷131《英旧志·闾巷》，福州：福建人民出版社，1994年，第3914～3915页。

仙游贼林隆复起掠永春湖洋,流入大地等乡。时南埕乡民有勾通者,势宦索之急,遂拒捕。宦逼知县自督兵剿之,竟剿一寨,邑民皆汹惧,总兵郑□为抚谕之,乃安。①

而安溪县在崇祯十五年(1642年)也受到南安较斗斗争的影响:

崇祯十五年,南安张六角、林隆,又长泰里吴少子、戴厚等倡乱,众各数百,号以青巾。诸寇惟张最猖獗,破三洋寨,杀戮甚惨。攻感化大寨,不克而去。十六年秋,邑令施酬素同泉州卫游击洪日升,率兵壮追剿至感德康梃,大破之,斩级数十,擒其首王开等。盗势稍阻,各赴防海都督郑芝龙投诚。后吴少子之党,藉称赴抚,船过蓝溪,邑众截流尽歼之,而寇遂息。②

入清以后,从顺治二年(1645年)到顺治十八年(1661年)间,地方社会极度动荡。先有隆武政权,后又是清朝与明郑长期的拉锯斗争。这一时期,清廷对这一山区的控制也很不稳固,但控制该区域的山区对沿海作战又非常重要。清廷兵力不足的弱点使凸显出来,顺治年间几乎没办法稳定这一区域的政局。顺治年间,漳泉山区府县的动乱呈现出动乱频度高的局面,各个县地方寇乱集团集中攻击县城,多次攻陷县城。如顺治四年(1647年)十月,大田山寇林良攻破大田县,次年秋九月,清将胡振雄统兵恢复。顺治五年(1648年)冬十一月,大田贼首曾唯等复陷大田县城,同年清军副将王爱臣署县事,萧良材率兵复县。顺治六年(1649年)三月十五日,山贼曾省等纠集余党,复来攻城。驻防千总郑允志战死,署县事萧良材率残兵往永安。至六月中,左路总兵王之纲同署县事葛定襄领兵恢复。八月,省复陷城。十一月,副将马梦龙、知县李丕隆领兵恢复。③在顺治四年至六年短短两年多时间里,大田县城四次陷落,破坏惨重。

直至顺治七年(1650年)二月,提督杨捷统兵上万才彻底消灭大田的山寇集团。史载:

三十都有高峰,石壁四围,人迹罕到,洞内水火俱备,盗魁林良、

---

① [清]鲁鼎梅主修;王必昌主纂,福建省德化县地方志编纂委员会整理:《德化县志》卷10《武卫志》,1987年,第270页。
② [清]谢宸荃主修;洪龙见主纂;福建省安溪县志工作委员会整理:《安溪县志(清·康熙版)》卷12《疆圉险要》,2003年,第258页。
③ [民国]陈朝宋修纂;福建省地方志编纂委员会整理:《大田县志》卷1《大事志》,厦门:厦门大学出版社,2009年,第49页。

曾省、陈光等结寨于此数年,聚成数万计。顺治庚寅二月,提督杨某统兵万余抵大田县,攻剿高峰。以生员颜榜芳为军前响导,且剿且抚。四月十五日直捣其巢,贼皆殄,城乡镇悉平。[1]

而同时期永春县城分别于顺治四年(1647年)被大田林良山寇攻破,顺治五年(1648年)三月被大田曾省集团攻破,顺治十一年(1654年)被郑成功镇将黄恺叛将王爱民、洪习山攻破。顺治年间,永春县城也三次陷落,虽然旋陷旋复,但统治秩序也极为不稳。

而德化县在顺治年间亦两次被攻破,第一次在顺治四年(1647年)九月:

> 南安寇庄廷书、张益率众万余围县城,毁文庙,焚冲霄塔、云龙桥,割禾为粮,沿乡派饷,城中食罄茹草。时七邑皆有啸聚,援兵难行,守将弃城遁,知县黄琮遂遇害。群寇入城掳掠,廨署、民庐焚毁靡遗。邑逾年无官,贼亦自相屠杀,各乡皆练乡勇以自保。五年冬,提督马得功统兵恢复,张益,庄廷书等相继授首。[2]

德化县城在顺治四年被攻破后的情景堪比大田、永春,整整一年多没有县官,盗寇集团亦互相攻杀,没有政权的建立。第二次县城陷落在顺治十一年(1654年),因清廷对郑成功有招抚之意,所以郑氏部将林忠乘机控制了德化县城。而根据《德化县志》记载,林忠在顺治六年(1649年)就牢固控制了德化的双坑寨等处,清军长期无法剿灭。

> 有林忠据双坑寨,攻之不下。六年,遣副将王□、满□、韩□,筑围困之,夜突围走,复据南埕洞,屡出劫掠。十一年,派饷于各里社,十二月令其党陷县城。十二年秋,议投诚,置人于通衢,强抽货税。寻复叛,千总王世爵与战于螺坑,死之。十四年,始归顺,出其魁党百余人,或授官,或归农,邑乃靖。[3]

从顺治六年(1649年)开始,林忠在德化县域保持军事力量达近十年时间。在顺治十一年(1654年)后实际作为郑氏的部将,控制德化县长达三年之

---

① [民国]陈朝宗修纂;福建省地方志编纂委员会整理:《大田县志》卷1《大事志》,厦门:厦门大学出版社,2009年,第49~50页。

② [清]鲁鼎梅主修;王必昌主纂,福建省德化县地方志编纂委员会整理:《德化县志》卷10《武卫志》,1987年,第270~271页。

③ [清]鲁鼎梅主修;王必昌主纂,福建省德化县地方志编纂委员会整理:《德化县志》卷10《武卫志》,1987年,第271页。

久。可以说德化县在顺治年间处于完全无序的状态中。而安溪的情况与德化类似：

> 五年戊子以后，山寇倚乎海兵，借派饷为延掠者，盗伙蜂起，邻里秦越。所恃邑中兵壮，锐锋声震。兼以乡壮向导，随在扑灭者，不可胜数。至丙申年，有弃帽顶寨故巢，投诚于海澄公者，题为后镇都督，旋授海澄城守，百姓始得安枕，不独安溪为然也。①

从上述顺治年间的情形来说，大田县的山寇集团与郑成功武装联系较少，这一集团虽多次攻陷大田县及永春县，但很快都被清军收复。而德化和安溪两地的军事力量从属于郑氏海上集团，能够长期控制这些山区地域，与沿海的军事斗争相呼应，成为清廷非常头疼的力量。清军直到郑氏远征南京失败，收复台湾病死之后，才取得对这一山区地界的控制权，而这一控制仍旧非常脆弱。康熙元年（1662年）至康熙十三年（1674年）间，漳泉山区属县基本安靖，处于清廷控制之下。

但康熙十三年（1674年）三藩之乱开始，这一区域又为郑经所控制。如康熙十三年（1674年）六月后，郑经委任知县林惟荣进入德化，明郑的军事力量与德化地方武装不断斗争，而牢固控制县城直至康熙十六年（1677年）二月退出，长达两年多时间。康熙十七年（1678年），刘国轩复海澄，在六月又再次短暂控制了德化县城。此时，由于清军已经占据军事优势，很快收复德化县城，并将侵扰德化的漳浦蔡寅的白头军剿灭。而永春的情形类似，郑经的军事力量控制了永春达一年多之久。大田也曾落入郑经手中：

> 康熙十三年甲寅三月，靖南王耿精忠反，伪檄八闽郡县归顺。知县事侯七旐、驻防千总余虎降。仍拨伪主簿蒋岳、伪典史邓琏到县。十月，四十五都水寨煽乱，聚众自保。遣伪将李明领兵攻围，诱杀乡民郑希等五人，围困半年，讲和解兵。乙卯（1675年）五月，伪千总余骥、王天福驻防本邑。八月间，侯七旐病故。九月，伪知县刘扬俊至任。丙辰（1676年）十月，清师抵闽，恢复大田，以熊飞雄署县事。二十二年，海氛底平，而山寇亦息。②

---

① [清]谢宸荃主修；洪龙见主纂；福建省安溪县志工作委员会整理：《安溪县志（清·康熙版）》卷12《疆圉险要》，2003年，第259页。

② [民国]陈朝宗修纂；福建省地方志编纂委员会整理：《大田县志》卷1《大事志》，厦门：厦门大学出版社，2009年，第50页。

从以上明代直至清代福建漳、泉、延三府毗邻地区的动乱历史来看，山区社会治安的不靖在于与沿海寇乱互为表里，处于相同的动乱周期之中。明代这一区域出现了宗族性的倡乱团伙，同时出现跟倡乱团伙相对立的乡兵组织，而政府对这一区域的控制较为薄弱，往往必须利用军事化的宗族组织来对付宗族性的倡乱团伙。而从郑氏集团与清廷对该地区争夺的历史来看，清廷因在沿海战事吃紧，无法将大军投于此山区地带，在该区域的控制实际上非常脆弱。郑氏是福建闽南本土发展出来的军事组织，在地方社会中反而能得到不少的支持，一旦地方发生动乱，若郑氏的力量能够抵达这一区域时，往往整个区域就从清廷的控制转移到郑氏手中，清廷对于这样的经验教训应该是印象深刻的。在明郑与清廷斗争的过程中，该区域的山寇或宗族性的倡乱集团只要不与郑氏结合，一般是没有什么政治眼光的，其仅仅关注于短暂的经济收益，没法长期控制县城，只能困守于山区某乡某土。而其一旦与沿海郑氏集团结合，则变得更加不易对付。

同上一节讲述龙岩州设立的情形相同，清康熙二十二年（1683年）台湾问题解决后，康熙帝长期采用怀柔政策并利用福建本地支持清廷的乡绅力量加强对福建地方的控制。而康熙末年地方又出现失序的局面，这为雍正时期施政方针改变提供了充分的理由。

由于泉州府在福建历史上开发较早，泉州府属县数目不如漳州府多，地域也较小，所以雍正时升格永春州并没有将安溪纳入永春州属，而是将延平的大田划入永春州。但大田地方的居民传统上不是属于泉州的，也不讲闽南话，所以永春州的情形跟龙岩州相比还是存在一些不同的。雍正十三年（1735年）正式设立永春州，永春、德化、大田三县由清政府人为重新划定为一政区，实际上军事控制的意味强烈，经济及人文关系不如龙岩州来的统一。龙岩州三县原本都从龙岩一县划分出来，人文文化比较一致；又由九龙江这条主要大河将山区与漳州沿海联系起来，是沿海向山区食盐贸易的主要中转中心，因此在经济关系上也比永春州三县来得紧密。

三、龙岩州、永春州设立与明代设县的比较

清雍正时期设立直隶州的政策是雍正皇帝加强中央集权的一个新举措，

而雍正时期全国新设的70个直隶州具有不同地域的社会经济背景。对于福建而言，龙岩州和永春州的设立是明代社会经济发展及历史演变一脉相承的结果，应该放到福建区域开发的具体情境中来考察。龙岩州与永春州，每州三个属县共六个县域，其中漳平、宁洋、大田是明代新设的县。可以看出这两州是原来漳州、泉州及毗邻地区开发较迟的区域。从地理角度，两州都是沿海区域的山区腹地；从历史文化角度看，龙岩州基本是漳州沿海文化辐射的区域，永春、德化两县更是闽南的传统区域；从经济史角度看，龙岩州和永春州都是沟通山海盐粮贸易的重要中转地，但由于交通运输条件不利，沿海除了必须的食盐输入山区外，其他商品输入山区将面临高昂的运费负担，山区县份在原来以沿海为经济中心的漳州和泉州府来说也是边缘地带。雍正朝设立直隶州的做法，体现了对边缘山区在政治与军事上的重视，但从清代经济史的角度来说，这些区域经济上的成就是有限的。

从上文对明代福建闽南及西南区域新县设立的历史过程的梳理，可以看到明代新县的设立是这一区域经济发展及社会秩序重整过程的一个结果。在经济发展与社会秩序失调的矛盾变现下，闽西南的汀州和漳州二府原为福建最迟开发的地区，而政府通过设立新县设置整套王朝文官统治机构，以利于地方事务的直接管辖。在新县设立时，最大的负担是新县设立需要高昂的经费，如县官及属官的俸禄负担，兴修衙门、县学及筑城的费用，地方军事武装的军费，等等。而明政府当时财力有限，常通过全府范围内的协济及地方士绅的自愿捐助来解决设县时一次性投入的经费，再通过田赋的征收满足地方长期的行政费用负担，因而新县设立还面临在新旧县域内重新划分田赋负担和整理赋税的困扰，明政府在这方面的处理实际上缺乏有效的方法。在新县内还建立了整套的科举应试机构如县学及重新分配了科举学额，力图培养出对王朝有向心力的地方士绅。综合上述的情况来看，明代新县设立的经济成本是比较高的。如果地方统治区域确实过广，新县设立较为容易，但随着明代发展到隆庆、万历以后，其设立新县导致的地方矛盾将越严重，设县的决策越难以采用，地方上出现支持设县与反对设县两股不同的力量和声音，这往往成为新县设立失败的主要因素。明代设县通常的步骤按照唐立宗的归纳为：(1)陈情请愿新设县治；(2)审议会勘设县可行性；(3)兴土动工再定邑界；(4)筹措经费与派任长官。通过考察福建新县设立的例子，当时负责地方政务的主要长官支持设县也是非常重要的,能够促成新县设立的长官往往是很有能力和名气的人物,如正德年间的王阳明,嘉靖时期的谭伦、俞大猷等人都热衷于新县设立。同时,地方上士绅力量也对新县设立具有很大的影响,如诏安设立时的乡绅叶霪、李旦,海澄设县时的京官李英等人。

考察清代直隶州的设立,可以说跟设县相比简单不少。基本看不到地方士绅的建议和推动。明代直隶州很少,也缺乏地方士绅以资利用的成例。从龙岩州的史料可以看到当时龙岩知县的上奏,可推测出是在福建总督及巡抚的授意下进行的。根据真水康树对雍正朝全国范围内直隶州的研究,可以看到直隶州的设立步骤一般为省级地方官(巡抚)对中央提出申请,由"户部议覆"或"户部等衙门议覆",然后再由皇帝下达最终同意的指令。[①]由于直隶州只是将已有的县域改属于新的政区,也就没有了新县设立中的勘界、划界和分割田赋的麻烦。地方地界和田赋的划分只要把政府手中的档案册予以字面上的转移就可以,所以直隶州设立在财政负担上是较小的。直隶州设立过程中,确立州治所在也比较简单。一般考虑当地经济及人口最重要的县份为州治,这样的县份科举也较其他属县发达。同时由于明代中叶后福建各县普遍修筑了县城,所以修城的负担也没有了。从福建仅有的两个直隶州设立的现实来看,不存在新设立直隶州与新设县并存的情况,只是在州治所在地修葺少许的官衙建筑。真水康树认为从户部议覆来看,可知直隶州的设立主要体现了财政方面的考量,直隶州的主要机能也在财政方面。而明清知府的品级为从四品,直隶州知州是正五品,反映府比直隶州更受重视。且直隶州属县比府要少得多,龙岩州和永春州都只有两个属县,而漳州府原有十个属县,即使割除三县设州,也还有七个属县;泉州府原有八个属县,割出两县后,仍剩下六个属县。从这些角度来说,直隶州设立基本由中央及省级官员主导,直接绕开了地方士绅的介入,同时相对设县,经济负担要小得多,产生的纷争也要少得多。但从福建历史来说,明代大量的新设县是清代能够采用这一新举措的基础。

对于新县设置来说,新设县原本是旧县中的边缘区域,往往离原旧县城较远。新县设立后,边缘地区可以借此产生新的中心。新县地方的士绅非常

---

① [日]真水康树:《明清地方行政制度研究——明两京十三布政使司与清十八省行政系统整顿》,北京:北京燕山出版社,1997年,第97页。

重视对这一机会的把握,而反对设县的常常是可以利用边缘地方继续从事利润极高的私人贸易的群体,包括一些士绅和倡乱的家族。从福建例子来说,海澄、安海等处都存在反对监管的重要力量。而有些地域太小的区域重划新县,往往导致原本离旧县较近的民众反而要从属于离自己较远的新县的管辖,也会导致强烈的反对,如上述宁洋县的例子。还有一些旧县域内士绅力量占据优势,与新县的士绅产生强烈竞争关系,也会导致地方设立新县的困扰,如上述上杭三图设县和永定上杭士绅争地的例子。同时新旧县划地和分割田赋,存在种种困难,明政府为了成功设县通常会进行妥协或者进行纸面上的切割,这些都没有解决地方的实际问题,往往在日后留下长期的争端。新县设立后,临近新县而仍属旧县的地方在科举考试和输送赋税方面往往试图舍远求近,这就导致考试时的"混冒"和赋税争端,因而新县设立后对于旧学额的划分,也导致新旧县之间的长期矛盾,这一矛盾除非官方对地方学额总数予以提升,否则难以让双方都满意。因而在明代中叶福建设县高潮过去后,整个万历朝至清雍正时期近150年时间内,福建没有大的政区调整,设县的手法基本被摒弃不用了。但这并不说明福建地方没有新设县的强烈需求,只是想要推动设县的地方士绅力量在清代也被压制下去,清代福建的地方士绅群体的力量是远不如明代的,整体科举表现也伴随经济的低落而衰退下去,闽南地区的衰弱更为明显。①

雍正时期直隶州的设立方法,从历史经验来看是重视对于沿海地方军事上的控制,从上文所述明末清初的社会动乱的历史可以看到一些端倪。仅仅从地方疆域辽阔或府属县过多的角度是不能完全解释雍正皇帝的思路的;如果仅仅从节省财政角度来考虑,则不设置这些直隶州是最节省财政的手法。龙岩州、永春州从长期从属于漳州与泉州的区域内被人为划分出来,这样的划分是人为增加了一个政区,直隶州直属于省管,这就增加了政府对地方的控制能力。新设立的龙岩州和永春州并不能成为能跟漳州和泉州并驾齐驱的经济和文化新中心,在地方经济网络中仍是从属于沿海的。当然由于清代东南地区沿海经济陷入一个比较长时期的萧条之中,沿海原本的士绅力量和明代那种强大的军事经济集团也因明末清初的战争基本消失了,山区沿海的经济交流也趋于下降,新政区的设立实际上并未引起沿海多大的反应和反

① 林拓:《文化的地理过程分析——福建文化的地域性考察》,上海:上海书店出版社,2004年,第134~143页。

对,同时由于直隶州的设立本身经济负担不重,在这些州县我们也听不到什么反对的声音。直隶州设立后,清政府对地方学额予以增加,这对地方是实际有利的事情。如龙岩州上奏:"迩来龙岩人文日盛。今又改为直隶州,统辖漳平、宁洋二县,乾隆元年奉准部文,廪增各照州学例,加至三十名。三年二贡。而泮额未奉部允。现据州人士呈,详请三院奉准题广五名,现候部覆。"①永春州:"生员额:廪膳生员三十名,增广生员三十名,附学生员不限额。岁科两次,旧额每次取十二名。乾隆四年,知州杜昌丁详请照州制增额取十八名。武生旧额十二名,今增至十五名。"②这些都是明代设县中很难直接达到的目标。

如果用长时段的观念考察雍正设立直隶州之后地方历史的发展,可以看到从雍正年间至咸丰年间,新设的直隶州治安状况长期稳定,不过从经济角度看,这些州的发展多较缓慢。按照美国学者施坚雅对清代城市与地方体系的等级结构的研究,他认为:"中华帝国晚期,建置行政区划不仅是为了保障人民生活的安宁和社会秩序的稳定,而且——也是更重要的——为了保证国家税收渠道的畅通,为了抗御内外敌人保卫全国各地,为了防止地方势力过于强大以至危及帝国的统治。"进而将地方行政区划设置要考虑的功能侧重于"税收"和"防御"两个方面。而施坚雅认为清代的直隶州制度基本侧重于"防御",他继续指出:"在经济中心地位十分突出的城市的腹地,广阔的管辖区限和府辖县这种标准的行政区划从征收赋税的角度来看似乎最为理想,而狭小的管辖区限和州、厅这种特殊的行政区划似乎最适宜于防御安全,这点在区域边缘地带内尤为明显。"③而日本学者真水康树则认为直隶州的设立最主要的机能在于财政事务。从福建地方的具体历史来说,直隶州的设立应该是吸取了明末清初这一区域极度动乱的经验教训而设立的,这一区域是郑成功、郑经军事集团能够渗入的最远的山区地带。但从财政角度来说,这一体制可以节省财政负担,却不太能创造财政收入,尤其是属县较少,在清代地方原额主义的赋税制度下,这两个州的财政收入应该说是不显著的。

龙岩州在设州后,龙岩、漳平、宁洋三县的科举人数是非常悬殊的。根据

① 龙岩地方志编纂委员会整理:《龙岩州志:清·乾隆三年镌》卷3《学校志》,福州:福建省地图出版社,1987年,第103页。
② 潘耀金主编:《永春州志:清·乾隆二十二年版》卷12《学校》,厦门:厦门大学出版社,1994年,第130页。
③ [美]施坚雅著,王旭 等译:《中国封建社会晚期城市研究——施坚雅模式》,长春:吉林教育出版社,1991年,第187页。

民国《龙岩县志》统计，雍正十二年（1734年）设州后至1905年废除科举，龙岩县共出文进士15人，武进士3人，文举130人，武举没有标明年代，有清一代共51人。根据道光《漳平县志》统计，雍正十二年后，漳平共出文进士2人，文举14人，武进士2人，武举15人［截至道光二十四年（1844年）］。宁洋县雍正十二年后，文进士为0人，武进士0人，文举8人，武举8人［截至同治十三年（1874年）］。虽然因为地方县志下限不同，但已经可以看到龙岩州内部科举发展的不平衡。龙岩县作为州治所在，远远超过漳平、宁洋。而永春州的情形跟龙岩州相似，据民国《永春县志》载，从雍正十二年至废科，永春县共出文进士6人，文举95人，武进士5人，武举94人。民国《德化县志》载，雍正十二年后，德化文进士8人，武进士0人，文举56人，武举35人。民国《大田县志》载，雍正十二年后文进士2人，武进士1人，文举14人，武举14人。由此可以看到永春科举事业超过德化、大田两县，大田的科举成绩在永春州里是最差的。相比明代的成绩，如果从龙岩、永春二州整体而言，在科举上则有了长足的进步，可以说两州的设立对当地的科举事业起到了积极的推进作用，这种作用是超过明代设县的效能的。之所以产生这样的情况，是因为地方上两州设立形成了新的经济和文化中心。参考经历过晚清时代的漳平人郑超麟的回忆录，可以看到州城所在比下面的属县文化上发达很多，也解释了龙岩州城所在科举事业远超过漳平、宁洋的原因。郑超麟回忆录中这样记述：

> 漳平县童生要去龙岩直隶州院试，每榜取中十九名秀才。举行院试的这一年，不仅童生要去州城考试，而且全县所有的秀才都要去州城复试，文章做得不好的还要受罚，轻则训斥，重则开革，即取消秀才资格。所以秀才们到这一年大都提心吊胆。不赴考是不行的。生病也要其他的秀才具结、担保。考童生也要秀才担保，保证家世清白；那些操贱役的人家是不能赴考的。做担保的，不是一般的秀才，而是地位较高的秀才，即廪膳生员，每县也有定额，由宗师复试时选择文章做得较好的生员递补。
>
> 漳平县每榜只取十九名秀才的规定，是否从开县时定的还是以后定的，我不知道。因录取名额少而竞争非常激烈。有些外籍人久居漳平县，他们的子弟也要求参加考试，童生们不答应，便群起攻击

"冒籍",这种风潮常有发生。

……论文化,漳平远远不如龙岩。这是客观造成的,也是历史造成的。龙岩是直隶州,耕地比漳平多,人口比漳平多,历史比漳平长久,秀才定额也高于漳平好多。即以古文而论,我去龙岩上中学时,教师是从《古文辞类纂》选出文章给我们读的,龙岩同学好多人都有《古文辞类纂》,漳平同学不仅没有此书,而且没有听说过此书。漳平那些老先生也不知道有此书。他们不知道有什么"桐城派古文",他们学的是唐宋八大家。我记得,我们一批漳平同学初至龙岩中学时,不知"古文辞类纂"五个字怎么读,有一个同学读成了"古文,辞类纂"。①

这反映了设州之后,州城所在地对于其他属县在文化上的优越之处,也间接说明了科举考试还是非常重视文化训练的。

从清代直隶州的制度来说,设立之初可能是为了防止山区出现动乱局面,但由于地方社会经济条件重大的变化,清中期以后地方动乱局面不复存在,因而在民国时期,取消了州制。雍正以后,福建亦不再设立新的直隶州,这显示该制度的效能是比较有限的。根据真水康树的研究,"直隶州是为了创建作为财政收入源最理想的府——县系统的试验阶段被设置的。在王朝建设走向相对安定局面的雍正朝,国库收入的稳定在政策上继续增加其重要性。70个直隶州是作为带有升为府的试验模型被创建的。其中,33个一直继续处于试验阶段,有成果和资格的14个直隶州升为对征税最理想的府,没有希望升为府的19个直隶州早早地被抛弃而降为原来的散州"②。福建的龙岩州和永春州在真水康树的推论中属于一直试验的州,但从福建地方角度来说,这样的推论也存在一些漏洞。或者我们可以反问,这样持续近150年的试验,到底想追求什么样的效果呢,抑或这个效果的实现是直隶州制度带来的,还是本身社会形态变化直接导致的呢?设立直隶州之后,福建闽南地方尤其是漳州沿海仍有设立新政区的强烈需求,因而清代乾隆以后又有了直隶厅的制度设计。

---

① 郑超麟著,范用编:《郑超麟回忆录》,北京:东方出版社,2004年,第38、41页。
② [日]真水康树:《明清地方行政制度研究——明两京十三布政使司与清十八省行政系统整顿》,北京:北京燕山出版社,1997年,第99页。

清政府在清初福建地方剧烈的军事对峙局面中逐渐占据了主动,这样的主动权在于清政府能够运用全国的资源予以整合,同时也利用了福建本土的军事和民间武装资源对郑氏集团予以分化打击。在康熙二十二年(1683年)收复台湾后,福建沿海地区的社会秩序得到基本恢复。而清政府对于明末清初福建的混乱局面有了深刻的认识,因此在雍正时期当清政府财政状况比较宽裕的时候进行了新的政区调整的尝试。从清初以来对省级行政体系的有力改革形成了独具清代特色的督抚制度,对地方行政体系的改革,裁并了南赣巡抚等运行不良的叠床架屋的构建,一定程度上解决了地方力量纳入王朝体系的问题。同时深化明代万历一条鞭法改革的路径,进一步深入赋税改革,使得清代对福建地方社会的控制达到一个新的高度。雍正时期的直隶州制度承认了明代以来福建山海社会经济发展交融的现实,并通过宗族政策的调整对地方宗族力量加以利用和引导,兼之明末清初大的军事扫荡,使得大规模长期动乱的地方军事集团逐渐消失,地方文化宗族得以重新建立,地方发展进入新的历史阶段。在雍正时期设立的龙岩州和永春州,体现了清代官方的强势地位,其设立过程基本排除了地方士绅的影响和民众的诉求,也不是在地方动乱之后的被迫举措,反映了雍正朝主动施政的积极态度。这两州的升格可以看成是吸取明代设县手段不足的一种变通和创新,同时也是明代在这一区域新设多县的一个直接后果。直隶州的设立加强了军事上的预防和控制的作用,从一定意义上说,是对新拓展区域军事征服任务完成得不彻底的一种补救,并且财政上的负担较小。雍正时期对福建闽南的沿海地方宗族势力图予以控制,这两州在军事上对预防沿海地方军事集团的重新出现也起了一定的作用。在这一背景下,随着沿海贸易和经济发展的低落,山区府县走向了面向内陆的新的发展路径,明代那种沿海山区共同卷入海外贸易和动乱的局面不复存在了。

到清乾隆中叶,随着福建地方吏治腐败的严重,地方政府为了防止地方军事集团的再现,对宗族械斗采取利用和打击双管齐下的控制手法。清代福建汀漳泉的地方宗族不再形成流劫多地的军事集团,但地方自身械斗的问题和地方科举事业下沉和经济下行的局面结合在了一起。最终地方社会混乱的局面再次出现,地方社会的离心力再次加强。而闽南地区尤其是漳州沿海出现了科举低迷与宗族械斗并存的局面,秘密会社取代了明代那种宗族性的地方武装集团的局面再次引起清官方的注意。乾隆皇帝对福建宗族严密控制，并采用新的设立直隶厅的方式管理漳泉沿海，在军事、司法、财政上严格控制漳州漳浦、诏安、平和三县相交的云霄地方。而在吏治过于腐败及严重依赖地方官个人素质的局限下，直隶厅的功能并没有超过一个新县的功能。这个时候设立的云霄厅仅是顺应了该地长期需要规划政区的要求，但治理效果已经非常差了。而从民国以后的历史来看，福建地方仍旧存在设立新县的强烈要求。整个清代鉴于明代的经验教训，对设县一事尽量予以规避。但民国后改云霄厅为云霄县，新设东山县；九龙江流域地方新设华安县，仍是长期历史发展的要求。

明清时代，福建闽西南地方的历史发展存在有一脉相承的内在矛盾的一面，也出现因经济形势不同导致发展路径大相径庭的一面。而清政府对福建地方的治理借鉴了很多明朝时期失败的教训，根本区别就是清代在福建地方不采用设县的方式。从明清闽西南区域长时段的历史考察来说，设县抑或升州及设厅，一方面都反映了地方经济社会发展的基本诉求，另一方面也不能从根本上解决地方社会发展遇到的问题。而在王朝体制之下，地方吏治则是王朝统治效率的关键。行政区划设置虽然在表面上看有严格的规则及规范化的外观，实则不改人治社会无法可循的弊端。设置政区试图解决的军事治安保障、清理赋役逋逃、提倡科举教化、改变民风士习的传统功能诉求，在明清时代没有新的技术资源及思想资源引入的情况下，基本处于踯躅难行的局面之中，而地方社会无论如何灵活及高效地利用政区调整带来的机遇，其实也无法走出一条突破性的发展道路。

论明清私阉律例

柏　桦①
（安徽理工大学马克思主义学院　人文社会科学学院）

摘　要：明清律例严厉禁止官民之家役使阉割之人，乃是基于僭越。明代从洪熙时开始，对私自净身一直持严打的态度，却没有解决私自净身的问题，这是因为宦官涉足政治及经济，不但地位显赫，而且财富敌国，对民间有很大的诱惑力，再加上宫廷不断收用，以至于禁例形同具文。清代自康熙时废除宦官衙门，太监由内务府管理，宦官不但难以进入政治领域，也不能够涉足经济领域。在失去往日的诱惑力的情况下，即便是允许民间私自净身，愿意净身者也不多，由此可见法律必须要适应当时的社会经济基础。

关键词：阉割火者；私自净身；情愿阉割；下手之人

明清的律为不易之大法，例乃因时损益之定制。律不可过严，过严则不能垂之久远；例不可过宽，过宽则无以绳百司民人。大诰、榜文、诏令、禁例、则例、事例、省例、章程、成案等均为律例的补充，在具体实施过程中，并不是如教科书所讲"有律依律，无律依例"的因果关系，何者为先，有许多人为因素，虽然"人治"特点明显，但也不是无章可循，也显示出明清法律的多样化。

---

① 柏桦，1953年生，男，汉族，北京市人，历史学博士（中国）、文学博士（日本），天津市优秀法学家，青海省昆仑学者，现任安徽理工大学马克思主义学院、人文社会科学学院教授，主要从事中国政治制度史、中国法律制度史研究。

一

《大明律·刑律·杂犯·阉割火者》条规定："凡官民之家,不得乞养他人之子阉割火者,违者,杖一百、流三千里。其子给亲。"①这是明代禁止官民之家私自役使阉割人的法律,并没有禁止私自阉割。以阉割而言,"即古之宫刑,惟王家得役使阉割之人。若官民之家,乞养他人之子,阉割火者,令以供役,则僭越甚矣,故杖一百、流三千里。其子给亲完聚"。因此该律的重点在于惩处僭越,而对被阉割之人及所谓的"火者",乃是"旧时闽粤等处豪户之家,多有乞觅他人之子,阉割驱使,名曰火者"。律中"不言阉割奴与雇工人者,当同乞养子论,总重在僭越也"②。

火者泛指受阉的仆役,但为什么叫火者,各种辞书都没有解释。其实火者是从阉割过程得名的。司马迁受到宫刑,《汉书》讲"茸以蚕室",颜师古注云:"蚕室乃腐刑所居温密之室也。谓推致蚕室之中也。"③《史记正义》云:"宫刑,一百日隐于荫室养之乃可,故曰隐宫,下蚕室是。"④李贤认为:"宫刑者畏风,须暖,作窨室蓄火如蚕室,因以名焉。"⑤张安世因为上书救太子,"得下蚕室",颜师古注云:"谓腐刑也。凡养蚕者,欲其温而早成,故为密室蓄火以置之。而新腐刑亦有中风之患,须入密室乃得以全,因呼为蚕室耳。"⑥因为密室蓄火,后来便成为被阉割人专用称呼。明代宦官是奴仆,太监对皇帝自陈"老奴",火者对太监自陈"小奴""贱奴"。

值得注意的是,该律对私阉的人并没有惩处,因为是"其子给亲完聚",所针对的是私自役使阉割者的官民之家,至于认为"阉割火者"律是"对私阉犯处以杖、流之重刑,惩治力度可谓不小"⑦,明显是误解,因为律中没有规定对私阉犯处以杖、流之刑,明清律学家也多有论述。

清顺治三年(1646年)编成(一说顺治四年)《大清律集解附例》,基本上沿袭《大明律》,正如谈迁所言:"大清律即大明律改名也。"⑧从"阉割火者"律来

① 怀效锋点校:《大明律》,北京:法律出版社,1999年,第202页。
② [清]沈之奇撰,怀效锋、李俊点校:《大清律辑注(下)》,北京:法律出版社,2000年,第938页。
③ [东汉]班固:《汉书》卷62《司马迁传》,北京:中华书局,1960年,第2723页。
④ [西汉]司马迁:《史记》卷6《秦始皇本纪》,北京:中华书局,1959年,第257页。
⑤ [南朝宋]范晔:《后汉书》卷1下《光武帝纪》,北京:中华书局,1962年,第80页。
⑥ [东汉]班固:《汉书》卷59《张安世传》,北京:中华书局,1960年,第2652页。
⑦ 赵克生:《明代私阉之禁》,《安徽大学学报(哲学社会科学版)》2002年第1期,第30页。
⑧ [清]谈迁撰,汪北平点校:《北游录·大清律》,北京:中华书局,1960年,第378页。

看,内容完全相同。由于清律将明代中叶以来的注疏内容,以小注的形式与律一起公布。明人的注疏,原本是为了让引用者使用方便,属于私人见解,不具有法律效力。如果说明代律中小注是当时律学家心得体会的话,清代对于这种心得体会给予肯定,将之附注于朝廷颁行的律典中,也就具有与律文相同的效力。

清代有顺治三年(1646年)律、雍正三年(1725年)律、乾隆五年(1740年)律,以"阉割火者"律而言,一直到清末修律,律文与小注的内容没有作任何更改。该条规定:"凡官民之家,不得乞养他人之子阉割火者〔惟王家用之〕,违者,杖一百、流三千里。其子给亲〔罪其僭分私割也〕。"①小注重点申明此律重在惩治僭越,因此处罚很重,"父母于乞养子非理殴杀,罪止满徒;故杀者始坐流罪。今阉割反重于殴杀,而同于故杀者,盖此以乞养之名,为阉割之用,非乞养为子之比。且本法重在僭越也,若阉割致死,亦当另论,不得照乞养子律也"②。

由于"阉割火者"律重在惩处僭越,没有惩治私自净身及替人净身者的条文,故此以例作为补充。早在洪武五年(1372年),朱元璋就曾经下诏云:"福建、两广等处豪强之家多以他人子阉割役使,名曰'火者',今后有犯者,以阉罪抵之,没官为奴。"③洪熙帝诏书云:"文武诸司,自今亦不许恣肆暴酷,于法外用鞭背等刑,以伤人命,尤不许加人宫刑,绝人嗣续。有自宫者,以不孝论。"④不孝属于"十恶"之罪,是要处死的。自此以后历届皇帝都曾经颁布自宫禁例,弘治时期,因为正德帝《即位诏》讲:"内外问刑衙门,今后问拟囚犯罪名,律有正条者,俱依律科断。律无正条者,方许引例发落。亦决不许妄加参语,滥及无辜。"⑤由此确定《弘治问刑条例》的地位,嘉靖帝《即位诏》讲:"除弘治十三年三月初三以前,曾经多官奉诏、命议、奏准通行条例照旧遵行外,以后新添者,悉皆革去。"⑥也就是说,除了正德时期颁布的条例废除以外,以后凡是奉诏、命议、奏准的条例,都具有法律效力。

① 田涛、郑秦点校:《大清律例》,北京:法律出版社,1999年,第534页。
② [清]沈之奇撰,怀效锋、李俊点校:《大清律辑注(下)》,北京:法律出版社,2000年,第938页。
③《明太祖实录》卷73"洪武五年五月是月"条。
④《明仁宗实录》卷13"洪熙元年三月己丑"条。
⑤ 刘海年、杨一凡主编:《中国珍稀法律典籍集成》乙编第三册《皇明诏令》,北京:科学出版社,1994年,第569页。
⑥ 刘海年、杨一凡主编:《中国珍稀法律典籍集成》乙编第三册《皇明诏令》,北京:科学出版社,1994年,第613页。

自弘治以至万历,"阉割火者"律下附有三条例。一是"先年净身人,曾经发遣,若不候朝廷收取,官司明文起送,私自来京,图谋进用者,问发边卫充军"。二是"敢有私自净身者,本身并下手之人处斩,全家发边远充军。两邻及歇家不举首的,同罪。有司里老人等,仍要时常访察,但有此等之徒,即行捉拿送官。如或容隐,一体治罪不饶"。三是"民间有四五子以上,愿以一子报官阉割者,听。有司造册送部,候收补之日选用。如有私割的,照例重治。邻佑不举的,一并治罪不饶"①。条例是针对被阉割的净身人、下手之人,以及应该举报之人。净身人发边远充军;下手之人除了处斩之外,全家还要发边远充军。为此还追查两邻、歇家、有司、里老人、邻佑的责任。第三条例是万历十一年(1583年)勒定的,允许官府阉割,不允许民间私自阉割。

清顺治律因循了万历的条例,直到乾隆五十三年(1788年),才废除这三条例。有清一代,"律文垂一定之制,例则因一时权宜量加增损"②。自乾隆五年(1740年)以后,确定五年一小修,十年一大修的制度,以确保律例的因时适应性。

康熙二十三年(1684年)现行例规定:"凡诓骗阉割,强勒阉割者,仍照私割例治罪外,其父母及本身情愿报官阉割者,免其治罪。"此例雍正三年(1725)成为定例,乾隆五年(1740年)修订时,将"照例治罪"改为"照私割例治罪",也就是说下手之人处斩,全家发边远充军,显然处罚过重,所以乾隆五十三年(1788年),改为"凡诓骗强勒阉割者,俱照毁败人阴阳,以致不能生育律,杖一百、流三千里,将犯人财产一半断给被伤之人养赡。致死者,拟斩监候"。私自阉割所造成的损坏不同,处置轻重也不同,远比"私割例"便于拟罪,但"诓骗强勒"的情况各异,也给具体量刑带来困扰,所以咸丰三年(1853年)修订为:"凡诓骗阉割之案,讯系和诱知情者,为首发近边充军。若系设计略诱,讯明被诱之人并不知情,致被强勒阉割者,即照诱拐子女,被诱之人不知情例,将为首之犯,拟绞监候,均将犯人财产一半断给被伤之人养赡;为从者,各减一等。如略诱阉割,因伤致死者,为首拟斩监候。其有用药饼及一切邪术迷拐阉割者,各依迷拐本例从重论。"③新修条例区分和诱知情、设计略诱不知情及迷拐,看似细化了,实际上并不便于应用,所以薛允升认为:"私自净

① [清]黄彰健编:《明代律例汇编》,中研院·历史语言研究所专刊之七十五,1979年,第951~952页。
② [清]刘锦藻:《清续文献通考》卷247《刑考六·刑制》,杭州:浙江古籍出版社,2000年,第9933页。
③ 以上引文见光绪《大清会典事例》卷828《刑部·刑律·杂犯》,台北:新文丰出版公司,据光绪二十五年(1899年)原刻本影印,第15447页。

身,例禁极严,代为下手者,亦与同罪,是以又定有诓骗强勒之例。后将私自净身各例,全行删除,则净身本人,即属无罪可科,诓骗强勒阉割,意欲为何?更属必无之事矣。"①

雍正五年(1725年),针对放出为民之太监制定条例,"除效力年久,本管本主保留外,不许仍留京师居住。违者,将容留之人从重治罪,将内务府总管、步军统领、巡城御史,一并交部议处。如保留为民之太监,有生事犯法者,将保留之人交部议处"②。太监效力年久可以在京城居住,还必须是这是为本管本主保留,其余则不许在京城居住。

乾隆四十一年(1776年),针对太监收用制定条例,"投充太监,听其报明有司阉割后,即令其自行投报,总管内务府验明,送内当差,不必由该管州县造册送部"。原来太监要由礼部具题,这里则明确归内务府负责。嘉庆二十一年(1816年),再删去"仍行文该地方官取皆存案",地方官则不能够干涉内务府选用太监事务了。嘉庆二十二年(1817年),针对新进太监收用与管理制定条例,16岁以下由各首领、本管太监教习管理,到16岁以上均分给亲王、郡王府内使用,如果"查出该太监劣迹,将本管及首领太监等交内务府治罪"。这两条例是"报明有司,所以别于私自净身者也"③。

乾隆四十四年(1779年),将私自净身人犯拟罪权收回,"凡私自净身人犯,刑部于年终将各案开列事由,汇奏一次,请旨分别核办"。这样地方官及法司就没有权力处置私自净身者了,日理万机的皇帝办理这样的事情,也未免过于琐碎,所以乾隆五十年(1785年)修订为"凡私自净身人犯,审明委系贫难度日,别无他故者,照例令其自投内务府验看,派拨当差。如因伤致死者,将代倩下手之犯,照过失杀人律科断。若系畏罪情急,起意阉割,希图漏免者,除实犯死罪,及例应外遣无可再加外,余俱按其原犯科条,各加一等定拟。其受雇代倩下手阉割之人,与犯人同罪。因而致死者,减斗杀罪一等"④。该条例规定了细则,对"贫难度日"者网开一面,"畏罪情急"者也不过

①[清]薛允升:《读例存疑》卷44《刑律·杂犯·阉割火者》,清光绪三十一年(1905年)京师刊本。

②[清]光绪《大清会典事例》卷828《刑部·刑律·杂犯》,台北:新文丰出版公司,据光绪二十五年(1899年)原刻本影印,第15448页。

③[清]薛允升:《读例存疑》卷44《刑律·杂犯·阉割火者》,清光绪三十一年(1905年)京师刊本。

④[清]光绪《大清会典事例》卷828《刑部·刑律·杂犯》,台北:新文丰出版公司,据光绪二十五年(1899年)原刻本影印,第15448页。

按原犯罪加一等,依然可以派拨当差。对"下手阉割之人",只有将被阉割人致死才予以治罪,无论是过失杀人,还是减斗杀罪一等,都不是死刑。前者徒刑,后者流刑,按例还可以赎免。也无怪乎薛允升认为:"私自净身向不论是否贫难、畏罪,俱拟斩候。此例贫难者免罪,有罪者仅加一等,宽之至也。"[①]

从清"阉割火者"例的变化来看,既有继承前代律法发展的理念与模式,又注入清人关前"参汉酌金"的统治思想,也适应了社会的变化,进而"律为一定不易之成法,例为因时制宜之良规"[②]。

二

明代与"阉割火者"律例相互照应的是《自宫禁例》,清代则是《太监禁令》。无论是禁例,还是禁令,多以皇帝诏敕谕旨,或者相关部门颁布官府文书的形式予以公布,对一些事情及群体进行规范,违反者则按照禁例、禁令规定进行惩处。

《自宫禁例》最初颁布于永乐二十二年(1424年),是洪熙帝所颁布的诏书,"令凡自宫者,以不孝论。军犯,罪及本管头目总小旗。民犯,罪及有司里老"[③]。洪熙帝认为:"自宫以求用者,惟图一身富贵,而绝其祖宗父母不顾。古人求忠臣于孝子,彼父母尚不顾,岂有诚心事君。朕已决意不用此等人,然其不孝之罪须惩治,今后有自宫者,必不贷。"[④]不孝属于"十恶"之罪,是要处死的。

宣德二年(1427年),"令凡自净身者,军还原伍,民还原籍,不许投入王府及官员势要之家隐藏,躲避差役。若再犯者,本犯及隐藏之家俱处死。该管总小旗、里老、邻人,知而不举,一体治罪"[⑤]。此禁例是宣德帝在处理几起自宫案件时提出的。先是"军民任本等数人,自宫以求用",宣德帝认为:"皇考在御时,尝有自宫者,以其毁亲遗体为不孝,皆发戍交阯。今此人尚敢,尔即循例发遣,更申明禁约,再有犯者,悉如之。"[⑥]后是"山东有人自宫以求用者",礼部请将所属里老治罪,宣德帝认为:"先帝深惩此事,故严其令。近来犯者

①[清]薛允升:《读例存疑》卷44《刑律·杂犯·阉割火者》,清光绪三十一年(1905年)京师刊本。

②[清]薛允升:《读例存疑》卷首《总论》,清光绪三十一年(1905年)京师刊本。

③[明]申时行等:《明会典》卷80《礼部·自宫禁例》,北京:中华书局,1989年,第460页。

④[明仁宗实录]卷12"洪熙元年三月丁亥"条。

⑤[明]申时行等:《明会典》卷80《礼部·自宫禁例》,北京:中华书局,1989年,第460页。

⑥《明宣宗实录》卷3"洪熙元年秋七月壬午"条。

亦少,里老可宥之,但申明旧禁,使知遵守。"①接着"山西军民李二等九人者,自宫投入晋王府",宣德帝贻书晋王曰:"皇考下诏天下,禁止自宫,违者谕以不孝,而李二等九人敢故违,投入王府。夫自宫以求用,古人所谓非人,情不可近。不孝之人,不知念其父母,岂复有心为王国之用?已令法司逮治,自今有若此者,宜斥之。"②宣德帝对礼部尚书胡濙曰:"昔皇考在位,禁止自宫之人,谓其毁伤父母遗体,最是不孝,凡有此等,皆发充军。朕遵承先志,亦尝援例发遣。比者小人复有冒犯,盖缘不知,故尔妄作。孔子曰:示之以好恶,而民知禁。卿宜出榜,遍谕天下,使之遵守。"③因此这个禁例就是榜例,"榜谕则主要在于劝诫,有先礼后兵的意味,如果不听劝诫,其法律效力也高于一般律例的规定"④。

正统十二年(1447年),"令凡自首在官阉者,送南海子种菜。其隐瞒不首及再擅净身,并私收使用者,事发,全家发辽东充军"⑤。正统年间,诸王公侯驸马私收净身人的事情多有发生,英宗多下旨申饬,赦免他们,也没有追究净身人及下手之人的责任。在严旨切责下,"太保成国公朱勇等,各首其所私留阉者,共一百十一人。上命俱发南海子供役"⑥。禁例虽然强调今后擅自净身治罪,但净身人已经不再处死了,而净身人被收用的渠道也很多。景泰帝曾说:"近闻民间自宫者甚多",要礼部重申旧例,"自今敢有自宫求进,及投入王府并官员势要之家者,俱如旧例,处以不孝死罪。该管旗甲、里老、邻人,知而不首,及隐藏者,俱罪之"⑦。英宗复辟,当然要全面否定景泰帝勒定的制度,除了坚持净身人自首发南海子种菜之外,天顺二年(1458年),"令净身者拿问,边远充军"⑧。即便是将净身者充军,但他们有被收用的渠道,因为"景泰以来,乃有自宫以求进者,朝廷虽暂罪之,而终收以为用",以至于"日积月累,千百成群,其为国之蠹害甚矣"⑨。面对千百成群的净身人,成化九年(1473

① 《明宣宗实录》卷16"宣德元年夏四月乙亥"条。
② 《明宣宗实录》卷23"宣德元年十二月丙子"条。
③ 《明宣宗实录》卷29"宣德二年秋七月乙卯"条。
④ 柏桦:《榜谕与榜示——明代榜文的法律效力》,《学术评论》2012年第2期。
⑤ [明]申时行等:《明会典》卷80《礼部·自宫禁例》,北京:中华书局,1989年,第460页。
⑥ 《明英宗实录》卷153"正统十二年闰四月癸酉"条。
⑦ 《废帝郕戾王附录》卷86"景泰七年秋七月甲申"条。
⑧ [明]申时行等:《明会典》卷80《礼部·自宫禁例》,北京:中华书局,1989年,第460页。
⑨ 《明宪宗实录》卷19"成化元年六月丁巳"条。

年），"令私自净身希求进用者，本身处死，全家发烟瘴地面充军"①。这种看似严厉的禁例，实际上并没有得到落实，以至于礼部面对"自宫及其弟男子侄，以希进用，聚至四五百人，告乞奏收，群众哄然，阻遏无计"②。至成化十五年（1479 年），竟有"自宫者至二千人，群赴礼部乞收用"③。只得"令净身人，巡城御史、锦衣卫官，督同五城兵马，逐回原籍。若该城内外容留潜住者，并火甲邻佑人等，一体究治。本身枷号一个月，满日决打一百押回。如再来京，并家下父兄人等，俱治罪"④。禁例颁布之后，居然还有"自宫者至千余人，喧扰官府，散满道路"⑤。这是因为"自宫求进者，累有处斩事例，而往往不遵，虽发充军为民，到彼即逃"⑥。自宫者不但可以为宫廷所收用，各王府也可收用。成化二十二年（1486 年），"令各王府非奉朝廷明文，擅收净身人，俱发回原籍收管，不许投托容隐"⑦。禁止王府收用，宫廷依然收用，次年依然有"自宫人三千余，妄引敕谕事例，在部告扰"⑧。在成化年间禁而不止，乃是宦官容易富贵，而皇帝又经常敕礼部选用净身男子，"夫人情孰不欲富贵，今田野小民，无故犹阉割亲儿以希进用，矧今有诏而有名"⑨。因此禁而不止，乃是君主专制政体固有的现象。

弘治元年（1488 年），"令锦衣卫拘审净身人，送顺天府递回原籍，官司五日一点闸，不在者即杖，并户头追回见官，不许容纵"。严格管束已经净身者，实际上是禁止王府收用，而宫廷还是收用如故。弘治五年（1492 年），礼部清查自宫发遣者多达 3296 名，将他们发充南海子筑墙种菜，由此"令私自净身者，本身并下手之人处斩，全家发边远充军。两邻及歇家不举者同罪。有司里老容隐者，一体治罪"⑩。禁例颁布不久，就有"自宫者数百人，击登闻鼓求

① ［明］申时行等：《明会典》卷 80《礼部·自宫禁例》，北京：中华书局，1989 年，第 460 页。

② 《明宪宗实录》卷 148"成化十一年十二月丁酉"条。

③ 《明宪宗实录》卷 187"成化十五年二月戊申"条。

④ ［明］申时行等：《明会典》卷 80《礼部·自宫禁例》，北京：中华书局，1989 年，第 460 页。

⑤ 《明宪宗实录》卷 205"成化十六年秋七月乙巳"条。

⑥ 《明宪宗实录》卷 272"成化二十一年十一月甲戌"条。

⑦ ［明］申时行等：《明会典》卷 80《礼部·自宫禁例》，北京：中华书局，1989 年，第 460 页。

⑧ 《明宪宗实录》卷 291"成化二十三年六月丙子"条。

⑨ ［明］陈子龙等辑：《明经世文编》卷 138，引［明］李梦阳《应诏上书疏》，北京：中华书局，1962 年，第 1373 页。

⑩ 以上引文见［明］申时行等：《明会典》卷 80《礼部·自宫禁例》，北京：中华书局，1989 年，第 460 页。

进用"①。接着"安肃县人韩清等三百余人,复冒禁入京,击登闻鼓求进"②。虽然进行惩处,但皇室需要大量的宦官,所以弘治十三年(1500年)奏准:"先年净身人,曾经发遣,若不候朝廷收取,官司明文起送,私自来京,图谋进用者,问发边卫充军。"③既然有朝廷收用,说明净身人还有出路,也就不能够制止私自净身。

正德帝《即位诏》明令:"近日行取私自净身人五岁至十五岁赴礼部拣选者,诏书到日,即便停止。"④正德元年(1506年),"令直隶、顺天等府,山东、河南等布政司地方,再有私自净身者,照例本身并下手之人处死,全家发边远充军。其先已净身者,立籍点闸,不使私自逃至京师,扰害官府"⑤。只有潜住京师者才处以极刑,当然挡不住已经净身者请求进用,因为当时"宦官窃权者,泽及九族,愚民竞阉其子若孙,以图富贵,有一村至数百人者,虽严禁亦不之止也"⑥。他们"人众不可制",以至于"群聚京师,号呼其进,或拥入礼部,挝堂鼓遮诉"⑦。正德九年(1514年),"令今后再有私自净身者,除小幼无知者,本身免死充军,其余俱照见行事例,本身并主使下手之人处斩,全家发边远充军。里老邻佑及本管官,不行举察者,各从重治罪"。禁例排除"小幼无知",实际上还是默许净身,更何况宫廷还在收用。正德十一年(1516年),宫廷收用3468名自宫男子,还有数千人求用,"亦不能禁也"⑧。这些没有被收用的净身人,无以为生,未免生事,曾经"有自宫中数十人,于通仓各门夺军粮,又索运船银米"⑨。宦官专权者荣华富贵,不但使自宫者增多,就连没有被收用的净身人都敢猖狂。

嘉靖帝《即位诏》明令:"私自净身人,多有在京潜住,希图收用。著锦衣卫、缉事衙门、巡城御史,严加访拿究问。今后各处军民,敢有私自净身者,本身并下手之人处斩,全家发烟瘴地面充军。两邻并歇家不举首者,俱治以

① 《明孝宗实录》卷71"弘治六年正月丙戌"条。
② 《明孝宗实录》卷75"弘治六年五月戊寅"条。
③ [明]申时行等:《明会典》卷80《礼部·自宫禁例》,北京:中华书局,1989年,第460页。
④ 刘海年、杨一凡主编:《中国珍稀法律典籍集成》乙编第三册《皇明诏令》,北京:科学出版社,1994年,第569页。
⑤ [明]申时行等:《明会典》卷80《礼部·自宫禁例》,北京:中华书局,1989年,第460页。
⑥ 《明武宗实录》卷30"正德二年九月戊申"条。
⑦ 《明武宗实录》卷98"正德八年三月戊寅"条。
⑧ 《明武宗实录》卷137"正德十一年五月甲辰"条。
⑨ 《明武宗实录》卷185"正德十五年夏四月癸亥"条。

罪"①。即便是严令,也不能够制止净身人求用,最多曾经有"净身男子韩春等,凡八千余人,守阙奏乞收用"。这样多的净身人,不可能全部杀掉,只能够将"为首韩春等十人,发边卫充军"②。大量的净身人,以及南海子裁撤的净身人,已经成为社会问题,经内阁大学士桂萼等在嘉靖八年(1529年)奏准:"凡海子食粮净身男子,分别老壮造册。礼部备查各处王府并将军、中尉数目,将年壮者,斟酌多寡,派去各府供役。不堪选用者,给与印信文票,发回原籍官司收恤,免其本身差役。"③将南海子裁撤的净身人分发给各王府,固然可以解决一些净身人的出路,但没有造册的净身人还是没有出路。嘉靖十一年(1532年),"礼部奏:净身男子八千余人,守阙求进"④。嘉靖十五年(1536年),有8446名净身男子被安置到内府、王府、上林苑,"余俱发回原籍"⑤。净身者有了出路,当然也默许了净身的行为。

万历帝即位伊始,就选净身男子3250名,"分拨各监局应役"⑥。以后陆续收用,到万历十一年(1583年),已经收用8000余名。净身人出现供不应求,所以奏准:"自今五年以后,民间有四五子以上,愿以一子报官阉割者听,有司造册送部,候收补之日选用。如有私割者,照例重治。邻佑不举者,一并治罪不宥。"⑦从严刑禁止,到官府倡导民间送官府阉割,说明只要有宦官制度的存在,就不可能制止自宫净身的现象。

三

清代"大抵每一衙门,皆有则例,有五年一修、十年一修、二十年一修不等。则例所标,为一事,或一部一署,大小曲折,无不该括"⑧。在《内务府则例》中有《太监禁令》,收录顺治三年(1646年)至同治十二年(1873年)陆续颁布的禁令48条。

---

① 刘海年、杨一凡主编:《中国珍稀法律典籍集成》乙编第三册《皇明诏令》,北京:科学出版社,1994年,第611页。
② 《明世宗实录》卷86"嘉靖七年三月壬申朔"条。
③ [明]申时行等:《明会典》卷80《礼部·自宫禁例》,北京:中华书局,1989年,第460页。
④ 《明世宗实录》卷137"嘉靖十一年四月戊戌"条。
⑤ 《明世宗实录》卷188"嘉靖十五年六月壬辰"条。
⑥ 《明神宗实录》卷12"万历元年四月丁巳"条。
⑦ 以上引文见[明]申时行等:《明会典》卷80《礼部·自宫禁例》,北京:中华书局,1989年,第460页。
⑧ 王钟翰:《清史补考》,沈阳:辽宁大学出版社,2004年,第31页。

顺治三年（1646年），将明代"阉割火者"律下三条例列为禁令。顺治十年（1653年），因为设立宦官十三衙门，颁布禁令："凡系内员，非奉差遣，不许擅出皇城。职司之外，不许干涉一事，不许招引外人，不许交结外官，不许使弟侄亲戚暗相交结，不许假弟侄等人名色置买田产，因而把持官府，扰害人民。其在外官员，亦不许与内官互相交结。如有内外交结者，同官觉举，院部察奏，科道纠参，审实一并正法。"顺治十二年（1655年），命工部立内十三衙门铁牌，"以后但有犯法干政、窃权纳贿、嘱托内外衙门、交结满汉官员、越分擅奏外事、上言官吏贤否者，即行凌迟处死，定不姑贷，特立铁板，世世遵守"。

顺治帝去世，"十三衙门尽行革去，凡事皆遵太祖、太宗时定制行，内官俱永不用"。康熙四年（1665年）题准："凡私自阉割子孙者，从重治罪，其该管大小官员，一并分别治罪。"康熙十九年（1680年），禁止觉罗民公以下官民人等收用内监，"嗣后如买用投充者，内监入官，收用之人交该部从重治罪"。康熙二十三年（1684年），确定年老、患病、死亡内监收养与埋葬事宜由礼部、户部、工部、五城分别负责，并且定例："嗣后有诓骗及强勒阉割者，仍照律治罪外，其父母情愿将伊子阉割及本身情愿阉割者，免治罪。"康熙二十四年（1685年）奉旨："满洲家仆及内监家仆，有逃走在外私自阉割者，不宜内用，有已经内用者，查交礼部发回原主，嗣后著严行禁止。"将私自阉割区分为诓骗强勒及自愿两种情况，实际上是准许私自阉割。

雍正元年（1723年）奉旨："嗣后十七岁以上内监不必收。"因为现有净身之人多在17岁以上，所以雍正二年（1724年）奉旨："嗣后新进内监，如不系旗人，年二十五六岁以下者，著掌仪司会同会计司、验净首领内监带来引见。若将旗人带来，一经查出，将原保人员、验净首领内监一并治罪。"也就是说，旗人不许为内监。雍正四年（1726年）奉旨："为民太监，不回原籍潜留京师者，著步军统领出示晓谕，速令回籍，如晓谕后仍不回籍者，即严行查拿。"根据雍正帝的旨意，礼部奏准："内府及诸王贝勒等府，放出为民之内监，除效力年久本管本主保留外，不许私自留京居住，违者将容留之人送部治罪，内务府总管、步军统领、巡城御史，一并交部议处。"雍正五年（1727年），雍正帝针对禁令颁布以后，"今仍有留京生事者，可见向来全不查拿，虚应故事"，发布谕旨，重申禁令。

乾隆五年（1740年），乾隆帝钦定：新进内监在二十岁以内者，投礼部移送；十五岁以内，"均责令本籍州县官出具文结，申部转送，仍将文结存部备查"。乾隆八年(1743年),"新进内监,由礼部咨送内务府,内务府验收后,即将收到名数,咨部注册备案"。乾隆十三年(1748年)议准:看守坛庙内监,"嗣后缺人需补,太常寺咨呈到部,由部咨呈宗人府,于近支王等府第轮流挨次慎选老成敬谨堪以供役之内监拨送到部,由部转送充补"。乾隆三十三年(1768年)奏准:"嗣后各王公家下遇有逐出为民太监,令其一体咨报礼部,得给为民执照,交该地方官安插为民,听其自行生理,不许潜出境外。"乾隆四十一年(1776年),"收录太监一节,自应总归内务府大臣画一办理,嗣后太监报名,不必仍由礼部"。太监录用权全部转给内务府,同年又让内务府管理进宫的匠役,不许太监插手,"嗣后如有必须放匠修整活计之事,俱令呈明该总管大臣,派员查点,仍将某处放进次数,于年底汇折具奏"。乾隆五十二年(1787年),要求直隶总督十年一奏,"倘有太监家属及庄头等在外生事,轻则随时惩治,重则参奏办理"[①]。

嘉庆四年(1799年)奉旨:"嗣后宗室王公等名下太监,著年终报明宗人府查核,一品文武大臣等名下太监,著年终报明都察院查核,俱各汇奏一次。"进而加强宫廷以外收用太监的管理。嘉庆十年(1805年),嘉庆帝再次重申旧例,提出:"嗣后禁城及圆明园等处,遇有应行放进匠役修整活计等事,著太监呈明总管太监,总管太监呈明总管内务府大臣,派员查点明晰,将某处放进次数人数,按月具折随月折汇奏,毋许太监任意传唤,擅自出入,以昭严肃。"嘉庆十六年(1811年),再次重申旧例,"嗣后旗下太监一经送进宫内当差,不许再回本主私宅。该王公等于交出之后,再见该太监潜来私宅,即著立时斥逐,毋准片刻逗留。如斥逐不遵,或仍行潜往,即著锁拿奏交只治该太监之罪。若不斥逐拿解,或竟任其传说宫内之事,一经发觉,不但重治该太监之罪,其本主亦获戾不小,必不姑贷"。嘉庆十八年(1813年),确定御前太监出入制度,"由总管内务府大臣派领催一名,披甲人一名,随同前往,并著设立册档一本,将伊等出入时刻到去所在,及由内派出何人随往,由外派出何人随往,详细注写,以便稽查"。并且勒定太监请假制度,"嗣后总管太监等,俱不得任各处太监藉词告假,独自私出禁门。其有不得不暂时给假者,并著首领太监限以时刻,必须两三人同行,方准放出。如违,除本人治罪外,将该管首领太监

---

① 以上引文见[清]官修光绪《大清会典事例》卷1216《内务府·太监事例·禁令》,台北:新文丰出版公司,据光绪二十五年(1899年)原刻本影印,第19212~1915页。

一并治罪"。内务府针对谕旨,议定请假章程七条,嘉庆帝下旨:"嗣后总管太监、随侍太监,遇有祖父母及亲丧事故者,准其放假十六日,其余各等处太监,准其放假十二日,著总管内务府大臣,派官役前往该太监门首稽查,俟其假满进内,再将官役撤回,但不许太监等向官员、兵丁、民人等无故攒收分金。至巡幸应行随往之太监等,于起身前准其放假二日备办一切,不许过夜。"针对王公太监与宫中太监有交接往来的现象,规定:"嗣后王公等之首领太监,毋许与宫中太监交接往来,著内务府大臣留心查察,如有阳奉阴违者,严参治罪。"嘉庆二十一年(1816年),因奏章接收呈递出现问题,规定:"嗣后内廷行走之亲王、郡王,遇有应奏事件,交外奏事官员呈递,不准径交内奏事太监,其奏事太监亦不准接收。"嘉庆时期勒定的禁令,主要在于加强对太监的管理,没有涉及私自净身的问题。

道光二年(1822年)谕:"圆明园为警跸出入之地,该太监等辄私带货物售给内外各官,殊与体制不合。至太监家属在圆明园左近开设茶馆,招引附近旗民饮酒聚赌,尤属大干法纪,并著严行查禁。"对于已经为民太监,"倘该太监等捏改名姓,投往各王公大臣家服役者,一经查出,除将该太监治罪,及未能觉察之该地方官参处,引进之人加倍治罪外,并将率行收用为民太监之王公大臣奏请议处"。道光三年(1823年),因为太监曹进喜在勤政门外,向军机大臣等"词色俱厉"的查问,道光帝认为:"曹进喜在内廷豢养多年,于伊职分内不应办之事,辄敢越分干预,出言无状,实属狂妄,可恶之至,此风断不可长。曹进喜著革去五品总管,交乾清门总管太监重责二十板,另派差使,并将此旨载入宫中现行则例。"道光五年(1825年),因为在逃太监马长喜在浒墅关被查获,道光帝认为:"我朝家法严明,从不准太监与外人交结,至差往各省之事,尤属从来所未有",所以"著通谕直省各督抚严饬所属,凡遇通缉在逃太监,务认真缉拿,若有称奉差等事,无论已未犯法,立即锁拿奏明惩办,毋稍疏纵"。道光七年(1827年),因为宫内、圆明园有太监私藏军器,道光帝严令查办,之后"如有瞽不畏法,胆敢仍蹈前辙私藏军器之人,查系弓箭弩弹等物,即照例治罪,倘竟敢将鸟枪火药金刀器械仍前收藏,一经发觉,必将其人照违旨例加等问拟,即行正法。该管首领太监,匿不随时报出,即照为从例治罪"。道光八年(1828年),针对陵寝总管首领太监因病呈请告退,规定:"嗣后各处太监,如有因病在本处调养数日者,该首领不准私行给假,俱随时报明该管总管,由该总管核实查验。"召对内外大小臣工,为了防嫌,规定:"嗣后无论何处,凡豫备次起召对之人,及奏事处带领之总管首领太监等,俱著在廊下祗候,不准擅进明殿。"道光九年(1829年),因去盛京谒祖陵,传谕:"此次跸路经过地方,如太监有指称各项款目需索之事,准其禀明该管大臣据实奏闻,从严究办。"道光十九年(1839年),因为停办钦安殿道场,规定:"嗣后每届钦安殿、天穹宝殿、斗坛及圆明园佛楼等处拜斗拈香日期,著敬事房圆明园司房先期请旨,并著总管太监等,传谕各该处首领太监,此后照常供献上香,敬谨洒扫。著为例。"道光年间勒定的禁令,多是针对某案或某事,显得琐碎,且少有明确的治罪标准。

咸丰元年(1851年),因为在乾清宫西阶下添设板棚一座,让被召对的大小臣工先在棚内憩息,又恐太监"语言交接,易启嘱托之渐",所以规定:"凡召见引见官员人等,概不准与太监接谈交涉。在诸臣各知自爱,当不至故违训诫,自蹈愆尤。傥太监等有不遵约束者,即著该大臣等指名参奏,加等治罪。"因为有太监私自带外人进入禁门,规定:"嗣后著各门直班官员,与内务府衙门互相查察,除该太监等照例差使,及买办食物等事,准其照常出入外,如查有违例私自出入,及私带外人混入禁门等弊,即著奏明究办,毋稍疏懈。"

同治元年(1862年),因为臣下请定官弁士子兵丁不许吸食洋药章程,传谕:"太监服役禁近,宫卫森严,尤不准以洋药带入禁地,著总管内务府大臣,饬知内廷总管太监等,严行禁止。"同治三年(1864年),因为有御史弹劾"内务府有太监演戏,将库存进贡缎匹裁作戏衣"。传谕:"嗣后各处太监,有似此肆意妄行,在外倚势招摇等事,并著步军统领衙门一体拿办,总管太监不能举发,定将该总管太监革退,从重治罪。"同治四年(1865年),有御史提出慎选左右侍从的建议,不能够使"谗谄面谀之辈"厕于其间,因此传谕:"著总管内务府大臣,督率总管太监认真查察,如有此等便僻侧媚之辈,惑聪乱明,妄肆簧鼓,著据实直陈,从严惩办,毋得因循畏事,退有后言。"同治八年(1869年),因为太监安德海外出,被山东巡抚丁宝桢正法,因此传谕:"著总管内务府大臣,严饬总管太监等,嗣后务将所管太监严加约束,俾各勤慎当差,如有不安本分,出外滋事者,除将本犯照例治罪外,定将该管太监一并惩办,并通谕直省各督抚严饬所属,遇有太监冒称奉差等事,无论已未犯法,立即锁拿,奏明惩治,毋稍宽纵。"同治十一年(1872年),因御史弹劾"太监在京城内外开列多铺,并蓄养胜春奎戏班,公然于园庄各处演戏",除了严行查禁之外,还进行训谕,之后传谕:"经此次训谕后,傥有太监在外生事,别经发觉,除将该太监严行惩办外,并将该管大臣及地面各官,惩处不贷。"同治十二年(1873年),因御史弹劾宦寺驰行越礼,传谕:"嗣后该太监等当差出入,皆当恪遵功令,不准恣意妄行,并严饬各门章京、督率官兵等,每遇乘舆出入各路,如再有太监及厮役人等擅走御道,不听拦阻者,立即禀明该管大臣,奏请从严惩办,毋稍宽纵。"①

清代《太监禁令》有关私自净身的并不多,顺治初申明的明代条例,也随着《大清律例》的修订予以废除,而康熙时勒定的诓骗及强勒阉割者治罪,父母及本身情愿阉割者免治罪,也基本上确定私自净身是合法的,所以乾隆五十年(1785年)修例,允许私自净身者投内务府验看,酌情派拨当差。因为清代宫廷及王公所用太监有限,并且管理比较严格,所以没有出现明代那样有近万名净身人聚集在一起请求收用的事情。

四

瞿同祖认为:"研究法律自然离不开条文的分析,这是研究的根据。但仅仅研究条文是不够的,我们也应注意法律的实效问题。条文的规定是一回事,法律的实施又是一回事。某一法律不一定能执行,成为具文。社会现实与法律条文之间,往往存在着一定的差距。如果只注重条文,而不注意实施情况,只能说是条文的、形式的、表面的研究,而不是活动的、功能的研究。"②因此,在了解明清私阉律例的基本情况以后,重点研究其具体实施情况。

朱元璋对宦官防范很严,但设了宦官二十四衙门,"虽设监局,一监常职止五人,一局正副止二人,官不过四品,所掌不过酒扫供奉之事"③。当时宦官人数并不多,是"我国家初年,亦有阉人五百,粉黛半千之歌"④。宦官的来源主要是元代存留及罪犯俘虏,"凡阉割火者,皆罪极之人,或俘获之虏"⑤。随

① 以上引文见[清]光绪《大清会典事例》卷1217《内务府·太监事例·禁令》,台北:新文丰出版公司,据光绪二十五年(1899年)原刻本影印,第1921~1922页。

② 瞿同祖:《中国法律与中国社会》,北京:中华书局,2003年,第2页。

③ [明]陈子龙等辑:《明经世文编》卷122引姜洪《陈言疏》,北京:中华书局,1962年,第1175页。

④ [明]陈子龙等辑:《明经世文编》卷254引赵贞吉《三几九弊三势疏》,北京:中华书局,1962年,第2684页。

⑤ [明]会继登:《典故纪闻》卷14,北京:中华书局,1981年,第251页。

着朱棣重用宦官,机构开始扩大,"盖明世宦官出使、专征、监军、分镇、刺臣民隐事诸大权,皆自永乐间始"①。永乐年间,仅仅赐给诸王的火者就有288名,亦可见当时宦官人数剧增,以及私阉现象严重。

自洪熙帝开始,官府对私自净身一直持严打的态度,不断出台禁例,甚至实行连坐,但在具体处置过程中,却不能够按照禁例执行。如禁例规定以"不孝论",按律应该是死刑,实际上不过是边远充军。一方面惩治自宫者,一方面收用宦官,"其戒约于已残者,法亦非不至也。而貂珰满朝,金玉塞涂,至今日而益盛,然则法果行乎"②。因为宫廷不断收用,即便是自宫者被发遣,也可以重新回到京师求用。"英宗朝最严自宫之禁,而臣下不奉行者,则时时有之"。如靖远伯王骥阉割俘虏被姑宥之;"镇守湖广贵州太监院让,阉割东苗俘获童稚一千五百六十五人",也没有治罪;"福建总兵宁阳侯陈懋,进净身幼男百八人,收之";"云南三司拣选黔公沐斌家阉者福住等十六人,年幼堪用,上命送司礼监";姑息无异养奸,是"不究其罪,且收其人,是主上先置三尺于高阁矣"③。以至于"景泰以来,近畿民畏避差徭,希图富贵者,往往自宫赴礼部求进。自是以后,千百为群。禁之不能止,为国之蠹甚矣"④。

严厉的禁例不能够禁止民间自宫,固然有"私净之禁虽严,而报官之路未开,故自宫者旋即如旧"的原因,也有宫廷、王府、达官不断收用的原因,"皇城之内,通名籍者,不止万有余人,而仓厂场库,牟利无算,蟒衣玉带,滥赏不惜。又不三五年辄有一选,选辄数千。以故无知小民,贪图富贵,入骨熏心,奈何欲以死刑禁之乎"⑤。因为大量收用,总是有近万名净身者麇集京师,"今禁内西海子净身者众矣。彼见夫富贵易,又无罪戾,孰不欲侥幸希图进用,如是而欲本清源洁难也"⑥。有禁例而不能够严格执行,而宦官不断增多。"洪武二年,定置内使监奉御凡六十人,今自太监至火者近万人矣"⑦。一些权宦生活奢侈,对民间来说更是诱惑,自宫者也越来越多。"嘉、隆而后,自宫者愈禁

---

① [清]张廷玉:《明史》卷304《宦官传序》,北京:中华书局点校本,1974年,第7766页。

② [清]顾炎武著,[清]黄汝成集释,栾保群、吕宗力校点:《日知录集释》卷9《禁自宫》,石家庄:花山文艺出版社,1990年,第446页,

③ [明]沈德符:《万历野获编补遗》卷1《阉幼童》,北京:中华书局,1959年,第820页。

④ [明]余继登:《典故纪闻》卷14,北京:中华书局,1981年,第251页。

⑤ [明]陈子龙等辑:《明经世文编》卷418引沈鲤《议处净身男子疏》,北京:中华书局,1962年,第4544~4545页。

⑥ [明]陈子龙等辑:《明经世文编》卷254引赵贞吉《三几九弊三势疏》,北京:中华书局,1962年,第2684页。

⑦ [明]李乐:《见闻杂记》卷1《三十五》,上海:上海古籍出版社,1986年,第95页。

愈多，其入内与宫婢配偶不必言，乃出外恣游狭邪，即妓女亦愿与结好，倡家所云'守死哭嫁走'者，靡不有之。"①被收用者可以期待富贵，而没有被收用者，则难以为生。沈德符曾经见到，"自河间、任丘以北，败垣中隐阉竖数十辈，但遇往来舆马，其稍弱者，则群聚乞钱；其强者，辄勒马衔索犒。间有旷野中二三骑单行，则曳之下鞍，或扼其喉，或握其阴，尽括腹腰间所有，轰然散去，其被劫之人方苏，尚昏不知也"。这是因为"朝廷每数年，亦间选二三千人，然仅得什之一耳。聚此数万残形之人于辇毂之侧，他日将有隐忧，不止为行役之患已也"②。有禁不行，再加上权宦权势倾动天下，艳羡者纷纷自宫，而宫廷又不断收用，这是明代自宫现象屡禁不止的主要原因。

清顺治年间，承明末之弊，再加上宦官十三衙门的设置，依然是朝廷严禁自宫，而自宫却屡禁不止。康熙帝即位，废除宦官衙门，由内务府管理宦官，采取严厉的措施，乃是"清廷家法，驭太监极严，稍有劣迹，即予杖毙"③。宦官失去往日的荣耀，即便是朝廷不禁止自宫，民间也很少愿意自宫。随着时间的推移，前明及顺治年间的宦官逐渐老去，而宫廷却需要新的宦官，也导致清廷政策上的转变。康熙二十三年（1684年），允许民间父母情愿及本身情愿者阉割，在一定程度上确保宦官的来源，但宦官失势，缺少以往的诱惑力，自愿阉割的人很少。"乾隆末年，宫内太监时不敷用，因取之各王公大臣家。"④宦官的不足，也导致对民间私自净身的解禁。

乾隆四十四年（1779年），刑部具题私自净身案件仅有七起，乾隆帝详核案情，发现其中三起是"实系贫难度日"，其余四起，"俱系犯有盗窃等事，畏罪情急，起意阉割者"。贫难度日者，"著该部移交内务府，充当太监，令其在外围当差"。畏罪情急者，"照原拟办理"⑤。

按照律例规定，只要是私自净身，就是斩监候，等待皇帝勾决。乾隆帝"因念此等人犯，大抵因贫所致，是以加恩释放，发在热河当差"。有名当差的太监，在热河见到了乾隆帝，经过面加询问，得知该人上报年纪16岁，实际年龄13岁，是"因家中贫苦，父母为之净身"。私自净身当然有罪，所以被"问拟

---

① [明]沈德符：《万历野获编补遗》卷1《禁自宫》，北京：中华书局，1959年，第816页。

② [明]沈德符：《万历野获编》卷6《丐阉》，北京：中华书局，1959年，第178~179页。

③ [清]何刚德：《春明梦录》卷上，上海：上海古籍出版社，1983年，第13页。

④ [清]姚元之：《竹叶亭杂记》卷2，北京：中华书局，1982年，第43页。

⑤ 《清高宗实录》卷1077"乾隆四十四年二月辛巳"条。

斩罪,在县监禁一年",因为在勾决的时候,乾隆帝发现其因为贫难度日,因此将之"发至热河当差"。能够当太监,所以该县胥役向他家索贿,"因穷不能给",再加上朝廷有旨,四十余天后才释放其家人,而将年龄虚报三岁。乾隆帝认为:"知县为亲民之官,虽不至昧良舞弊,贪图微利若此。此必胥役乡约人等,因私自净身,有干例禁,希图讹诈。又缘索诈不遂,为之加增年岁,以入其罪,并将伊父无辜久羁,闻之殊觉恻然。"入选太监,并没有什么油水,"向例太监于投进当差时,止赏给银五两,其每月坐得分例,亦不过二两。若未经投进之先,吏胥已向需索,则是得不偿失,谁复肯将其子弟,充当太监者,近日进宫太监短少之故,必由于此"。乾隆帝令刑部与直隶总督彻查此案,"因思私自净身人犯,律拟斩候者,虽为慎重伤生起见,然一经阉割,便成废人,苟非实在穷苦,孰肯甘心出此"。认为:"从前定例,本未允协。所有私自净身,问拟斩候一条,竟应删除。"①在乾隆帝的干预下,刑部拟定新条例,贫难者免罪,畏罪情急者仅加一等治罪,依然可以由内务府验看,派拨当差。

乾隆末年的定例,使自愿私自净身不再成为罪名,这固然有宫中太监缺少的原因,也有太监地位不似以往那样令人羡慕的原因。"宫内四十八处总管,各管宫殿一处,形容枯槁,衣服褴褛,个个与穷寡妇无异。"②虽然在清末出现李莲英、小德张等气焰颇盛的太监,但太监已经不为时人所羡慕。

明清两代私自净身者数量迥异,不是禁例、禁令宽严的问题,而是宦官是否得势的问题。明代"内官衣蟒腰玉者,禁中殆万人"③。这对社会的影响当然是巨大的,而私自净身者并没有按照律例规定予以处死,总有机会衣蟒腰玉,所以屡禁不止。而清代宦官失去以往的权势,各种来财的渠道也多被封堵,再加上私自净身就是斩监候,在民不告官不究的情况下,也给胥吏勒索提供了方便。私自净身者即便是侥幸被宫廷收用,也是充当下层杂役,收入有限,得不偿失,既不能够缓解家庭贫困,也不能够得到较好的待遇,即便是解禁,愿意净身者也不会多。由此可见,严厉的法律如果不适应社会的政治与经济,最终也得不到严格的执行,更何况还在君主专制政体的条件下。

孟德斯鸠认为:"虽然人类喜爱自由,憎恶残暴,大多数的人民却还是屈

---

① 《清高宗实录》卷1232"乾隆五十年六月辛巳"条。

② [清]何刚德:《春明梦录》卷上,上海:上海古籍出版社,1983年,第13页。

③ [明]谢肇淛:《五杂组》卷12《物部四》,上海:上海书店出版社,2009年,第251页。

从专制政体之下,这是容易了解的。要形成一个宽和的政体,就必须联合各种权力,加以规范与调节,并使他们行动起来,就像是给一种权力添加重量,使它能够和另一种权力相抗衡。这是立法上的一个杰作,很少是偶然产生的,也很少是仅凭谨慎思索所能成就的。专制政体正相反。它仿佛是一目了然的。它的各部分都是一模一样的;因为只要有情欲,就可以建立专制政体,所以是谁都会这样做。"①专制政体缺少与之抗衡的力量,专制君主的所作所为,作为他的臣属,很难束缚君主的手脚。宦官作为专制君主最信任的人,容易窃取权柄,一些宦官得以张狂,而在君主的淫威之下,宦官借助君主得以专权,如"正德间,阉宦武夫,相继盗弄国柄,生杀予夺,颐指气使。当其时,势摧威劫,中外风靡,士大夫依阿涩渿,以保身全妻子,鲜有能立者"②。宦官的这种气势,以及他们的奢侈生活,并且一人得道鸡犬升天,对贫穷百姓来说,当然充满诱惑力,也难怪私阉成为一种社会风气。

面对这种风气,统治者不是不予禁止,所出台的禁例也不能够说不严厉,却是屡禁不止,究其主要原因,在于君主专制政体。专制君主一方面禁止,一方面又大量使用宦官,再加上大宦官的权势,导致司法部门也不敢严格执法,沈德符所见"地方令长,视为故常,曾不禁戢",则可见一斑。

以严刑峻法对待私阉,却给私阉者以改变命运的希望,而事实上,确实有不少私阉者进入宦官队伍,有一些还发达了。由此可见严刑峻法只能够威吓一时,却不能够久远,只要是宦官制度还存在,他们就能够享受比官僚更好的待遇,拥有比官僚更大的权力,这种私阉现象就不能够用严刑峻法去根除。

在君主专制的条件下,宦官制度是不可能根除的,但实施适当的管理,不让他们享受比官僚还好的待遇,拥有比官僚还大的权力,即便是不用严刑峻法,也不会再出现私阉之风。清王朝严格管制官宦,除了不许他们干预政事之外,其待遇也不太高。如初入宫中,不过月例银二两,这种收入与平民百姓佣工相同,其诱惑力当然就小。不许宦官干预政事,也不许宦官经商,染指各种能够发财的事情,宦官除了在皇室用度上揩些油水之外,也没有其他生财之道,即便是这些油水,宦官也不能够独占,所有采买事宜,都由内务府负责,充其量吃些回扣而已,还要低三下四地求内务府官员不要声张,因为一旦被

---

① [法]孟德斯鸠著,张雁深译:《论法的精神(上册)》,北京:商务印书馆,1961年,第63~64页。
② [明]焦竑辑:《国朝献徵录》卷62《嘉议大夫都察院右副都御史九川吕公经墓表》,台北:学生书局,1984年,第2642页。

皇帝得知,根本不经过任何司法程序,当场打死勿论。在这种情况下,即便是清王朝解除私阉之禁,也没有多少人愿意私阉。由此可见,在不能够根除宦官制度的情况下,实施有效管理,也可以遏制不良之风。

从明清私阉律例制定与实施情况来看,严刑峻法,不如有效管理。明代禁例不可谓不严,一人私阉要株连家族,实际上却很难做到,因为他们私阉,口口声声是为了效忠,服务于皇帝,在君主专制政体下,这是绝佳的理由,杀死"忠君"之人,即便是三法司大员们都有顾虑,何况州县官了。在宦官专权的情况下,处置他们的同类,每个官员都会考虑自己的后果,如何期待他们去按法律办事呢?"在专制国家里,法律仅仅是君主的意志而已。即使君主是英明的,官吏们也没法遵从一个他们所不知道的意志,那么官吏当然遵从自己的意志了。"①严格的禁例看上去是君主的意志,而实际上君主还在重用宦官,君主具体是什么心理,官吏们只能够猜度,而现实中的确还是不断收用私阉者,岂能够期待禁例严格实施呢?

法律与法律实施之间所存在的矛盾,一直是君主专制政体难以解决的矛盾。不但立法缺少社会的基础,其实施更不是按照社会发展来实行的。皇帝令下的时候,大张旗鼓,雷声大雨点小,等待皇帝再出台新政策。以万历时候的禁例而言,旨下而严打,不久再收用八千私阉者,若是官吏们按照禁例,将这些私阉全部杀光,这八千人要是收不上来,恐怕罪责更大。这种官场风气,也导致严厉的禁例不可能落到实处。

官僚政治是与专制政体共生的,在官僚政治恶性发展的情况下,官吏贪污受贿、营私舞弊乃是普遍现象。以私阉而言,乾隆时,一个小孩子被家长阉割了,地方胥吏因为私阉有罪,没有将其家长拿赴官府问罪,而是勒索,勒索不成才交付官府治以死罪。因为当时死刑复核要由皇帝核准,乾隆帝赦免私阉者之罪,让其到避暑山庄去服役,胥吏还是勒索,直到四十余天,实在拿不出钱财,才让其入宫,当时这个孩子还不及法律年龄,地方官居然多报三岁,将其纳入法律年龄。若不是乾隆帝有机会见到这个孩子,这种事情也不会被揭露出来,亦可见官僚政治对法律实施的影响。

---

① [法]孟德斯鸠著,张雁深译:《论法的精神(上册)》,北京:商务印书馆,1961年,第66页。

刘陶会讲

——刘宗周、陶奭龄的"证人社"讲会与晚明浙中王学的分化①

张天杰②

（杭州师范大学政治与社会学院）

摘　要： 刘宗周与陶奭龄同为晚明浙中王学的代表人物，二人共举"证人社"，于是开启了晚明最为重要的王学讲会。但在讲会开启之初即因二人的学术差异，特别是对王学、禅学的不同态度而导致了"证人社"以及浙中王学的分化。刘宗周及其弟子形成了蕺山学派，陶奭龄的友人与弟子形成了姚江书院派。

关键词： 刘宗周；陶奭龄；晚明；证人会；浙中王学

刘宗周（蕺山，1578—1645 年）与陶奭龄（石梁，1571—1640 年）都是晚明浙中王学的代表人物。③崇祯四年（1631 年）二人共举"证人社"，从而开启了晚明最为重要的王学讲会——"证人会"。刘宗周等人制订了《证人社约》等一整套具有"慎独""证人"等独特心学思想的讲会制度。然而，二人的讲学主旨却有着较大的差异，不久之后便有了所谓"白马别会"，"证人会"逐渐趋于

① 基金项目：国家社科基金一般项目"尊朱辟王——清初由王返朱思潮研究"（14BZX047）。

② 作者简介：张天杰，浙江桐乡人，杭州师范大学公共管理学院、国学院教授；湖南大学岳麓书院历史学博士，复旦大学哲学学院博士后。主要从事宋明理学、明清思想文化、浙学研究。

③ 学界一般将刘宗周归入王学阵营，然其本人与王阳明及其后学没有直接的师承关系，他自己曾说："仆平生服膺许师者也。于周师之言，望门而不敢入焉。"见［明］刘宗周：《与履思十》，《刘宗周全集》第三册，杭州：浙江古籍出版社，2007 年，第 320 页。刘宗周的直接师承为"湛若水—唐枢—许孚远"，但他在浙中讲学必然深受周汝登等浙江王门后学的影响，从其学术特点而言将其归入王学或王学修正派，也基本合乎事实。

分化。最后刘宗周及其弟子形成了蕺山学派;陶奭龄及其友人、弟子形成了姚江书院派。

关于从"证人会"到"白马别会"的学术分歧,这一学术史上的重要事件,学界已有较多的讨论,[1]但是对刘宗周与陶奭龄二人共同组织的王学讲会,也即"证人会"本身的缘起与讲会制度,讲会之中刘、陶二人的学术分歧等问题,却少有较为全面的探讨。[2]事实上,对于"证人会"这个晚明影响深远的讲会,其讲会制度、活动始末,以及刘、陶二人会讲的过程之中的学术异同,蕺山学派、姚江书院派二者之关系,这些相关问题的阐明对于认识晚明浙中王学的发展演变,乃至认识明清之际学术思想史,都有着重要的意义。

一、证人会之始末

晚明越中证人社讲会的创立,当是学术史上的重大事件。崇祯四年(1631年),刘宗周与陶奭龄共举"证人社"于陶文简公(即陶望龄,石篑,1562—1609年)祠,"证人社"的讲会即"证人会"。据刘宗周之子刘汋说:

> 海内自邹南皋、冯少墟、高景逸三先生卒后,士大夫争以讲学为讳。此道不绝如线,惟先生岿然灵光,久而弥信。家居之暇,门人谋所以寿斯道者。先生于三月三日率同志大会于石篑先生祠,缙绅学士可二百余人,同主事者为石梁先生。石梁,石篑先生之介弟也。初登讲席,先生首谓学者曰:"此学不讲久矣。文成指出良知二字,直为后人拔去自暴自弃病根。今日开口第一义,须信我辈人人是个人,人便是圣人之人,圣人人人可做。于此信得及,方是良知眼孔。"因以"证人"名其社。[3]

① 对此研究较为全面的有孙中曾先生的《证人会、白马别会及刘宗周思想之发展》,载钟彩钧主编《刘蕺山学术思想论集》,台湾中研院中国文哲研究所筹备处,1998年,第457～522页。
② 关于证人社,较为全面的研究成果为吴震先生的《"证人社"与明季江南士绅的思想动向》以"证人社"为视角考察了江南士绅的心学式玄谈与改过的实践,对"证人社"重新作了评价,载《中华文史论丛》2008年第1期,第123～200页。关于蕺山学派的刘宗周、黄宗羲、董玚与姚江书院派的关系有所论及的主要有钱茂伟先生的《姚江书院派研究》,北京:中国社会科学出版社、文化艺术出版社,2005年,第24～35、80～94页。
③〔明〕刘汋:《蕺山刘子年谱·54岁条》,载《刘宗周全集》第六册,杭州:浙江古籍出版社,2007年第101页。

邹元标（南皋，1551—1624年）、冯从吾（少虚，1557—1627年）讲学于首善书院，高攀龙（景逸，1562—1626年）讲学于东林书院。天启五年（1625年）七月诏毁首善书院；八月诏毁天下东林讲学书院。此后，刘宗周愤而起讲学于越中，但是迫于恶劣的政治环境，他的前期讲学没过多久也只能从公开转为私下了。此次刘宗周再度公开讲学，则是希望接续首善、东林书院，接续斯道。然而在越中倡举，则又当重视阳明学的馀绪，所以刘宗周开讲即阐明王阳明的"良知"之学与"证人"之旨的关系，同时也追溯讲学的渊源。关于"证人会"的真正缘起他曾说：

> 吾乡自阳明先生倡道龙山时，则有钱、王诸君子并起为之羽翼，嗣此流风不绝者百年。至海门、石篑两先生，复沿其绪论，为学者师。迨二先生殁，主盟无人，此道不绝如线，而陶先生有弟石梁子，于时称"二难"，士心属望之久矣。顷者，辞济阳之檄，息机林下，余偶过之，谋所以寿斯道者，石梁子不鄙余，而欣然许诺，因进余于先生之祠，商订旧闻，二三子从焉，于是有上巳之会。①

> 凡以存天理之几希，抑亦拯民生于陷溺。世愈降而人愈危，千秋胜事，有鹅湖倡和之英；说愈殷而旨愈晦，一点良知，多王氏廓清之力。生于其后，能无景行之思？出于其乡，宁免过门之憾？禹穴之灵光未泯，兰亭之禊事可寻。相彼鸟兮，求友何为？觌伊人兮，所学何事？如旅未归，深迷既往之途；似筑有基，先立只今之志。②

这两段文字简要回顾了越中讲学的历史，自从王阳明讲学之后，有钱德洪（绪山，1496—1574年）、王畿（龙溪，1498—1583年）、周汝登（海门，1547—1629年）、陶望龄相继而起。刘宗周想要救正王学之偏颇，却主动邀请陶奭龄一同主事"证人会"，原因有二：一是因为越中是王学的重地，所谓"生于其后""出于其乡"，讲学也就不得不顺着"良知之学"加以开展；二是因为陶奭龄传承阳明之学，与其兄陶望龄并称"二难"，在当时士人心目中颇有声望。而且，当时越中也公推陶、刘二人为学者之首。沈国模（求如，1575—1655年）求见周汝登的时候，周汝登就说："吾老矣！郡城陶石梁、刘念台，今之学者也，其

---

① ［明］刘宗周：《会约书后》，《刘宗周全集》第二册，杭州：浙江古籍出版社，2007年，第497~498页。
② ［明］刘宗周：《证人会约》，《刘宗周全集》第二册，杭州：浙江古籍出版社，2007年，第484页。

相与发明之。"①当然，越中人文，除了阳明学脉，还有"禹穴之灵光""兰亭之禊事"；讲会盛事，也可向鹅湖之会看齐。

由上可知，"证人会"为刘宗周所首倡，而陶奭龄应和，期希远法鹅湖之会，近承首善、东林以及越中的阳明讲学之风，通过讲学与会友，而有志于斯民斯道。

然而这毕竟是两人共同主持的讲会，"证人会"讲会进行到第三个月，刘、陶的学术分歧便开始越来越严重了。崇祯四年（1631年）六月，陶奭龄就提议"别会"。对此刘宗周有书信答复：

> 前承示，欲避城嚣，而另寻闲寂之地，以求同志。此于坐下甚有益，第恐朋友无相从者，不令此会便成虚名乎？吾辈论坐下工夫，即晤言一室，亦足了当，而必切切于求友，非徒借友以自鞭，亦与人同归于善耳。弟愚见姑再举数会，俟朋友中有兴起者，或可延数十年命脉。此时而随意去留，则无处非行教之地矣。②

从此信来看，陶奭龄提出"别会"，一是因为在郡城过于喧嚣，一是因为同志之友较少。三月三日初次讲会，到会有二百多人，大多是郡城的诸生，而非志于圣学的儒者。刘宗周认为关键在于讲求"坐下工夫""与人同归于善"，不必在意喧嚣，也不必在意友人，建议再举数会以待有继而兴起者。不过刘宗周的劝解并未成功。崇祯五年（1632年）二月，陶奭龄带着他的学生，另立讲会于"白马岩居"即"白马山房"，这就是"白马别会"；刘宗周则继续在绍兴城内讲学，地点则改在阳明祠、冷然阁与古小学等地，其中"古小学"是最重要的地点，也即后来的越中证人书院③。"白马别会"也可以看作"证人会"分支，二处的讲学并无大的冲突。刘宗周则表现得更为主动，不时过往于白马岩居参与讲会，虽然刘宗周与陶门师弟子之间关于学术宗旨等问题往来论辩不断。

---

① 董玚：《沈聘君传》，《姚江书院志略》卷下，载赵所生、薛正兴主编《中国历代书院志》第九辑，影印清乾隆刻本，南京：江苏教育出版社，1995年版，第297页。
② ［明］刘宗周：《与陶石梁》，《刘宗周全集》第三册，杭州：浙江古籍出版社，2007年第419页。
③ 古小学，始建于嘉靖九年（1530年），祭祀宋儒尹焞（1061—1132年）。刘宗周于天启四年（1624年）谋划重修，因学禁而工半；崇祯五年（1632年）五月享堂落成，之后"证人社"就在此讲学。崇祯十三年（1640年）正月全部重修告成，前祠尹子，后额"证人书院"。董玚：《越中学脉记》，《是学堂寓稿》，天一阁清抄本；参见钱茂伟《姚江书院派研究》，北京：中国社会科学出版社、文化艺术出版社，2005年，第34～35页。

崇祯八年(1635年),刘宗周北上,陶奭龄前往送之,并说:"愿先生安其身而后动,易其心而后语,俾天下实受其福。"①第二年,刘宗周还曾上公揭,推举"当世第一流人物"陶奭龄为官。②可见刘、陶之间,一直保持着良好的交游关系。对于刘、陶之间的分歧,刘宗周一直认为纠正阳明学之弊病,必须在讲学之中慢慢进行,所以不能将分歧看得太重。当然,他对于陶奭龄的讲学也有不满之处。刘汋记述:

> 先生自解司空职归,遇会讲,多逊谢不赴,盖白马诸友以所见自
> 封,不受先生裁成,而流俗之士又旅进旅退,无洁己请事者,遂听诸
> 生自相会聚矣。③

崇祯九年(1636年)刘宗周自京回乡之后,就不怎么参与讲会了,原因就是"白马诸友"即陶门师弟子笃信王学并偏向禅学,刘宗周与之有所论辩,没有什么效果。于是,忠实于刘宗周的那些弟子要求将刘门与陶门分别得更加清楚一些。崇祯十一年(1638年)十二月,刘门弟子就正式提出"及门",即重新拜师另立门户。

崇祯十二年(1639年)九月,陶奭龄的友人与弟子沈国模、管宗圣(霞标,1578—1641年)、史孝咸(子虚,1582—1659年)、史孝复(子复,?—1644年)"四先生"创"义学"于余姚半霖:"以义学为始基,如古小学意","使姚江一灯,炳然千古"④,"义学"的创立,虽然也说明了与刘宗周的"证人会",也即"古小学"讲会的关系,但也标明其宗旨为传承王阳明的姚江之学,而不是刘宗周的慎独之教。"义学"创立之时,刘宗周、陶奭龄等人也有参与;"义学"后来更名"姚江书院",也是史孝咸征求了刘宗周的意见。⑤无论"白马岩居"之时,或是"义学"之时,刘宗周其实与陶奭龄及其友人、弟子之间始终保持着亦师亦友的关系,虽然沈国模等人在学术上较为偏向于陶奭龄,也与陶奭龄关系更为密切一些。"姚江书院"的讲学,尊奉王阳明、周汝登、陶奭龄一系的浙中王学传统而无所创新,但也形成了明清之际浙东重要的心学学派——姚江书院派。⑥

---

① [清]邵廷采:《明儒刘子蕺山先生传》,《思复堂文集》卷一,杭州:浙江古籍出版社,2010年,第24页。

② 刘宗周:《荐陶奭龄公揭》,《刘宗周全集》第三册,杭州:浙江古籍出版社,2007年,第295页。

③ 刘汋:《蕺山刘子年谱·61岁条》,载《刘宗周全集》第六册,杭州:浙江古籍出版社,2007年,第125页。

④ 董玚《沈聘君传》,载赵所生,薛正兴主编《中国历代书院志》第九辑,南京:江苏教育出版社,1995年第298页。

⑤ 同上。

⑥ 参见钱茂伟:《姚江书院派研究》,北京:中国社会科学出版社、文化艺术出版社,2005年,第43~45、57~60页。

崇祯十三年(1640年)正月,陶奭龄卒,刘宗周带领弟子前去吊唁,并作有祭文。其中说:

> 先生尤以贞素之风,一洗自来空谈之弊。故服习既久,人人归其陶铸。社学岩居,递传胜事。……昔人递启宗门,先生益排玄钥。直令学者求诸一尘不驻之地,何物可容其纠缚?横说竖说,不出"良知"遗铎,凡以还人觉性而止,亦何谬于前洙、泗,后濂、洛?呜呼!已矣。抚流光于十载,聆晤言以非迈。婉玉色金声,亦风光而月洒。①

刘宗周说陶奭龄"风光而月洒",无愧一代斯文。对于陶奭龄的讲学,也较为肯定,不过也指出"直令学者求诸一尘不驻之地",暗示其讲学具有禅学意味。同时又指出陶奭龄讲学"不出良知遗铎""还人觉性而止",这一主旨"何谬于前洙、泗,后濂、洛",肯定陶奭龄之学合于孔子、孟子或周敦颐、二程等儒家先贤,尚在儒学的范围之内。刘宗周在之后为陶奭龄文集所作序中则说:"或疑先生学近禅,先生固不讳禅也,先生之于禅,正如渊明之于酒,托兴在此而取喻在彼,凡以自得其所为止者耳。"②可见其在儒释之辨上保持着宽容的态度。

刘宗周除了很少的几次外出为官,一直都在主持着"古小学"郏边"证人会"讲学活动,直到顺治二年(1645年)清军入浙,刘宗周殉节。崇祯十三年(1640年)庚辰闰正月三日,刘宗周又作有《会讲申言》,其中说:

> 春正月之会,聆诸友日新之说,不觉戚戚。……昔海门先生开讲郡中,其后有一二败类者,或言清而行浊,或口是而心非,致为陶文简公厉声举发,其人遂自窜去,而学会亦从此告罢,至今以为口实,令人不敢举"道学"二字。前车之覆,亦可戒也。不肖敢终勖诸君子以久要之谊,姑从今日始,各各取新者机。先正有言,此日闲过一可惜。念及此,宁不凛凛。③

此处回顾周汝登、陶望龄当年的越中讲学,因为有几个士人中的败类的干扰,学会便也告罢了,使得后来的学者不敢标举"道学"二字,然而刘宗周却是以毕生的力量在坚持着,以"慎独"倡"证人",再加之黄宗羲等后学的努力,从而使得他自己开创的蕺山学派在明清之际"如日中天"④。

---

① [明]刘宗周:《祭陶石梁先生文》,《刘宗周全集》第四册,杭州:浙江古籍出版社,2007年,第320页。
② [明]刘宗周:《陶石梁今是堂文集序》,《刘宗周全集》第四册,杭州:浙江古籍出版社,2007年,第61页。
③ [明]刘宗周:《会讲申言》,《刘宗周全集》第二册,杭州:浙江古籍出版社,2007年,第499~500页。
④ 陈之问为黄宗羲所撰写的寿文,见黄宗羲:《陈令升先生传》引述,《黄宗羲全集》第10册《传状类》,第600页。

二、讲会制度

在"证人会"的第一次讲会之后,刘宗周"稍述所闻,作《证人社约》",《证人社约》,可以说是包括了一套较为完备的讲会制度,且有刘宗周后来所撰的《人谱》的某些思想特征。

具体而言,此《社约》则包括了《学檄》《会仪》《约言》《约诫》四个部分。《学檄》可以视作激励士人立志"道学"的倡议书,其中说:

> 须知此理人人具足,而不加印证,终虞宝藏尘埋,益信此心人人有知,而不事扩充,难免电光沦没。乃世之狙于习者,每以道学二字,避流俗之诮;而人之讳言讲者,转以躬行一涂,开暴弃之门。蔽也久矣,念之悚然。老大无成,望崦嵫而策驾,后生可畏,激霄汉以扬辉。聊借典型之地,推私淑之人;缅怀狂简之才,寄斯文之重。使文成坠绪,继孔、孟以常新;若濂、洛渊源,自何、王而远溯。①

"此理人人具足"与"此心人人有知",需要印证与扩充,故而不必讳言道学之讲会,不可以"躬行"搪塞,为人为学,必须要奋力向上,由王阳明(文成)而濂、洛而孔、孟。

《会仪》又包括:会期、会礼、会讲、会费、会录、会戒、会友七项。"会期"说:

> 取每月之三日,辰而集,午而散。是会也,专以讲学明道,故袗绅骈集,不矜势分,虽诸色人不禁焉。然真心好学者固多,而浮游往来者亦不乏人。特置姓氏一籍,其愿入会而卜久要者,随时登载。至日,司会呼庚引坐,毋得混乱。其后至不入籍者,另设虚席待之。遇远方贤者至,则特举一会,以展求教之诚。望后,听诸生自举会课一次。②

"证人会"每月举行一次讲会,安排在初三日,如有远方学者来访则举行一次特别讲会。讲会过了大概半个月,"望后"即十五日之后听讲的弟子还要自行组织一次会课,以便温故知新。"会讲"说:

> 诸友就坐,司会者进书案。特于诸缙绅下设虚位二席,以待讲

---

① [明]刘宗周:《证人会约》,《刘宗周全集》第二册,杭州:浙江古籍出版社,2007年,第483~484页。
② [明]刘宗周:《证人会约》,《刘宗周全集》第二册,杭州:浙江古籍出版社,2007年,第484~486页。

友及载笔者。另设一案于堂中,以待质疑者。司赞传云板三声,命童子歌诗。歌毕复传云板三声,请开讲。在坐者静听,其有疑义欲更端者,俱俟讲毕,出位,共而立,互相印证。不得哗然并举,亦不得接耳私谈。犯者,司约传云板一声纠之。讲毕,命童子复歌诗,乃起。

从此规定来看,证人书院会讲之时秩序井然。《会录》说:

每会推掌记者记会中语言问答。但取其足以发明斯道,毋及浮蔓可也。录成,呈之主会者,以订可否,乃登。

每会推选掌记做《会录》,但只记录问答精华,不能完全反映讲会之中的热闹场面,也不能展现掌记者本人的看法。《会戒》说:

凡与兹会,毋谑言,毋戏笑,毋交足,毋接耳,毋及朝事迁除,毋及里中鄙衷。犯者,司约纠之。

可见"证人会"是比较严谨的讲会,有着严格的纪律。此外,对于诸生还有《约言》十条:

其一　戒讥侮儒先,诋诃名教,不讲学,不读书,及读非圣之书。

其二　戒私财私囊,出入交际,制中宴乐,酷好风水,年久停丧。

其三　戒利己妨人,驾势殴人辱人,动致人于官。

其四　戒会中投递书揭,及借名道学,生事地方,把持官府,雌黄人物。

其五　戒呼卢酗酒,饮以长夜,蓄顽童、挟优妓、樗蒲为生,求田问舍,终讼。

其六　戒侧听、淫视、疾言、遽色、跛立、箕坐之类。衣不紫,履燕朱,冠不采。闺闱无惰容,丧不用浮屠,祭无淫外神。勤行祈禳。

其七　戒结交衙门官吏,说事过钱,及以碑轴献谀当涂者。

其八　戒嫁娶相竞,宴会相高,宫室、舆马、服饰逾制。

其九　戒多言,及言市井闺闱事。

其十　戒腹诽背憎,乐道人短,匿怨结交。①

①［明］刘宗周:《证人会约》,《刘宗周全集》第二册,杭州:浙江古籍出版社,2007年,第486~492页。

这十条,每条之下都有详细说明。比如第一条下文说:

> 学者第一义在先开见地,合下见得在我者,是堂堂地做个人,不与禽兽伍,何等至尊至贵!盖天之所以与我者如此,而非以圣凡歧也。圣人亦人尔,学以完其所为人,即圣人矣。偶自亏欠,故成凡夫,以我偶自亏欠之人,而遂谓生而非圣人,可乎?且以一人非圣人,而遂谓举天下皆非圣人之人,又可乎……人病不为耳。才让圣人不为,亦更无第二等人可为,出圣入狂,非人即兽,问不容发。明眼者,当自得之耳。①

各条"约言"的思想主旨都是围绕着"证人"二字,强调"圣人"也是人,故人人可为圣人,甚至"非人即兽",亦可谓严苛。

《约诫》十二条:戒不孝、戒不友、戒苟取、戒干进、戒闺帷、戒贪色、戒妄言、戒任气、戒过饮、戒奢侈、戒游荡、戒惰容,其下也都有详细的说明。比如第一条《戒不孝》下面就说:

> 一、语言触忤,行事自专者,上罚。

> 一、甘旨不供,阴厚妻、子者,上罚。

> 一、异姓承祧,出继外姓,越次夺继者,上罚。

> 一、制中嫁娶、宴乐、纳妾者,上罚。

> 一、亏体辱亲,匿丧赴试者,出会。

> 一、亲死改名,忘先志,违祖训,毁遗书、宗器者,上罚。

> 一、亲过不谏,侍疾不谨,祭祀不敬,忌日不哀,停丧不葬,继述无闻者,上罚。②

此条则与一般的乡约、族规相近,从家族制度来考量士人之言行。刘宗周在天启年间写过《学戒四箴》,指出"人生大戒,酒色财气四者"③故而在《约诫》十二条之中,有多条与这"四戒"密切相关,选摘如下:

一、戒苟取

一、依势欺陵,设机诳骗者,出会。

一、结交官吏,说事过钱者,出会。

---

① [明]刘宗周:《证人会约》,《刘宗周全集》第二册,杭州:浙江古籍出版社,2007年,第486~487页。
② [明]刘宗周:《证人会约》,《刘宗周全集》第二册,杭州:浙江古籍出版社,2007年,第493页。
③ [明]刘宗周:《学戒四箴》,《刘宗周全集》第四册,杭州:浙江古籍出版社,2007年,第344页。

一、把持官吏，武断乡曲，拿讹诈钱者，出会。

一、设机局骗，逐戏赌钱者，出会。

一、贪婪，悭吝，交易不明者，中罚。

一、为证作保，好讼，终讼，唆讼，和事取钱者，上罚。

一、戒干进

一、赇求权势，钻刺衙门者，上罚。

一、怀挟买题，倩人代笔者，上罚。

一、要结当途，树碑刻石者，上罚。

一、借名讲学，奔走势位者，上罚。

一、易姓冒名顶替，徼幸者，出会。

一、戒贪色

一、少年娶妾，及有子娶妾者，中罚。

一、多畜婢妾，屡进屡出者，中罚。（此等过端，罚亦难加。今第存此戒条。倘事在可已，蚤图而预改之斯得矣。若长恶不悛者，径听出会。）

一、溺比顽童，携挟娼优者，上罚。

一、淫污外色，有干名义者，出会。

一、戒任气

一、强项自满，刚愎拒谏者，中罚。

一、陵虐寡弱，动辄殴骂者，中罚。

一、戒过饮

一、呼卢酗酒，长夜不止者，中罚。

一、攘拳攘臂，脱巾岸帻者，上罚。

一、使酒骂座，执成嫌隙者，上罚。

一、盛肴奇品，梨园宴客者，出会。①

刘宗周后来还一再讨论"日新之说"：

> 于今而日斯迈，而月斯征，吾辈何日之新乎？昔贤有言，脱去旧习，重新做起，因思旧习困人，如油入面，如水和泥，动自出头不得，

苟非痛自惩艾,用一番抵死对治之力,亦安望有取新之机？……他不具论,即以古人所称三不惑,曰酒、色、财,吾辈果自视旧时行履何如？①

讲会以求讲明"道学",也就是在追求"脱去旧习,重新做起",然而"旧习困人","如油入面,如水和泥",实在是难以"出头",故必须"用一番抵死对治之力",方才能有"取新之机",至于"日新"的根本,则是要从"酒、色、财"的"三不惑"开始做起。如果将《证人会约》之中的这些细目,与刘宗周后来才完成《人谱》作比较,就会发现其思想主旨的一贯,也就是说,他一直都在倡导以"慎独"来实现"证人"。

《证人会约》对于刘宗周的弟子影响很大,都将之作为修身的重要指引,比如张履祥从蕺山回来,就以《人谱》《证人社约》等书出示于门人,将此二书共同看作刘宗周的重要学术著作。②顺治八年冬,陈确与张履祥等同志之友聚于海盐的南湖之宝纶阁。③陈确作有《南湖宝纶阁社约》,其中说：

吾闻君子不党,……日月如驰,转眼之间,即成衰老,念之使人惊怖。圣人亦人,如其非人,则是禽兽。先师《证人社约》具在,非予小子所能损益也。愿我同人时时省察,本之以无欺,进之以深造。相会晤甚难,幸勿虚此一番聚首。④

在陈、张等刘门弟子看来,就讲会的制度而言则因为有了先师的《证人社约》,也就没有必要作进一步更为详细的"社约",而他们再举讲会则还是以"证人"为宗旨,"同人时时省察",改过而证人。

三、十一次讲会概述

为了说明"证人会"的具体进行情形,故先将刘宗周与陶奭龄共同主持的十一次讲会,做一个简要的概述。

第一会,崇祯辛未上巳,也即崇祯四年（1631年）三月三日,地点是在石篑

---

① [明]刘宗周：《会讲申言》,《刘宗周全集》第二册,杭州:浙江古籍出版社,2007年,第499页。
② 苏惇元：《张杨园先生年谱》,《杨园先生全集》附录,第1496页。
③ 海盐的南北湖,分为南湖与北湖,南北湖古名永安湖,亦名澈湖、高士湖等。
④ [清]陈确：《南湖宝纶阁社约》,《陈确集》卷十七,北京:中华书局,1979年,第398～399页。

先生书院,也即陶望龄的祠堂,到会的缙绅学士有二百余人,"盖希声久旷,骤闻有是举,不觉喁喁响应,有不约而同者"。刘宗周、陶奭龄都到场,并回答诸生质问。司会者为章明德(晋侯),朗诵《大学》首章,然后问"致知在格物"之义,问两"物"字异同;另有问格物工夫、为善去恶之义、良知之呈露等。此会录的记录者为刘宗周。①

第二会,崇祯四年(1631年)四月初三日,刘宗周、陶奭龄都到场。司会者不详,约为章明德。祁凤佳(德公)举"素位"章,问自得之义是从主敬得来,还是心体自然?刘宗周讲"自得全然是个敬体",而陶奭龄则讲"素位前一段功夫",二人讲学之异,详见下文。另有论"里中张、章二贞女从一之义"与"有救兄之溺者",读书人反生踌躇顾虑。此会录的记录者为章明德,另附《陶石梁先生语录》,进一步申言"救兄之溺"一事之中的节义。②

第三会,崇祯四年(1631年)五月三日,仅刘宗周到场。司会者不详,约为祁骏佳。先举"学而时习之"章讲毕,再有李明初举"求放心"章,祁世培(彪佳)问生死关头,缪真我等论下学下手工夫。此会录的记录者为祁骏佳,附缪真我《讲意》与张芝亭《语录》,可见每次讲会,诸生各自都有记录。陶奭龄因为"臂痛不及赴,子侄从会,返述所闻,请益",故撰有《时习章讲意》,阐发"学只是觉"与"时习"即"时时不昧,即时时是习"等义理。③

第四会,时间不详,仅刘宗周到场。司会者不详,约为缪真我。缪真我论说"学而时习之"所"之"何事,沈中一举"孝弟为仁"章为"之"注脚;诸生论舜与王祥之孝务本、务末的异同,赵泰逢问"向学之心不能不以事夺",章权音问"胸中尘染如何淘洗",何仲渊问"学莫先于改过"。此会录的记录者为刘宗周,另附邢淇瞻的记录,论"务本之真精神"。④

第五会,时间不详,仅刘宗周到场。司会者为傅环如,讲《中庸》首章("天命之谓性"章),刘宗周申言"寻个独处",众论慎独工夫之担当,在喜怒哀乐上认取、在坐下检点等。记录者为刘宗周,另附周懋宗的记录。刘宗周又撰有《中庸首章说》,并附《陶先生与刘先生书》,即为读刘氏《中庸首章义》之答复,

① [明]刘宗周:《证人社语录》,《刘宗周全集》第二册,杭州:浙江古籍出版社,2007年,第550~552页。

② [明]刘宗周:《证人社语录》,《刘宗周全集》第二册,杭州:浙江古籍出版社,2007年,第552~554页。

③ [明]刘宗周:《证人社语录》,《刘宗周全集》第二册,杭州:浙江古籍出版社,2007年,第555~560页。

④ [明]刘宗周:《证人社语录》,《刘宗周全集》第二册,杭州:浙江古籍出版社,2007年,第560~563页。

指出"独者把柄在我,此处最易为力"等。①

第六会,崇祯四年(1631年)八月三日,仅刘宗周到场。司会者不详,约为叶开先。叶开先问君子小人之异、问下手工夫;讲《吾十有五章》,再问十五志学、问知行之旨。记录者为周尚夫。②

第七会,大雨,赴者不半,仅刘宗周到场。司会者不详,约为杨贞一。杨贞一问"志学"章、问"子张学干禄"章;刘宗周叩问平日用功处;何仲渊问未发之中是觉体否、问三省之旨;另有问学果不废闻见否等。记录者为王资治。③

第八会,刘宗周、陶奭龄都到场。司会者不详,孙闻思请证"克己"章,刘、陶分别作答。记录者为王光瀛。④

第九会,崇祯四年(1631年)十一月初三日,刘宗周、陶奭龄都到场。司会者不详,王予安讲《季路问事鬼神》章,并问生死一事,刘、陶分别作答。刘宗周又问良知从何处致,另有问知行等。记录者为邵邦宁,并附祁凤佳的《附记》、刘宗周的《附说》与《与章晋侯问答》、陶奭龄的《知生说》。⑤

第十会,刘宗周、陶奭龄都到场,司会者为祁熊佳(文载)。此会起因为北京宛平人韩位(参夫),"闻此会,不远千里,携一子负笈而来"。史子虚问居敬穷理者是一是二,韩位与刘、陶作答。祁熊佳举"古之学者为己"章请问,又问"私意未免随扫随起奈何",刘、陶等作答。记录者为章明德。⑥

第十一会,此次讲会参与者的情形不详,陶奭龄应当未曾参加。会语也即《与李生明初问答》,刘宗周记,见于《刘子全书》之《问答》。讨论的内容主要有"生善无不善、性之发而有情、才者性之能也、凡人有所欲斯有所好等。此次讲会之后,还有李明初与刘宗周的书信问答十一则,此即《刘先生答李明初书》,又名《答李生明初》,见于《刘子全书》之《书》。⑦

总的来看,这十一次讲会活动的地点应当都在陶望龄祠堂,刘宗周每次都到场且常有亲笔的记录,陶望龄则仅半数到场,故"证人会"的讲会活动以刘宗周为主,陶奭龄为辅。讲会大多先有士人讲《四书》中的章节,或是举其

---

①［明］刘宗周:《证人社语录》,《刘宗周全集》第二册,杭州:浙江古籍出版社,2007年,第564～567页。

②［明］刘宗周:《证人社语录》,《刘宗周全集》第二册,杭州:浙江古籍出版社,2007年,第568～569页。

③［明］刘宗周:《证人社语录》,《刘宗周全集》第二册,杭州:浙江古籍出版社,2007年,第570～574页。

④［明］刘宗周:《证人社语录》,《刘宗周全集》第二册,杭州:浙江古籍出版社,2007年,第574～575页。

⑤［明］刘宗周:《证人社语录》,《刘宗周全集》第二册,杭州:浙江古籍出版社,2007年,第575～581页。

⑥［明］刘宗周:《证人社语录》,《刘宗周全集》第二册,杭州:浙江古籍出版社,2007年,第581～583页。

⑦［明］刘宗周:《证人社语录》,《刘宗周全集》第二册,杭州:浙江古籍出版社,2007年,第550～584页。

中的某章质问,然后刘、陶二人为主回答。而且讨论过程汇总经常有士人提及王阳明《传习录》之中的话,可见其阳明学的色彩颇为浓重。

四、讲会中刘、陶之辨

在讲会进行的过程中,陶、刘二人以及他们的弟子之间时有诘难。刘、陶二人虽然都认同"证人"之旨,但在如何"证人"这一问题上,却又很大的差异,甚至常有针锋相对。在他们二人的会讲之中,学术宗旨的冲突就表现得较为明显了,比较他们的学术异同,可以看出晚明浙中王学如何分化。他们的学术虽然同为儒学,而且与阳明学都有着密切的关联,但是刘宗周中年开始便以朱学的某些因素来救治王学流弊;①陶奭龄则在传承越中王学原旨的基础上又融入了较多禅学的因素。

证人社"第一会",刘、陶就已经暴露出思想上的分歧。刘宗周说:"此学不讲久矣。文成指出'良知'二字,直为后人拔去自暴自弃病根。今日开口第一义,须信我辈人人是个人,人便是圣人之人,圣人人人可做。于此信得及,方是良知眼孔。"②此会之后,陶奭龄却"首发圣人、非人之论"③,刘认为"圣人人人可做";陶则说"人不圣,即不可为人"④,二人对于圣人、人、非人的辨析有异有同。刘宗周将讲社命名为"证人社",又撰写了《证人社约》,刘、陶二人虽然都认同"证人"之旨,但是在如何"证人"这一问题上,却又很大的差异:"一则曰'坐下',一则曰'自家'"⑤,刘宗周修正王学而"专揭慎独之旨";陶奭龄则坚持王学原旨而"专揭良知为指归"。"坐下"与"自家"之争,也就是如何做到圣人的证人工夫论的分歧,就是导致后来"别会"的主要原因。⑥

---

① 关于刘宗周与朱子学的关系,参见张天杰:《蕺山学派与明清学术转型》,北京:中国社会科学出版社,2014年,第113~122页。值得注意的还有,入清之后刘宗周之子刘汋(1613—1664年)以及恽日初(1601—1678年)、张履祥(1611—1674年)、吴蕃昌(1622—1656年)等大多刘门弟子都转向了朱子学,相关讨论参见王汎森:《清初思想趋向与〈刘子节要〉——兼论清初蕺山学派的分裂》,载《晚明清初思想十论》,上海:复旦大学出版社,2004年,第249~289页。

② [明]刘宗周:《会录》,《刘宗周全集》第二册,杭州:浙江古籍出版社,2007年,第501页。

③ [明]刘宗周:《会约书后》,《刘宗周全集》第二册,杭州:浙江古籍出版社,2007年,第498页。

④ 史孝咸:《社学疏跋》,《姚江书院志略》卷下,载赵所生、薛正兴主编《中国历代书院志》第九辑,影印清乾隆刻本,南京:江苏教育出版社,2007年第270页。

⑤ [明]刘宗周:《证人社语录》,《刘宗周全集》第二册,杭州:浙江古籍出版社,2007年,第552页。

⑥ 此会刘、陶二人本体与工夫之辨,沈佳《明儒言行录》就有注意。沈佳:《明儒言行录》,台北:台湾商务印书馆,1969年,第989页。

"第二会"之时,祁彪佳(世培,1602—1645年)举《中庸》"素位"一章并提问:"功夫在素位处,还在不陵不援处?"刘、陶二人在讨论中说:

> 先生曰:"不求之居,而求之行,其心都已走向外去。若所居果易,则行自必不险矣,何不自得?"……诸友复纷纷辨素位之说,或以淡素太素言,或以通天地万物为素位言。陶先生曰:"此等总是意见,一起意便是行险。"又曰:"吾侪且莫说素位,只说素位前一段功夫。"先生曰:"吾侪实践功夫,只当就坐下求之。立如斋,立时是学;坐如尸,坐时是学。舍现在之位,另寻一种先此功夫,恐无是处。"陶先生曰:"富贵贫贱,夷狄患难,所以位吾身者伙矣,若必逐位措办,便不胜零星凑泊之病,即此便是愿外,何言素位?吾心中定先有个权衡在,而后任他何为,当前举不足以动其心,故曰:'无入而不自得之。'"。①

《中庸·第十四章》主要是讨论君子如何自处的问题。陶奭龄强调"且莫说素位,只说素位前一段功夫",他重视的是在日用间自处之前,"心中定先有个权衡在",也即自家的"良知"。刘宗周的看法与陶奭龄完全不同,他认为应按《中庸》本身所讲,重视日用间如何自处的实践,"只当就坐下求之",从现在所处的位置做起,也就是"立如斋""坐如尸"等等,离开了人伦日用而去另求"先此功夫"则迷失了儒家的根本。陶奭龄认为刘宗周这样解说就有"不胜零星凑泊之病",一再强调心中要有个"权衡";刘宗周依旧不认同,之后还说"心之权衡在审括处",也就是对自我的审视、约束。这里二人的分歧其实还是"坐下"与"自家"的问题。与此相关还有"本体"与"工夫"关系问题,刘、陶二人也意见相左:

> 陶先生曰:"学者须识认本体,识得本体,则工夫在其中。若不识本体,说甚工夫?"先生曰:"不识本体,果如何下工夫?但既识本体,即须认定本体用工夫。工夫愈精密,则本体愈昭荧。今谓既识后遂一无事事,可以纵横自如,六通无碍,势必至猖狂纵恣,流为无忌惮之归而后已。"②

---

① [明]刘宗周:《证人社语录》,《刘宗周全集》第二册,杭州:浙江古籍出版社,2007年,第552~553页。
② [明]刘宗周:《会录》,《刘宗周全集》第二册,杭州:浙江古籍出版社,2007年,第507页。

关于本体与工夫，陶奭龄重视的是难以捉摸的本体，认为本体察识之后工夫也就水到渠成，自然而然不消用力。刘宗周虽然也认为有必要去察识本体，但更加重视工夫，为学主要是在工夫上用力，工夫做到几层对于本体的体悟就能做到几层，不可在无法捉摸的本体上花费太多的力气；对于陶奭龄"识得本体，则工夫在其中"一语几乎是完全反对的，因为容易导致"猖狂纵恣""无忌惮"等弊病，这是刘宗周最为担心的，所以每每讲学都特别提醒一番。

刘、陶二人的学术分歧，更为集中反映在生死观上。证人社的"第九会"，即有弟子问及生死之说：

> 司讲王予安讲"季路问事鬼神"章，以生死一事为问，陶先生取《系辞》"精气为物，游魂为变"，并"原始反终"之道，娓娓言之。刘先生微示一语，曰："腊月三十日，为一年之事以此日终，而一年之事不自此日始，直须从正月初一日做起也。"①

刘宗周对于陶奭龄的精气、游魂之类说法有所不满，他还指出不能以死亡为终点，反而应该如"腊月三十日"一般再往前看，看到"正月初一日"，又是一个新的开始。刘、陶二人关于生死问题，在这次讲会之后都有详细的文字解说。先来看陶奭龄的《知生说》，其中说：

> 学何事？穷理、尽性、致命焉已矣。穷理者，知生死者也；尽性者，善生死者也；致命者，无生死者也。吾命原无生死，而何以忽有生死，此理之不可不穷；吾命原无生死，而究竟不免生死，此性之不可不尽也。穷理而后知吾身与天地万物之皆妄有终始而实无去来，尽性而后知吾身与天地万物之皆真无住著而不遗利济。穷理尽性以致于命，而后知天地之惟吾范围，万物之惟吾曲成，而吾身与天地万物之昼夜惟吾通知。所寄似有方，而吾之神实无方也；所托似有体，而吾之易实无体也。有方故有往来，有体故有成坏。无方无体者，无往来无成坏，而又何生死之有？明乎此，而后识吾身与天地万物始终于吾命，而吾命不随吾身与天地万物为始终，迥然无对，超然独存，至尊至贵，无首无尾，此吾儒生死之极谈，无事假途于葱岭者也。②

① ［明］刘宗周：《证人社语录》，《刘宗周全集》第二册，杭州：浙江古籍出版社，2007年，第575～576页。
② ［明］刘宗周：《证人社语录》第九会《附说》，《刘宗周全集》第二册，杭州：浙江古籍出版社，2007年，第580～581页。

　　陶奭龄特别关心"生死"问题,并认为做学问就当"理会生死之说"。他对《周易·说卦传》中的"穷理尽性以至于命"进行了独特的发挥,将"穷理""尽性""致命"这三者都紧扣"生死"来进行立论。"穷理"就不是穷尽天理而是穷生死之理去"知生死";"尽性"就不是"尽人之性、物之性"而是"善生死";"致命"也即"至命",不是"知天命"而是"无生死"。陶奭龄重点分析了"吾命""吾身与天地万物"之间的关系,认为"吾身与天地万物"伴随"吾命"始终,但"吾命"却不能伴随"吾身与天地万物"始终,二者不是对等的。"吾命"是"迥然无对,超然独存,至尊至贵,无首无尾"的,"穷理尽性以至于命",也就是要去识认"吾命"的"无生死""无往来无成坏",识认"吾之神、吾之易"的"无方无体",而后就能够超越生死了。这种"识认"具有明显的禅学意味,虽然陶奭龄也说"此吾儒生死之极谈"。

　　刘宗周针对《知生说》而撰有《生死说》,对于生死问题做了自己的思考,其中说:

　　　　吾儒之学,宜从天地万物一体处看出大身子,天地万物之始即吾之始;天地万物之终即吾之终。终终始始,无有穷尽,只此是死生之说。原来死生只是寻常事。程伯子曰:"人将此身放在天地间,大小一例看,是甚快活。"余谓生死之说正当放在天地间大小一例看也。于此有知,方是穷理尽性至命之学。藉令区区执百年以内之生死而知之,则知生之尽,只是知个贪生之生;知死之尽,只是知个怕死之死而已。[1]

　　刘宗周也指出儒学就是"穷理尽性至命之学",但是"知生死"却不能汲汲于"了生死","知生死"就不会"贪生怕死"。刘宗周特别强调"从天地万物一体处看出大身子",将天地万物之始终与人之生死等同起来看,体悟了"大身子"也就能体悟"大生死"。天地万物"终终始始,无有穷尽",人之生死也是"终终始始,无有穷尽",明白了这一点,生死也就是寻常事了。正因为刘宗周对生死有着较为纯粹的儒家式理解,所以在文中对陶奭龄禅学意味的生死观提出了批评:

　　　　理会生死之说,本出于禅门。夫子言原始反终,这是天地万物公共的道理,绝非一身生来死去之谓,与禅门迥异。自圣学不明,学者每从形器起见,看得一身生死事极大,将天地万物都置之膜外,此心生生之机盖已断灭种子了。故其工夫专究到无生一路,只留个觉性不坏,再做后来人,依旧只是个贪生怕死而已。①

刘宗周首先指出"生死之说"本是禅门学问,儒家一直以来都没有对此做过多的讨论,这是针对陶奭龄特别看重"理会生死之说"的批评。关于"原始反终"的道理,刘宗周认为人与天地万物都是一样"终终始始,无有穷尽",所以不可"看得一身生死事极大",也不可"将天地万物都置之膜外"。"生死只是寻常事",过于看重"吾命"而"留个觉性不坏",却"依旧只是个贪生怕死而已"。刘宗周还说:"尽语默之道,则可以尽去就之道;尽去就之道,则可以尽生死之道;生死非大,语默去就非小,学者时时有生死关头难过,从此理会得透,天地万物便是这里,方是闻道。"②语默、去就等日用之间也作生死关头看待,那么"生死非大""语默去就非小",一切都从容不迫,"方是闻道"。

比较而言,刘宗周重在"坐下""工夫",而陶奭龄则重在"自家""本体"。在生死观上,刘宗周反对过于看重"生死""吾命",而是强调"原始反终""生生不息",承继张载《西铭》等儒家生死观念;而陶奭龄则特别看重"吾命"以及"理会生死之说","迥然无对""无首无尾"等语都接近佛家。从刘、陶讲学的分歧来看晚明王学分化的关键问题则是儒释之辨与朱王之辨,刘宗周一系有转向程朱的可能,而陶奭龄一系则有转向佛家的可能。

五、余论

总之,由越中的"证人会"的刘、陶会讲等学术活动,最后形成了两大学派:刘宗周及其弟子形成了蕺山学派;陶奭龄及其友人、弟子形成了姚江书院派。两派之间最大的差别就是对王学、禅学的不同态度,刘宗周一系对王学有所修正、改造,并带有朱学的因素,而陶奭龄一系则坚持王畿、周汝登以来浙中王学的特色,并带有禅学的因素。刘、陶二人始终保持良好的关系,他们二人门下友人、弟子大多也有交流,究其原因当是因为刘宗周一直反对"以异

---

① [明]刘宗周:《证人社语录》第九会《附说》,《刘宗周全集》第二册,杭州:浙江古籍出版社,2007年,第579页。
② 同上。

端摈同侪",主张在讲学的过程中救治弊病。蕺山学派因为弟子众多且大多在名节、学术上都有很大的影响,在明清之际"如日中天"。

随着时序推移,姚江书院派后期的讲学,也即入清之后期的姚江书院派,最为著名的主事者就是邵廷采,他却向蕺山学派有所靠拢。他曾向董玚、黄宗羲问学,邵廷采对王阳明、刘宗周以及他们的弟子、姚江书院的"四先生"等等都有撰文表彰,可以说邵廷采也是总结蕺山、姚江二派学术的关键人物,他对王阳明及其弟子、刘宗周及其弟子、姚江书院的"四先生"等等相关学者,都曾撰文加以表彰。最后还有必要指出,邵廷采的学术重心也与蕺山学派的后学们,也即黄宗羲及其弟子们相似,转向经世致用以及晚明史传等文献之学。刘、陶身后,浙中少有穷究性理之学者。

三 史学史研究

王国维的治学特色与史学方法

——以"二重证据法"为考察中心

彭 华[①]

（四川大学古籍整理研究所）

摘 要：王国维是近代中国享有国际盛誉的杰出学者，学界推许其为学术巨擘，世人推允其为国学大师。王国维的治学特色，在宏观上体现为圆融中西学术而又为我所用，从事历史研究而又关怀文化；在微观层面上，王国维继承了晚清考据之学的严谨学风，谙熟古代文献典籍与文字、音韵、训诂、版本、目录之学，但又摆脱了传统经史之学的从文献到文献的研究方法，尤其重视地下出土的古器物上的古文字资料，并能够有机地将这两方面的材料与学问结合起来治史，以地下的古文字材料来补证文献史料；并且注重"通识"，即在宏观的角度上对所研究的历史有通盘的把握与整体的了解。王国维在史学方法上的建树，最为人所称道的是"二重证据法"。

关键词：王国维；治学特色；史学方法；二重证据法；通识

19世纪末20世纪初，是中国史学发生深刻变革的时期。其表现特征之一是中西史学的交融和沟通，打破了各自为政、各不相干的局面（如"敦煌学"成为一门国际性的显学）；表现特征之二是传统旧史学的衰颓和现代新史学的崛起，中国史学在观念上得到实质性的革新（如美国"新史学"的出现及其在

---

① 作者简介：彭华，1969年生，四川丹棱人。华东师范大学历史学学士、硕士、博士，四川大学古籍整理研究所教授，贵阳孔学堂签约入驻学者，主要从事先秦秦汉史、近现代学术史以及中国儒学、巴蜀文化研究。

中国的引进);表现特征之三是新史料的运用,"二重证据法"成为一种自觉的史学方法。

这一个时期,在中国的史学舞台上涌现了一大批杰出的史学家,如梁启超、王国维、陈寅恪、陈垣、胡适、钱穆、顾颉刚、傅斯年等,一时群星灿烂夺目,共同创造了那一个时代的辉煌成就。现在我们又处于两个世纪的交替时期,很有必要对此做一点学术史的回顾与总结。下面,我就以王国维为一个"个案",进行一些研究。

根据许冠三(1924—2011年)《新史学九十年》的划分①,王国维、陈垣等人属于"考证学派",傅斯年、陈寅恪属于"史料学派",胡适、顾颉刚等人属于"方法学派"②,李大钊、朱谦之、常乃惠、雷海宗、郭沫若、翦伯赞、范文澜等人属于"史观学派"。在分析王国维之时,我将适当地联系其余诸人作一些比较。

王国维(1877—1927年),字静安(庵),又字伯隅,号观堂、永观等,浙江海宁人。王国维是近代中国享有国际盛誉的杰出学者,学界推许其为学术巨擘,世人推允其为国学大师③。

王国维一生涉猎极其广博,举凡哲学、美学、教育学、文学、文献学(版本学、校勘学、目录学)、小学(文字学、音韵学、训诂学)、经学、史学等均有专门之研究,并且在如此众多的学术(学科)领域都做出了不可磨灭的突出贡献。于此,前人早已做过综合性的全面性的论述。因此,本文不做面面俱到的叙述与评论,只就他的治学特色和史学方法(尤其是"二重证据法")做一点分析与研究。

一

王国维的治学特色,可以从宏观和微观两个角度加以概括。先谈其在宏观上的表现:

王国维的治学特色在宏观上体现为——圆融中西学术而又为我所用,从事历史研究而又关怀文化。

王国维之前的乾嘉学派的学者们,他们从事历史研究时更多的是"为考

---

① 许冠三:《新史学九十年》,香港:香港中文大学出版社,1986、1988年;长沙:岳麓书社,2003年。

② 笔者按:当单列顾颉刚为"古史辨派"或"疑古派"。

③ 彭华:《王国维之生平、学行与文化精神》,载《儒藏论坛》第四辑,成都:巴蜀书社,2010年,第44~70页。

据而考据"，并不做史学理论的梳理与阐释，也不敢表白他们对现实的关心，更谈不上文化上的终极关怀（Ultimate Concern）的追求。在史学方法上，他们更多的是固守传统小学的研究路数，如文字、音韵、训诂、版本、目录等；兼之他们囿于时代的局限，根本谈不上援引西学和圆融中西学术。套用陈寅恪（1890—1969年）的话说，以乾嘉学派为代表的清儒"止于解释文句，而不能讨论问题"，"但能依据文句各别解释，而不能综合贯通，成一有系统之论述"①。就严格意义上的历史学而言，他们所从事的并不是真正的历史研究。

王国维所处的时代，是新旧史学交替嬗变的时代，是西学涌入中国国门的时代。就此而言，任何学术研究上的故步自封者、驻足不前者，任何面对西学的闭关自守者、盲目拒斥排外者，都将是时代的落伍者和残缺不全者。王国维曾至日本游学，接触和研究过西学与新学，兼之他本人又通晓几门外语，而这些都是治学的利器。对于中学和西学，王国维有着清醒而理性的认识。王国维断言，"异日发明光大我国之学术者，必在兼通世界学术之人，而不在一孔之陋儒"（《静安文集·奏定经学科大学文学科大学章程书后》）。如果不对传统学术进行改造和革新，而一味坚持"思想上之事，中国自中国、西洋自西洋"的顽固态度，将无助于传统学术的发展。（《静安文集续编·去毒篇》）但是，王国维并非尽弃中学而盲从西学者，而是以我为主消化吸纳西学，力求圆融中西学术以为我所用，"余谓中西二学，盛则俱盛，衰则俱衰。风气既开，互相推助。且居今日之世，讲今日之学，未有西学不兴而中学能兴者，亦未有中学不兴而西学能兴者"（《国学丛刊序》，《观堂别集》卷四）。王国维的《红楼梦评论》即是如此，王国维后来所提出的"二重证据法"，更是基于他学贯中西的学术素养。

王国维对于历史研究所取得的理性认识和所达到的理论高度，乾嘉学派的学者绝不可与之同日而语。他结合乾嘉学派和西方资产阶级的实证论，提出"以事实决事实"的证史理论，提出，"吾侪当以事实，不当以后世之理论决事实"②，在一定程度上可以说是本着实事求是的治学态度和研究精神的。对于中学与西学的长处短处，王国维曾经作过比较与分析。他认为，中国的旧学问长于实践而短于思辩，西方学术则长于抽象而精于分类，"对世界一切有

---

① 陈寅恪：《陈垣元西域人华化考序》，载《金明馆丛稿二编》，上海：上海古籍出版社，1980年，第238~239页。
② 王国维：《再与林博士论洛诰书》，载《观堂集林》卷一，北京：中华书局，1959年。

形无形之事物,无往不用综括(Generalization)及分析(Specification)之二法……故我中国有辩论而无名学,有文学而无文法,足以见抽象与分类二者,皆我国人之所不长,而我国学术尚未达自觉(Self consciousness)之地位也"(《静安文集·论新学语之输入》)。王国维对于新史学的真谛和研究的目标,也有一番自己的见解,凡是对于研究对象能够运用抽象的思辨的,就采用综括与分析两种方法,并使之贯穿到史学认识和研究中去,"求其原因,定其理法","凡事物必尽其真,而道理必求其是,此科学之所有事也。而欲求认识之真与道理之是者,不可不知事物道理之所以存在之由与其变迁之故,此史学之所有事也"(《国学丛刊序》,《观堂别集》卷四)。如此而为,才算取得了学术上的"自觉地位",才能符合近代新史学的真谛和研究目标。

王国维研究历史,并非"为历史而历史",他有自己的现实关怀与终极关怀。其中之一,即是藉历史研究以阐发中华民族文化的价值与意义,殷冀"能承续先哲将坠之业",而作为文化托命之人的王国维更是倍感"任重而道远",所以他一生的学术研究与文化追求都与此息息相关,"而在能开拓学术之区宇,补前修所未逮",希望藉此"可以转移一时之风气,而示来者以轨则也"[1]。所以王国维自沉而死,陈寅恪说是"文化神州丧一身"[2]。郭沫若(1892—1978年)评价王国维,说他是"新史学的开山"[3]。陈寅恪、郭沫若之说,确实不无道理。

二

王国维的治学特色,除以上宏观层面而外,在微观层面还有以下几个特点:

1.继承乾嘉学派,特别是晚清考据之学的严谨学风,谙熟古代文献典籍与文字、音韵、训诂、版本、目录之学。

对于历史研究而言,这些可以说是治学的利器与基础;但是,并非做完这一步工作之后就可以算是万事大吉,因为它们离科学意义上的史学研究尚有极大的一段距离。王国维之超越于乾嘉学派者,除下文论及的"二重证据法"外,也包括其注重从宏观的角度考察历史发展的大势和历史发展规律的特点。

---

① 陈寅恪:《王静安先生遗书序》,载《金明馆丛稿二编》,上海:上海古籍出版社,1980年,第219页。

② 陈寅恪:《王观堂先生挽诗》,载《吴宓与陈寅恪》,北京:清华大学出版社,1992年,第48页。

③ 郭沫若:《鲁迅与王国维》,载《沫若文集》第十二卷,北京:人民文学出版社,1959年,第537页。

2.强调实证,摆脱传统经史之学的从文献到文献的研究方法,尤其重视地下出土的古器物上的古文字资料,并能够有机地将这两方面的材料与学问结合起来治史,以地下的古文字材料来补证文献史料。

王国维一针见血地指出,"古来新学问起,大都由于新发现"(《静庵文集续编·最近二三十年中国新发见之学问》)。可见,王国维利用新材料、新史料来治史是自觉的行为。1925年,王国维在清华国学研究院讲授《古史新证》,正式提出"二重证据法","吾辈生于今日,幸于纸上之材料外,更得地下之新材料。由此种材料,我辈固得以据以补正纸上之材料,亦得证明古书之某部分全为实录,即百家不雅驯之言亦不无表示一面之事实。此二重证据法,惟在今日始得为之,虽古书之未得证明者,不能加以否定,而其已得证明者,不能不加以肯定,可断言也"①。

王国维在此已经提出了一个关键性的问题,即对于历史事实,最好还是"宁信其有,不信其无"或"姑信其有,不信其无",以留待日后验证。而与此相对的"默证法"(Argument from silence),实际上是不可靠的。因为"默证法"认为,举凡未见于古书记载的,都是历史上不存在的。以顾颉刚(1893—1980年)为代表的"古史辨派",采取的几乎都是这一种论证方法②。他们浑然不觉该种论证方法在逻辑推论上已经犯了一个不可饶恕的错误。随着出土文献的发现,许多被古史辨派证伪的书籍及史事其实并不是伪的,"对古书搞了不少冤假错案"③。有鉴于此,我们所能做的工作是:冷静地坐下来,仔仔细细地研究出土文献(第二重证据),审慎地与古书的记载相印证,切忌不可贸然下一个轻率的结论;更不可重蹈"古史辨派"的覆辙,在逻辑论证上犯不可饶恕的错误。

3.注重"通识",即在宏观的角度上对所研究的历史有通盘的把握与整体的了解。

陈寅恪治学,尤其注重"通识",他曾说"国人治学,罕具通识"④,而陈寅恪

① 王国维:《古史新证——王国维最后的讲义》,北京:清华大学出版社,1994年,第2~3页。
② 张荫麟:《评近人对于中国古史之讨论》,原载《学衡》第四十期,1925年4月;后收入《古史辨》第二册,上海:上海古籍出版社,1982年,第271~272页。
③ 李学勤:《走出疑古时代》,沈阳:辽宁大学出版社,1994年,第9页。
④ 陈寅恪:《陈垣燉煌劫余录序》,载《金明馆丛稿二编》,上海:上海古籍出版社,1980年,第236页。

写论文时，往往是"小处着手，大处着眼"①，纵使是一个小问题，他往往也能于细微处发现背后隐藏的实质性的大问题。只要我们仔细读一读陈寅恪的《金明馆丛稿初编》《金明馆丛稿二编》以及《寒柳堂集》中的论文，就可以发现陈寅恪治学的这一特点。至于《唐代政治史述论稿》和《隋唐制度渊源略论稿》，则是建立在扎实的考证基础之上的鸿篇巨制。相较而言，王国维似乎是就事论事的考证多一些，高屋建瓴的史学专著和论文少一些，但这并不是说王国维不具备"通识"。比如《殷周制度论》(《观堂集林》卷十)，可以说是充分展示王国维"通识"的一篇论文。虽然其中的许多观点业已受到学术界的修正和反驳，有些人甚至提出王国维撰写此篇有他背后的政治色彩，但这并不排斥它的学术价值，我们并不能否认它是一篇鸿篇巨制。再如《明堂寝庙通考》(《观堂集林》卷三)，根据吴彝盖、离攸从鼎等古器物铭文，参研历代经学家各种纷杂的说法，再提出自己的见解，对古代统治阶级的建筑制度做了鲜明的阐述。复如《汉魏博士考》(《观堂集林》卷四)，可以说是一部汉代学术史的浓缩。又如《胡服考》(《观堂集林》卷二十二)考察了胡服流入中国一千余年的历史，《金界壕考》(《观堂集林》卷十五)考察了金代界壕工程的整个过程。在后三篇论文中，王国维都是抓住一个侧面，进而推断出重大的历史事件，"见微知著，以小见大"，而此绝非乾嘉朴学的烦琐饾饤可比。在此方面，王国维与陈寅恪有殊多可比性和一致性，读者不妨注意。其实，陈垣(1880—1971年)亦然。

三

王国维在史学方法上的建树，为人最称道的莫过于"二重证据法"。

王国维的"二重证据法"之所以在当时的历史学界有如此巨大的影响与号召力，一则固然与其凿破学术鸿蒙、开阔治学视野有关，二则更与其身体力行做出巨大而又令人信服的史学研究贡献有关。王国维所做的史学研究，或者可以一锤定音成为史学界公认的不易之论，或者开启研究的新路数给后人

---

① 梁启超(1873—1929年)在谈到王国维治学成功的原因时说，"先生之学，从弘大处立脚，而从精微处著力"。(梁启超：《王静安先生纪念号序》，载《国学论丛》第一卷第三号，1928年4月。)周传儒(1900—1988年)在概述王国维在学术上之贡献时说，"大处着眼，小处着手……示治学方法之典范"。(周传儒：《史学大师梁启超与王国维》，《社会科学战线》1981年第1期。)至于陈寅恪，可参看彭华：《陈寅恪的文化史观》，《史学理论研究》1999年第4期。

提供一个解决问题的途径与方法。陈寅恪说，王国维所做的研究工作"足以转移一时之风气，而示来者以轨则"①。相较而言，以胡适（1891—1962年）等人为代表的"科学派"虽然具备以上所言的第一要义，但在第二个层面上则相对逊色。换言之，"科学派"更多的是"思想史"上的意义，而在"学术史"上的意义则远不如"新考据派"。如王国维的《殷卜辞中所见先公先王考》《续考》（《观堂集林》卷九），是他研究古书古史、利用"二重证据法"的典范②。二文对《史记·殷本纪》等古书所载商代帝王世系，用甲骨文加以证明，并用甲骨文与《山海经》《竹书纪年》《楚辞·天问》《吕氏春秋》的记载互证，既补充了《殷本纪》的帝王世系，又证明古书传说有一定的真实性。王国维用此"二重证据法"，"唯能达观二者之际，不屈旧以就新，亦不屈新以从旧"（《殷墟文字类编序》，《观堂别集》卷四），即在互相比照中接近历史的真实。

至于"二重证据法"的特定而丰富的内涵，王国维只说出了其中的一个层面，即"纸上之材料"与"地下之材料"两重证据的互证。陈寅恪在《王静安先生遗书序》中加以进一步的归纳和总结，大致有以下三个方面，"其学术内容及治学方法，殆可举三目以概括之者。一曰取地下之实物与纸上之遗文互相释证。凡属于考古学及上古史之作，如《殷卜辞中所见先公先王考》及《鬼方昆夷玁狁考》等皆是也。二曰取异族之故书与吾国之旧籍互相补正。凡属于辽金元史事及边疆地理之作，如《萌古考》及《元朝秘史之主亦儿坚考》等皆是也。三曰取外来之观念与固有之材料互相参证。凡属于文艺批评及小说戏曲之作，如《红楼梦评论》及《宋元戏曲考》《唐宋大曲考》等皆是也。③质言之，"二重证据法"之所以能够成为一种科学的考证方法，最根本之处在于二重证据要出自不同的观察④，这是取得科学的研究成果的前提。

饶宗颐（1917—2018年）后来又提出"三重证据法"，即将王国维"地下之材料"分为无文字的实物和有文字的材料，其中地下的有文字材料即是"第三重证据"。其实，饶宗颐的工作只是将王国维的"二重证据法"进一步细化，实

---

① 陈寅恪：《王静安先生遗书序》，载《金明馆丛稿二编》，上海：上海古籍出版社，1980年，第219页。

② 傅斯年（1896—1950年）说，《殷卜辞中所见先公先王考》、《续考》"实在是近年汉学中最大的贡献之一"，是直接材料与间接材料"互相为用"的"一个再好不过的例子"。（傅斯年：《史学方法导论》第四讲《史料论略》，载《傅斯年全集》第二卷，长沙：湖南教育出版社，2003年，第311~312页。）

③ 陈寅恪：《王静安先生遗书序》，载《金明馆丛稿二编》，上海：上海古籍出版社，1980年，第219页。

④ 沃兴华：《论王静安先生的二重证据法》，《历史教学问题》1986年第4期。

际上并没有增加新的内容。叶舒宪后来提出的"第三重证据",则是民族学或人类学材料①。其实,当时王国维践履"二重证据法",主要还是利用地下的有文字材料来研究历史。之后,一些研究者充分利用地下的实物材料来研究历史,取得了一些颇为可观的成果,如张长寿的《"墙柳"与"荒帷"》(《文物》1992年第4期)。

在近代中国,以顾颉刚为代表的疑古派,曾经甚嚣尘上,一时蔚为学术界的大宗和一代史学风气;致使当时人以发现某某古书属于伪造为一大乐事,津津乐道,竞相传告,学界人士也以此为无上殊荣。王国维"二重证据法"对于古史研究的意义,在于它立足的是"建构"历史,而不是盲目地"怀疑"和"破坏"历史。相较而言,以顾颉刚等人为代表的"古史辨派",他们对于古史是"怀疑"和"破坏"大大有余,而"建构"则多多不足,切不可混为一谈。

对于王国维与古史辨派的确切关系,我们尚不能作出十分肯定的回答。王国维曾经写过一篇文章②,引用秦公簋、齐侯镈等金文材料,证实夏禹之存在而非一条"大虫",可能就是针对"古史辨派"的。

对"古史辨派"的最好反击就是拿出证据来,尤其是提供不可改易的地下材料所提供的坚实证据,让他们心服口服。以胡适等人为代表的"科学派",所提出的一个口号就是"拿证据来",这实在是一个贴切的说法。而王国维所提出的"二重证据法"可以说是极好的研究方向和途径,是对古史研究的一个极大贡献。对于当时的王国维而言,他实际上所加以使用的还是地下的文字材料;至于充分使用考古学的成就来建构中国古史,尚有极为遥远的一段距离。吾辈较王国维更为有幸的是,当今中国的考古学已经大为发展,我们完全可以充分利用这一笔丰厚的财产,来建构我们时代所需要的古史。所以杜正胜说,离开考古几无古史可言,将来杰出的古代史研究恐怕非建筑在考古学之上不可,而利用考古学来解释整个古代社会的第三个阶段似乎就在眼前,就要来临③;李学勤力加倡导并明言,研究古史要结合文献研究与考古研究,以此来探索古史、建构古史,这是"疑古"时代所不能做到的,如此而为,我们就能走出"疑古"时代而进入"释古"时代④。

---

① 笔者按:民族学或人类学的材料最多只具有参考价值,它所起的是辅助说明的作用,并不能构成真正的"第三重证据"。

② 王国维:《古史新证——王国维最后的讲义》第二章,北京:清华大学出版社,1994年,第2~3页。

③ 杜正胜:《考古学与中国古代史研究》,《考古》1992年第4期。

④ 李学勤:《走出疑古时代》,沈阳:辽宁大学出版社,1994年,第1~21页。

考古学之于历史研究的意义之重大,可以说是毋庸置疑,这一点大概是研究者们的共识与常识。有志于古史研究者,他们都在做这一方面的工作,如李玄伯(1895—1974年)、徐旭生(1888—1976年)、张光直(1931—2001年)、杜正胜、苏秉琦(1909—1997年)、张忠培(1934—2017年)、李学勤(1933—2019年)等人。

考古学与历史学相结合,大致可以从以下几个方面加以努力:

1.在地层学和年代学上确定考古遗址的先后次序与确切年代。连最基础的层位与年代都搞不清楚,进一步的历史研究就会成为空中楼阁。随着考古学技术手段的进步与发展,这一方面的难题将会得到逐步的解决,考古学将会给历史学提供一个较为满意的答复和一份较为理想的地下材料。

2.从考古类型学上确定考古遗址的特定内涵。考古发现的遗物是死的,但研究者是活的,研究者可以让遗物"说话",但研究者的"所说"应当是遗物的"本欲所说",并不是研究者的"自言自语",更不是研究者的"胡言乱语"。"所说"与"本欲所说"的关系,颇有点像西方语言学上"所指"(Signifie)与"能指"(Signifiant)的关系。苏秉琦(1909—1997年)有一个形象的比喻,说考古学的工作就是把埋在地下的无字"地书"打开,并将其分出"篇目"与"章节"来①。

3.确定考古学文化的族属。确定考古学文化的族属具有相当大的困难,但并非不可能。杜正胜在《考古学与中国古代史研究》中提到,谨慎的考古学家建议先对各地考古学文化的内涵、特征、时间源流与空间交流梳理清楚,不要急于比傅文献记载的民族。李学勤说:"考古学发现的东西,当然是物质的,但很多都是反映精神的"②。因此,仅仅从器物形态学上对考古学文化进行研究是远远不够的,还必须拓宽视野进行多学科的综合性的研究。就此而言,使用民族学来研究考古学问题的"民族考古学"(Ethno-archaeology)可以与此互相发明。在西方,民族考古学开始形成于1961年。在中国,林沄于1989年在《考古学文化研究的回顾与展望》(《辽海文物学刊》1989年第2期)中业已谈及这一方面的问题;林沄在后来的《几点感想》(《北方文物》1994年第2期)中正式提出"民族考古学"。汪宁生一直致力于民族考古学的研究③。

① 苏秉琦:《地层学与器物形态学》,载《苏秉琦考古学论述选集》,北京:文物出版社,1984年,第249~257页。
② 李学勤:《走出疑古时代》,沈阳:辽宁大学出版社,1994年,第2页。
③ 汪宁生:《民族考古学论集》,北京:文物出版社,1989年。

4.物质文化与精神文化并重。对于考古发现而言,它所展示的绝非仅仅是一些死板的器物的排列,它有着丰富的精神内涵。而要揭示它的物质文化与精神文化的内涵,若不谙熟地上的文献典籍、不具备良好的多学科的修养,显然是勉为其难。

5.微观研究与宏观研究并重。微观研究与宏观研究,历来是密不可分,并且二者是一个多次交往的双向过程。苏秉琦提出"考古学文化的区、系、类型",可以说是极具远见卓识的,是对中国考古学的一个极大贡献[①]。又如张忠培(1934—2017年)对中国北方考古的研究,即兼顾微观研究与宏观研究[②]。目前为中国考古学界所称道的"聚落考古学"(Settlement Archaeology),其研究的路数可以说是对微观区域进行综合研究的一个典范;而年鉴学派所倡导的"总体史"的研究,就是微观研究与宏观研究相结合的最好范式。

6.文献研究与考古研究紧密结合,二者之中的任何一者都不可偏废,更不可断然加以割裂。文献与考古的关系,一如鸟之双翼、车之两轮。王国维的"二重证据法"的实质与要义即在此,而王国维践履他的"二重证据法",亦是如此。但是在当今中国,历史学和考古学有脱钩的倾向。搞考古学的人认为搞历史学的人连考古报告都看不懂,更谈不上充分利用考古发现及其研究成果;而搞历史学的人则认为搞考古学的人轻视文献材料,并且时不时地想推翻文献材料。这种做法不可取。王国维当年提出"二重证据法"时,丝毫也没有贬低地上传世文献价值的用意。对于地上的传世文献,王国维有很正确的认识,"上古之事,传说与史实混而不分,史实之中,固不免有所缘饰,与传说无异,而传说之中,往往有史实之素地"(《古史新证·总论》)。即使是像诸如《世本》《五帝德》等这样不雅驯的史料和像《山海经》《楚辞》这样的诗文,王国维认为只要运用得当,它们都有助于发现真实的历史。陈寅恪后来所提出的"诗文证史",可以说是沿袭了并发展了王国维的研究路数。

7.东西比较,中西结合,进行多层面、多学科的总体研究。在当今世界,与西方学术界进行交流已是势所必然;更何况,西方考古学的理论与方法已经发展得较为成熟,取长补短发展自我乃明智之举;在考古研究与历史研究中,联系中外情况做一些世界性的比较研究,于学术研究的推进与发展将大有

① 苏秉琦:《华人·龙的传人·中国人考古寻根记》,沈阳:辽宁大学出版社,1994年。
② 张忠培:《中国北方考古文集》,北京:文物出版社,1990年。

裨益。进行多层面、多学科的总体研究,也是建构中国历史学、发展中国考古学的必然要求。聚落考古学的研究可以说是一个较好的表率。法国年鉴学派是力倡进行多学科的"总体史"(Histoire Totale)的研究。王国维曾经设想,研究史学必须具备以下学科的基本知识:(1)中国史,(2)东洋史,(3)西洋史,(4)哲学概论,(5)历史哲学,(6)年代学,(7)比较语言学,(8)比较神话学,(9)社会学,(10)人类学,(11)教育学,(12)外国文学(《静安文集续编·奏定经学科大学文学科大学章程书后》)。对于中国历史研究而言,我们所需要的学科知识远远不止这一些。在《长时段:历史和社会科学》中,布罗代尔(Fernand Braudel,1902—1985年)专门提到经济学、民族学、人类学、社会学、心理学、语言学、人口学、地理学、社会数学或统计学等①。良有以也!

---

① [法]费尔南·布罗代尔著:《资本主义论丛》,顾良、张智君译,北京:中央编译出版社,1997年,第175页。

四 经济史研究

东晋南朝南方麦作推广的再探讨[①]

王 勇[②]

（湖南大学岳麓书院）

摘　要： 东晋政府对麦作的推广是解决建国之初粮食问题的突击措施，欠缺全面考量。刘宋政府将麦作的推广范围压缩到了江淮之间以及长江南缘，不仅因为这里是当时北方移民的集中居住区，更主要的是这些地区虽然总体来说宜稻不宜麦，但是仍然拥有发展麦作的地理条件。麦作的推广改变了南方单一种植水稻的作物结构，也促进了南方丘陵山区的开发。但由于南方生态环境更适宜种稻，东晋南朝百姓种麦的动力不足，随着南方稻作条件的进一步改善以及北方移民饮食习惯的土著化，麦作在南朝后期反而有所衰退。

关键词： 东晋南朝；麦作；生态环境

　　先秦时期麦的主产地在黄河下游，自西汉政府在关中大力推广宿麦以后，麦作逐渐在北方得到普及。东晋建国后，政府又开始在南方推广麦作，包括麦在内的北方旱田作物的南移，也被视为东晋南朝南方农业得以迅速发展的重要原因。东晋南朝南方地区麦作的情况，不少论著都有阐述并大多给予肯定。如黎虎认为以麦为代表的旱田作物南移是东晋南朝江南农业得以迅速发展的重要原因，并指出北方人口的南下、统治阶级的推动与气候条件的

① [基金项目] 国家社科基金项目"汉晋南朝长江中下游地区农业开发与生态环境关系研究"（15BZS040）。
② 作者简介：王勇，1975年生，男，湖南武冈人，博士，湖南大学岳麓书院副教授。研究方向：秦汉史、农业史。

变化是促进当时旱田作物南移的原因。①王利华认为东晋南朝北方人口南迁和政府积极提倡,致使麦类生产不断向南扩展,这对于南方粮食结构的调整和种植制度的发展有着深远影响。②张学锋同样认为由于永嘉丧乱后大量北人南下与政府下诏督麦,六朝江南麦作发展速度较快;不过,他也指出由于尚未解决水田旱作的技术问题,麦作当时在江南并没有得到迅速发展。③六朝南方麦作推广中,东晋太兴元年(318年)与刘宋元嘉二十一年(444年)麦作推广诏是两次有力的推动。上述论著对这两道诏书均有强调,却都忽视了两道诏书在麦作推广范围上存在的差异,这一差异其实相当重要。本文分析其出现的原因,有助于加深对当时南方麦作推广过程与成效的理解。

一、东晋政府对麦作的推广

政府督令南方地区种麦的最早记载出现在东晋初年。《晋书·食货志》记载:晋元帝太兴元年(318年)诏:"徐、扬二州土宜三麦,可督令燡地,投秋下种,至夏而熟,继新故之交,于以周济,所益甚大。昔汉遣轻车使者氾胜之督三辅种麦,而关中遂穰。勿令后晚。"东晋以淮河为北界,徐州所辖主要是今江苏省江淮之间地区,而扬州的辖境广大,除了辖有今江苏、安徽长江以南部分及整个浙江、上海以外,安徽江淮之间的地区当时亦属扬州管辖。

淮河以南的中国南方地区,地势低洼,湿润多雨,在此之前很少有麦的种植。关于南方种麦,东晋以前主要是在长江中游地区有一些零星的或间接的记载。《楚辞·招魂》"稻粢穱麦,挐黄粱些",王逸注"穱,择也,择麦中先熟者也";睡虎地秦简《日书》乙种有"五种忌日,丙及寅禾,甲及子麦,乙巳及丑黍,辰卯及戌菽,亥稻",反映了战国时期长江中游已经有麦作的可能。西汉前期江陵凤凰山汉墓出土契约、账簿类简牍的租谷账中有关于"麦"的记录④,长沙马王堆汉墓发现有小麦、大麦的遗存,三国时期的走马楼吴简有不少临湘地区官府粮仓收支麦的会计记录,反映了这里存在麦作的事实。但从走马楼吴简官府粮仓收支的合计数来看,麦、豆等旱地作物在政府收入总量中微乎其

① 黎虎:《东晋南朝时期北方旱田作物的南移》,《北京师范大学学报》(哲学社会科学版)1988年第2期。
② 王利华:《中国农业通史·魏晋南北朝卷》,北京:中国农业出版社,2009年,第101~102页。
③ 张学锋:《试论六朝江南之麦作业》,《中国农史》1990年第3期。张学锋《再论六朝江南的麦作业》,载胡阿祥主编:《江南社会经济史研究·六朝隋唐卷》,北京:中国农业出版社,2006年。
④ 黄盛璋:《江陵凤凰山汉墓简牍及其在历史地理研究上的价值》,《文物》1974年第6期。

微。如《竹简(壹)》简9546"右黄龙二年租税糅米二千四斛五斗一升,麦五斛六斗,豆二斛九斗",《竹简(叁)》简4561"定领租税糅米一万七千四百二斛七斗九升,麦五斛八斗,大豆二斛九斗"。这说明,麦类对当时长沙地区的粮食作物结构不构成影响。另外,《晋书·五行志》记载太康元年"武陵旱,伤麦",武陵郡治在今湖南常德,西晋时当地的麦作可能有一定规模。

　　而在晋元帝推行麦作的长江下游地区,汉以前江南没有麦作。三国时吴主孙权曾飨蜀使费祎食饼,费祎、诸葛恪分作《麦赋》《磨赋》,另外在南京、高淳也出土了孙吴时期的陶明器旋转磨。但这并不意味着麦作在江南的兴起,学者怀疑这里的面食小麦可能来自淮南或长江中游,而墓葬中的陶明器磨与南下北人的葬俗有关。① 魏、吴对峙时期,双方在江淮之间推行屯垦,种植的都是水稻。《三国志·魏书·刘馥传》载,其建安时任扬州刺史,广屯田,"修七门、吴塘诸堨以溉稻田,官民有畜"。《三国志·吴书·吕蒙传》载,建安中曹操任朱光为庐江太守,"屯皖,大开稻田"。《三国志·魏书·满宠传》载,青龙三年春孙权"遣兵数千家佃于江北",八月稻谷将熟,满宠"遣长吏督三军循江东下,摧破诸屯,焚烧谷物而还"。司马氏代魏之后,晋、吴对峙,孙吴在当地的军屯仍是种稻。《晋书·王浑传》载,晋初王浑"迁安东将军、都督扬州诸军事,镇寿春。吴人大佃皖城,图为边害。浑遣扬州刺史应绰督淮南诸军攻破之,并破诸别屯,焚其积谷百八十余万斛、稻苗四千余顷、船六百余艘"。

　　《三国志·魏书·邓艾传》载,邓艾在曹魏正始时建议在淮南屯田,认为"陈、蔡之间,土下田良,可省许昌左右诸稻田,并水东下。令淮北屯二万人、淮南三万人……且田且守,水丰常收三倍于西",获得采纳后大获成功,反映了淮南地区适合种植水稻。《晋书·傅玄传》载,傅玄晋初上疏中有"白田收至十余斛,水田收数十斛",这里的白田与水田并举,可能指旱田,反映了稻作的收成比旱地作物普遍要高。《晋书·食货志》载,西晋时曾有人试图在淮南从事旱作,却并未获得成功,"因云此土不可陆种"。杜预认为"言者不思其故",这种情况应该是当时滥起陂塘导致的,"陂多则土薄水浅,潦不下润。故每有水雨,辄复横流,延及陆田",并建议大坏诸陂,"至春大种五谷"。杜预的建议似乎没有包括秋天播种的宿麦,关于这次在淮南种植旱田作物的效果,史书中也没有任何记载。

---

① 张学锋:《再论六朝江南的麦作业》,载胡阿祥主编:《江南社会经济史研究·六朝隋唐卷》,北京:中国农业出版社,2006年。

由此可见，虽然元帝在推广麦作的诏书中提到"徐、扬二州土宜三麦"，实际上在此之前南方并没有很多麦作的成功经验，元帝之所以在徐州、扬州推广麦作应该是解决当时饥荒的突击措施，即诏书中所说的"投秋下种，至夏而熟，继新故之交，于以周济，所益甚大"。东晋建国前后，大批北方流民涌入南方。据谭其骧先生估计，"晋永嘉之丧乱，致北方平均凡八人之中，有一人迁徙南土"，"南渡人户中以侨在江苏者为最多，约二十六万；山东约二十一万，安徽约十七万，次之"，"南迁之时代，亦略有先后可寻。大抵永嘉初乱，河北、山东、山西、河南及苏、皖之淮北流民，即相率过江、淮，是为第一次"。①短期内大批北人南迁，势必造成南方粮食的短缺。元帝即位之初，徐州、扬州是侨寓人口最为集中的地区，自然也是粮食压力最大的地区。这也解释了元帝选择徐州、扬州，而不是在麦作基础更好的长江中游各州推广麦作的行为。尽管种麦的收益不如种稻，但两者的种植时间是错开的，而且东晋初年长江下游地区不论劳力，还是土地都非常充裕，推广麦作并不会对种稻产生很大妨碍。另外，当时侨居徐州、扬州的北方人习惯面食，也有在北方种麦的经历，对于麦作并不排斥，这对于推广麦作都是有利的条件。

诏书提到"督令燺地，投秋下种"。"燺地"即"暵地"，是北方种麦的传统做法，《齐民要术》卷2《大小麦》："大、小麦，皆须五月、六月暵地。不暵地而种者，其收倍薄。"可见，这里政府教导人们种麦的方法主要是根据北方的经验。《晋书·五行志》载："元帝太兴二年，吴郡、吴兴、东阳无麦禾，大饥"，"二年五月，淮陵、临淮、淮南、安丰、庐江等五郡蝗虫食秋麦。是月癸丑，徐州及扬州、江西诸郡蝗，吴郡百姓多饿死"。在元帝颁令推广麦作的第二年，徐州、扬州便有这么多郡有麦类受灾的记录，反映出推广麦作的诏令得到了认真的贯彻执行，因此学者也大都认为东晋政府的督麦政策非常成功。然而太兴二年（320年）徐州、扬州麦类受灾面积这么大，事实上也说明了北方的种麦技术在南方不一定适用，而政府在颁布推广麦作诏令前也欠缺全面的考量与准备。如果江淮之间各郡麦类受灾是因为蝗虫为害还能理解，吴郡、吴兴、东阳等江南各郡没有遭遇蝗灾，反而灾情更为严重，乃至"百姓多饿死"，则应该与这里地势低湿，适宜麦作的区域有限直接相关。

---

① 谭其骧：《晋永嘉丧乱后之民族迁徙》，载《长水集》（上），北京：人民出版社，1987年。

二、南朝政府对麦作的推广

南朝政府同样颁布有推广麦作的诏令。《宋书·文帝纪》载元嘉二十一年（444年）七月诏："比年谷稼伤损，淫亢成灾，亦由播殖之宜，尚有未尽。南徐、兖、豫及扬州浙江西属郡，自今悉督种麦，以助缺乏。速运彭城、下邳郡见种，委刺史贷给。徐、豫土多稻田，而民间专务陆作。可符二镇，履行旧陂，相率修立，并课垦辟，使及来年。凡诸州郡，皆令尽勤地利，劝导播殖，蚕桑麻纻，各尽其方，不得但奉行公文而已。"由于东晋末年刘裕北伐的胜利，刘宋疆域范围超过晋初，北边一度达到青州一带，政区划分与东晋相比也有很大变化。据谭其骧先生主编的《中国历史地图集·南朝·宋疆域图》①，诏书中提到的徐州主要辖今江苏北部、山东南部以及安徽东部的蚌埠一带，豫州主要辖今河南东南、安徽中北部地区，辖境都在淮河以北。而南兖州治广陵（今江苏扬州），南豫州治姑熟（今安徽当涂），主要辖今江苏、安徽江淮之间以及长江以南的铜陵、宣城、池州等地。南徐州治京口（今江苏镇江）、扬州治建康（今江苏南京），辖境在长江以南。由于分割出了东扬州，扬州只统丹阳（今江苏南京）、吴郡（今江苏苏州）、吴兴（今浙江湖州）、义兴（今江苏宜兴）四郡，其中在最西边的是丹阳。

元嘉时期这次推广麦作的起因是连年水旱成灾、谷稼伤损，刘宋政府认为"播殖之宜，尚有未尽"是原因之一，即在作物的选择上有不合适的地方。所以下令在"南徐、兖、豫及扬州浙江西属郡"推广麦作，而在"专务陆作"的徐州、豫州推广种稻。从诏书内容看，其目的主要是要求各郡根据地宜杂种五谷，以减轻粮食灾害对社会的影响。这次推广麦作的"南徐、兖、豫及扬州浙江西属郡"都在东晋初年推广麦作的范围之内，反映了东晋时期南方麦作的推广比较缓慢。而比较两者推广麦作的地域差异，刘宋时期应该已经注意到了麦作的适应性问题，从而将推广范围压缩到了江淮之间以及长江南缘的宁镇、宣城、池州一带。原因之一在于，这里在当时是北方侨民的主要聚居地，北方侨民占当地人口的比重相当大，拥有推广麦作的人文条件。谭其骧先生估计，截至刘宋末年，"江苏省中南徐州有侨口二十二万余……南徐州共有口四十二万余，是侨口且超出本籍人口二万余"，这还不包括大量未著籍的侨居流民。②由于永嘉之乱后的移民最初是在胡骑逼迫下南迁的，很多只想找个

---

① 谭其骧：《中国历史地图集》（第四册），北京：中国地图出版社，1982年。
② 谭其骧：《晋永嘉丧乱后之民族迁徙》，载《长水集》（上），北京：人民出版社，1987年。

接近北土的地方停留,以便有朝一日能重返故土,所以越往南的话,习惯麦作与麦食的侨民比例相对要低。而最重要的是,这些地区虽然总体来说是宜稻不宜麦的,但是仍然拥有发展麦作的地理条件。

从气温与降水情况而言,江淮之间显然比长江以南更适合种植耐寒畏湿的麦类作物。江淮之间的地貌类型除了平原外,还有一个范围宽广的低山丘陵区,以大别山主体及其向东北延伸的余脉构成,是江淮的分水岭。这个低山丘陵区自西向东,海拔从1000米的低山递降至200米左右的丘陵,从安徽西部一直延伸到江苏的盱眙、六合、仪征,也就是说横贯了刘宋时期的整个南豫州,一直到了南兖州的中部。其西部,即大别山的山前地区,地势高亢。中部的沉积台地土层虽较深厚,但由于它既向南、北两面倾斜而又有岗冲起伏,土质粘重,下有粘盘,大气降水难滞留、难下渗,地下缺少良好蓄水层,地表水与地下水均感缺乏。尤其是中部东段,由于地面高程较大,提引外水较难,代价也大,是比较容易干旱的地方。长江南缘的宣城、池州、南京、镇江一带属于皖南低山丘陵与宁镇低山丘陵区,同样地势较为高亢。相对于吴会水乡,这里无疑会更加干燥,当时这里的水田稻作也远不如吴会发达。例如,刘宋南徐州大部分在孙吴时是毗陵典农校尉的屯田区,可知当地人户绝少,土地未垦。西晋罢屯田为郡县,才开始在当地置毗陵郡,东晋改晋陵郡。《元和郡县图志》卷25载:"旧晋陵地广人稀,且少陂渠,田多恶秽。"《太平广记》卷293引《搜神记》载,京城"甚多草秽"。这些评价当然是从进行稻作的条件与稻作的发展程度做出的,但也正好说明了这些高阜地区会更适合耐旱的麦作的推广。

元嘉时期的这道推广麦作诏特别强调"播殖之宜",所针对的是南方发展稻作相对困难,比较适宜种麦的地区,目的是使播殖各尽其宜,"尽勤地利"。事实上,充分利用不适宜种稻的土地发展麦作,一直是南朝促进农业发展的重要手段。《宋书·周朗传》载,其在上书中提议"田非疁水,皆播麦菽"。所谓疁田,李剑农先生指出"即火耕水耨之田",[①]而火耕水耨是秦汉六朝南方稻作的重要栽培方式。唐人何超纂《晋书音义》载:"《说文》,疁,种也,音流。按通沟溉田亦为疁。"所以也有学者认为疁田即水田。总之疁田、水田是种稻的农田,只有这以外的农田才是周朗强调要播种麦、菽的地方。《宋书·孝武帝纪》载,大明七年(463年)九月诏:"近炎精亢序,旧稼多伤,今二麦未晚,甘泽频

---

① 李剑农:《魏晋南北朝隋唐经济史稿》,北京:中华书局,1963年,第5页。

降，可下东境郡，勤课垦殖，尤弊之家，量贷麦种。"诏书中的东境郡指建康以东诸郡，而且常常重点是指会稽郡。这道诏书经常被用来与元嘉时期的推广麦作诏相提并论，认为是刘宋政府在之前诏书的基础上进一步向东南推广麦作，从而使督令种麦的区域遍及了整个江南。①这种说法不无疑问，以会稽为中心的三吴地区当然也有能够种麦的山区，但其低湿的环境显然不适宜普遍种麦。有了东晋以来的经验教训，刘宋政府对此不可能没有认识，仍然特意就这一地区来发展麦作。分析诏书内容，大明时期的这次活动应该仅仅是发生灾害后的权宜之计，而不是将推广麦作作为促进当地农业发展的基本政策。《建康实录》卷13"大明七年八月"条载："时大旱，自四月不雨，至于是月"，而孝武帝也在诏书中提到"近炎精亢序，旧稼多伤"。当年八月虽然终于有雨，但这一年的稻作没有什么收成是肯定的，这时候"二麦未晚"，其他地区的百姓可能会主动种麦进行弥补，而在三吴这种缺乏种麦条件和基础的地区却不尽然，所以政府才会在这年九月特意督令东境郡种麦。刘宋政府对于麦作的推广并非仅仅停留在口头宣传，而是配合以实际行动。元嘉二十七年诏书规定"速运彭城、下邳郡见种，委刺史贷给"，大明七年诏书也提到"尤弊之家，量贷麦种"，均努力为百姓种麦提供便利，因此种麦要求当能在一定程度上落实。

《南齐书·徐孝嗣传》记其在齐明帝时表立屯田，载："淮南旧日，触处极目，陂遏不修，咸成茂草。平原陆地，弥望尤多……今水田虽晚，方事菽麦，菽麦二种，益是北土所宜，彼人便之，不减粳稻……请即使至徐、兖、司、豫，爰及荆、雍，各当境规度，勿有所遗。"徐孝嗣的建议在于使"缘淮诸镇"能够自足，不必"取给京师"，因此刘宋时已失淮北，所以主要是在淮南一线进行屯田，种植菽麦，同时"爰及荆、雍"，试图延伸到长江中游地区。其中提到"菽麦二种，益是北土所宜，彼人便之"，还是强调北方人习于种麦的传统对推广种麦的帮助，这里的"彼人"即南迁的北方移民。徐孝嗣的建议虽然被明帝采纳，但当时明帝病重，又有军事斗争，并未得到施行。梁、陈两代没有政府指令种植麦类的记载，但《陈书·世祖纪》天嘉元年（560年）八月的劝农诏中称"麦之为用，要切斯甚"，仍然体现了对麦作的重视。

---

① 黎虎：《东晋南朝时期北方旱田作物的南移》，《北京师范大学学报》（哲学社会科学版）1988年第2期；张学锋：《再论六朝江南的麦作业》，载胡阿祥主编：《江南社会经济史研究·六朝隋唐卷》，北京：中国农业出版社，2006年。

三、南方麦作的推广程度与意义

东晋南朝除了政府对麦作的推动,还有北方移民在到达南方之初为了避免与本地人的利益冲突,只能逐空荒而居,其停驻地往往是经营水田的条件相对不便利的地区,同时本身也没有种稻的经验,很多人不待政府督促,便会选择种麦。《晋书·隐逸传》载,河内人郭文在永嘉之乱时,"步担入吴兴余杭大辟山中穷谷无人之地……区种麦菽,采竹叶、木实,贸盐以自供"。当时南来移民数量庞大,这样的情况当不少见。东晋南朝的气候条件也相对有利于麦作的推广。研究表明魏晋南北朝时期是我国古代气候的低温寒冷期,在经历了春秋至西汉的相当长的温暖期之后,到东汉时代我国气候出现了转向寒冷的趋势,至第四世纪前半期达到顶点,那时年平均温度大约比现在低2℃~4℃。[①]雨量变化的趋势与温度变化的趋势是一致的,温暖的气候往往能带来较多降水,而寒冷多与干燥相伴。东晋南朝的低温,在一定程度上给耐寒耐旱的麦类作物的南移创造了有利的气候条件。在所有的旱田作物中,麦类的平均蒸腾系数为540,需水量显著高于一些公认的抗旱作物,比起粟来要翻一番,也相对更能适应南方的环境。

在这种情况下,东晋南朝南方麦作的规模有了较大发展。《宋书·自序》载,元嘉中三吴发生水灾,沈亮认为"缘淮岁丰,邑富地穰,麦既已登,黍粟行就",通过交易能解决饥民粮荒。《南齐书·高逸传》载临川王萧映看重庾易,"上表荐之,饷麦百斛"。《陈书·孔奂传》载,陈霸先与北齐作战时,"令奂多营麦饭,以荷叶裹之,一宿之间,得数万裹,军人旦食讫,弃其余,因而决战,遂大破贼"。当时建康城的市场上四季都有麦类出售。《宋书·孝义传》载,何子平任扬州从事史,"月俸得白米,辄货市粟麦"。而且市场上的交易规模还不小,陈霸先令孔奂给军队所营麦饭即大都来自建康市场。《南史·陈纪·武帝》载,陈霸先将战时"食尽,调市人馈军,皆是麦屑为饭,以荷叶裹而分给"。

麦作的推广在一定程度上改变了南方单一种植水稻的作物结构,能够起到稻麦互补的作用。中国农业自古就有"杂种五谷,以备灾害"的传统。在饥旱发生时,南方麦作的效果尤其明显。《晋书·食货志》载,元帝推广麦作,"其后频年麦虽有旱蝗,而为益犹多"。《陈书·吴明彻传》载,吴明彻年少时在家务农,"时天下亢旱,苗稼焦枯",唯独他"秋而大获",侯景之乱时,"明彻有粟麦

[①] 竺可桢:《中国近五千年来气候变迁的初步研究》,《考古学报》1972年第1期。

三千余斛,而邻里饥馁"。吴明彻的农田独独能获得丰收,可能与他种植的是粟麦,而邻里大都种植水稻有关。同时,麦作的推广也促进了南方丘陵山区与水乡高阜地带的开发。农谚有云"麦要燥,田要高","高田种麦,低田种稻"。南方具有典型的水乡环境,但也有地势高亢、比较容易受旱的山地和坡地。郭文移居南方后是在余杭山中种麦,刘宋政府对麦作的推广也是着眼于这些地区。东晋南朝兴起的大田庄往往囊括了山区和高地,庄园内的农业活动都是根据地势等环境条件稻麦并种、水陆兼营。《宋书·谢灵运传》载,其《山居赋》"兼有陵陆,麻麦粟菽",描述的就是山中种麦的情形。《宋书·孔灵符传》载,其在永兴的田庄,"周回三十三里,水陆地二百六十五顷,含带二山"。

然而,东晋南朝南方百姓种麦的动力并不太足,《晋书·五行志》载,"无麦禾,天下大饥"的记载,只是作为一年中农业歉收的事记入,而不能表明麦作的普及。[1]这主要是因为麦的产量不如水稻,而且麦在当时被视为粗粝食物,价值也不高。依古代为父母守丧的规则,孝子居丧期间不能食用适口的饭菜,而麦在东晋南朝就是被作为居丧期间的食物。《梁书·昭明太子传》载,昭明太子萧统在生母丁贵嫔去世后,"自是至葬,日进麦粥一升"。《梁书·孝行传》载,沈崇傃母卒,居丧期间"久食麦屑,不唉盐酢,坐卧于单荐,因虚肿不能起"。《陈书·徐陵传》载,徐陵"母亡之后",其弟陈孝克"遂常唉麦,有遗粳米者,孝克对而悲泣,终身不复食之焉"。《陈书·孝行传》载,司马暠"丁父艰,哀毁逾甚,庐于墓侧,一日之内,唯进薄麦粥一升",张昭"及父卒,兄弟并不衣绵帛,不食盐醋,日唯食一升麦屑粥而已"。《南史·刘勔传》载,其孙刘览"以所生母忧,庐于墓,再期不尝盐酪,食麦粥而已"。麦在东晋南朝的地位很低的表现还有其他事例。《梁书·任昉传》载,其萧梁时"出为义兴太守。在任清洁,儿妾食麦而已","儿妾食麦"在这里成为判断廉吏的标准。《南史·沈约传》载,其孙沈众在陈朝时负责修造太极殿,"恒服布袍芒履,以麻绳为带,又囊麦饭绊以啖之,朝士咸共诮其所为",因表现得过于吝啬而遭到嘲笑。《宋书·孝义传》载,何子平"月俸得白米,辄货市粟麦",说是"尊老在东,不办常得生米,何心独飨白粲",可见作为孝子的何子平因为不敢独享"白粲",而改食"粟麦"。

事实上,东晋南朝政府推广麦作的范围也并非整个南方,而主要是在江

① 张学锋:《再论六朝江南的麦作业》,载胡阿祥主编:《江南社会经济史研究·六朝隋唐卷》,北京:中国农业出版社,2006年。

淮之间与长江南缘,因为这里北方侨民集中,而且部分地区地势高亢,种稻相对困难。然而,随着东晋南朝水利工程的修建,这些地区发展稻作的条件其实也在逐渐改善。以宁镇丘陵为例,这里有东晋太兴四年(318年)晋陵内史张闿在丹阳主持兴建的新丰塘,《晋书·张闿传》载,"时所部四县并以旱失田,闿乃立曲阿新丰塘,溉田八百余顷,每岁丰稔"。修新丰塘"计用二十一万一千四百二十功",规模相当大。建康东南的赤山塘也是很重要的水利工程,相传建成于孙吴,但最初规模并不大,南朝时屡次修治,《梁书·良吏传》载,明帝使沈瑀"筑赤山塘,所费减材官所量数十万"便是之一。当时赤山塘周长120里,有两斗门控制蓄池,以后历代迭加修治,灌田号称万顷。其他见于记载的水利工程还有单塘、吴塘、南北谢塘、莞塘、迎檐湖、苏峻湖、葛塘湖等,虽然规模小于新丰塘、赤山塘,但对于发展宁镇丘陵地区的灌溉农业都有重要意义。《宋书·孝义传》载,元嘉二十一年(444年)大旱,徐耕曾说晋陵"承陂之家,处处而是,并皆保熟,所失盖微。陈积之谷,皆有巨万"。同时,移民的生活习俗与饮食追求也不会长期保持,经过三代基本上已经会完全放弃原有的习惯。所以,梁、陈政府推广麦作已经不如东晋、刘宋时积极。学者指出,唐代长江中下游地区的麦作仍不是很普遍,唐代正史中仅有两条史料涉及本地区的麦类生产。[①]这说明南朝后期南方的麦作范围可能有所缩小。

南方小麦扩张的高潮出现在南宋,这主要归因于当时稻麦复种技术的成熟,同时新一轮的移民潮导致小麦需求的增加,加上政府的赋税制度,使种麦变得有利可图。庄绰《鸡肋编》载:"建炎之后,江浙、湖湘、闽、广,西北流寓之人遍满。绍兴初,麦一斛至万二千钱,农获其利倍于种稻,而佃户输租只有秋课,而种麦之利独归客户,于是竞种春稼,极目不减淮北。"即便如此,南方麦作在这之后还是时起时落,并没有稳定下来,可见环境因素对作物推广的限制并不容易克服。

---

① 华林甫:《唐代粟、麦生产的地域布局初探(续)》,《中国农史》1990年第3期。

五　古典学研究

塞克斯都·恩披里柯:其人其书

崔延强①

（西南大学　政治与公共管理学院）

作者按： 塞克斯都·恩披里柯（Sextus Empiricus）是希腊晚期最重要的哲学家之一，是怀疑主义流派的集大成者，他的著作既是希腊怀疑主义的宝库，更是系统记载希腊哲学思想的一手文献，是流传下来的希腊化时代最完整的哲学典籍之一，具有极高的思想价值和史料价值，是研究希腊哲学和西方哲学史的必读文献。塞克斯都的著作的史料价值在于它比较客观地记述了公元 2 世纪以前希腊哲学几乎所有流派的主要观点，成为我们今天研究希腊哲学绕不过去的一手文献。在某种意义上，我们可以把塞克斯都的著作视为真实性较高的，希腊人自己写的一部批判的希腊哲学史。作者已着手翻译塞克斯都的全部著作，商务印书馆近期将出版作者翻译评注的《皮浪学说概要》，本文是该书的序言。

尽管人们对塞克斯都·恩披里柯（以下简称塞克斯都）的生平所知甚微，但他的《皮浪学说概要》（以下简称《概要》）及其"拓展版"《反学问家》在希腊化时代广为流传，曾深刻影响着当时哲学发展的思想特质，尤其自 16 世纪被重新发现和翻译之后，对西方近代早期哲学的转型和形塑带来了不可低估的

---

① 崔延强，男，西南大学政治与公共管理学院教授，西南大学希腊文明研究中心研究员，博士生导师。致力于希腊哲学、西方古典大学思想与制度研究，译有《亚里士多德全集》第五卷、第九卷（部分）、《中世纪欧洲的大学》（第一、第二卷）等。

推动作用,乃至在 20 世纪的西方哲学中皮浪主义的思想传统仍然生生不息。①塞克斯都的著作是集思想性和史料性于一身的经典,完整呈现了怀疑论的本质、目的、表述、论式以及对独断论反驳的主要论题,系统阐述了存疑(epochē)——这种人类宝贵思想品质的原初形态,凝练了怀疑论的典型论证形式,张扬了逻辑理性的力量,尤其在希腊思想被信仰主义、神秘主义日益浸淫的希腊化时代显得愈加可贵。其思想性、严整性、逻辑性和写作艺术性在怀疑论的思想史上独领风骚,为近代怀疑论提供了丰富多彩的论证范式,直到 17 世纪的笛卡尔,没有怀疑论的著述可以出乎其右。②

塞克斯都著作的史料价值在于它比较客观地记述了公元 2 世纪以前希腊哲学几乎所有流派的主要观点,成为我们今天研究希腊哲学绕不过去的一手文献。在某种意义上,我们可以把塞克斯都的著作视为真实性较高的希腊哲学的"史料汇编"。因为这和塞克斯都的写作风格以及他所理解的怀疑论的目的直接相关。塞克斯都坚持怀疑论是一种不持有自己哲学立场的哲学,不对任何独断的观念、信念、学说做出确切的判断,而是通过大量援引(propheresthai)和转述(diēgisthai)其他哲学的观点,发现这些观点之间的矛盾对立,已求达致心灵的存疑和宁静。③在塞克斯都的笔下,apaggellō 一词("报告""记述"之意)频频出现,比如,"像史学那样清楚地(historikōs)报告每种东西"④;"在不持有信念的意义上述说或报告自己的感受";⑤"以报告或记述的方式(apaggeltikōs)表达当下向他呈现出来的显明之物,并非独断地做出确切的表

---

① 鲍布金等认为塞克斯都的著作在 16 世纪中叶被重新翻译评注后,对文艺复兴时期的意大利和法国人文主义者爱拉斯谟、皮科、拉姆斯、塔隆、蒙台涅、桑切斯、沙隆等人产生重大影响。他们以皮浪主义为武器揭露理性的虚妄,批判亚里士多德经院哲学的不可靠性,不能作为上帝信仰和道德养成的依据,从而造成宗教改革时代具有"反智主义"色彩的"虔信主义"(Fideism)思想的滥觞。学者们还认为皮浪主义在近代是一种"活"的思想运动,近代主要哲学家几乎都感受到了怀疑论的挑战,并做出自己的深刻回应。皮浪主义作为一种"活"的思潮进入近代知识论视野,起始于贝尔、笛卡尔和伽桑迪,经过洛克、巴克莱和休谟,终结于康德关于经验与先验世界的设定,它型塑了近代哲学的主题和范式。参见 Popkin,R. H.(1979), *The History of Scepticism from Erasmus to Spinoza,* (Berkeley: UCP);Schmitt,C.(1983), "The Rediscover of Ancient Skepticism in Modern Times",in Burnyeat,M.F.ed.*The Skeptical Tradition,*(California: UCP),225~254。但另有学者认为,希腊怀疑主义的思想传统从来没有终结过,从巴克莱和休谟的经验主义,到 20 世纪后实用主义者罗蒂"教化的"(edifying)哲学,逻辑实证主义对形而上学的拒斥,德里达和福柯的后现代哲学,皮浪主义的挑战依旧生生不息。参见 Hiley,D.R.(1987),The Deep Challenge of Pyrrhonian Scepticism,*Journal of the History of Philosophy*25:2.pp.185~213。

② 见 Floridi.L.(2002),*Sextus Empiricus:The Transmission and Recovery of Pyrrhonism,*(Oxford University press),12。

③ 见 DL 9.74。

④ 见 *PH* 1.1。

⑤ 见 *PH* 1.15。

明,而是叙述他所感受的东西"。①正是由于怀疑论的这一动机,其所引述的观点自然就避免加入自己的判断,尽可能地保持了这些文本的原有风貌。比如,有学者认为由于塞克斯都对欧几里得的引述,使我们有幸可以看到其《几何学原理》的正确文本,而3世纪左右的文本已被学者们穿凿附会得面目全非,伊安布利霍斯(Iamblichus)使用的已是毁坏的本子。②再如,有学者认为尽管塞克斯都的论述冗长繁琐,但却相当重要。正是塞克斯都的引用,才使巴门尼德的诗序部分得以保存至今。③

有关塞克斯都的生平,我们从他自己的著述和其他文献中几乎很难获得确切的信息。他的著作没有提到任何与自己同时代的人,出现最晚的一个历史人物乃是提伯里奥斯·凯撒(公元前42—公元37年)。④第欧根尼·拉尔修在其《名哲言行录》中曾四次提到塞克斯都的名字。⑤在"提蒙"的最后一段他谈到了塞克斯都的师承关系:⑥

> "安提奥库斯传经验论医生(iatros empeirikos),尼科美迪亚的美诺多图斯和拉奥迪凯的提奥达斯;美诺多图斯传塔尔修斯的赫罗多图斯,阿瑞优斯之子,赫罗多图斯传塞克斯都·恩披里柯,后者写了怀疑论的十卷本和其他非常优秀的著作。塞克斯都传绰号叫Kuthēnas的萨图尔尼诺斯,另一位经验论者。"

有学者据之推测,如果塞克斯都的老师的老师,即经验派医生美诺多图斯(Menodotus)的盛鼎年约在80—100年,而塞克斯都的学生萨图尔尼诺斯(Saturninus)和第欧根尼·拉尔修是同时代人(约3世纪初),那么塞克斯都的生活年代应在公元140/160—220/230年,其盛鼎年约在180—190年。这一推测与其他推测似有附会之处,比如塞克斯都谈到的自己当下的主要对手斯多亚派⑦,于3世纪中叶发生严重危机,或许塞克斯都的怀疑论加深了这场危

---

① 见 *PH* 1.197。

② 见 Heiberg,J.L.(1882),*Studien über Euklid* (Leipzig:B.G.Teubner)。转自 Floridi.L.(2002),12。

③ 见 Bochner,S.(1966),*The Role of Mathematics in the Rise of Science*(Princeton University Press),363。转自 Floridi.L.(2002),12。

④ 见 *PH* 1.84。

⑤ 见 DL 9.87,9.116。

⑥ 见 DL 9.116。

⑦ 见 *PH* 1.65。

机。①因此,根据种种推测,学者们倾向于认为塞克斯都是公元2世纪中叶,最迟不过3世纪初的人,比医生加伦(Galen)晚一点,比第欧根尼·拉尔修早一点。

从文本看,塞克斯都似乎熟悉雅典、罗马和亚历山大利亚几个城市,但他究竟出生何处,生活在哪里我们并不清楚。文本中曾两次提到,由于距离和外部环境因素,雅典对于当下的他来讲似乎是非显明的。由此猜想,塞克斯都写作时好像并不在雅典。②他还讲到,"我们称为脚凳的东西,雅典人和科埃斯人(Coans)称为龟背。"③这里"我们"究竟指哪里人? 不得而知。尽管没有确凿的史料支撑,有些学者还是坚持认为塞克斯都有可能在这三个城市均有一段生活经历。④

塞克斯都以行医为业似乎比较可信。⑤他在著作中常举治疗方面的例子,似乎表明他对医学比较熟悉。最富想象力和哲学革命意味的是他把怀疑论视为精神治疗术,目的在于根治独断论的鲁莽和自负,同时把达致存疑的各种论式比作效力不等的"泻药",在清除独断信念的同时与之一起消解。⑥他的名字"塞克斯都·恩披里柯"(Sextus Empiricus)似乎与医学思想倾向或流派密切相关,或可读为"经验论派的医生塞克斯都"。第欧根尼·拉尔修在师承关系中把塞克斯都归于经验派医生美诺多图斯、赫罗多图斯这一枝脉,相比不完全是空穴来风。另外,假托加伦名义的著作《医学导论》(Isagogē)也将美诺多图斯与塞克斯都并举为经验派医生。⑦但塞克斯都本人对于自己是否属于经验派医学似乎说法不一。在《概要》中他专门辨析了皮浪派与经验派医学的区别。他说:

> "有些人声称怀疑派的哲学与医学中的经验论相同。必须认识到,只要经验论(empeiria)对非显明之物的不可理解性做出确切的断言,那它就不会与怀疑论相同,对怀疑论者来说接受这派学说也

① 见 Brochard,V.(1923),*Les Sceptiques grecs*,2nd ed.(Paries:J.Vrin;rept.1981)。转自 Floridi.L.(2002),5。

② 见 *PH* 2.98;*M* 8.145。

③ 见 *M* 1.246。

④ 见 Zeller, E.(1876~1909),*Die Philosophie der Griechen in ihrer geschichtlichen Entwicklung*,3 vols.(Leipzig:1923);Glucker,J.(1978),*Antiochus and the Late Academy*(Göttingen:Vandenhoeck &Ruprecht)。

⑤ 见 *PH* 2.238;*M* 1.61,260;7.202;11.47。

⑥ 见 *PH* 1.206;3.280。

⑦ 转自 Floridi.L.(2002),7。

是不恰当的。对我而言,怀疑派似乎更有可能采纳所谓的"方法论"(methodos)一说。因为方法论似乎是医学中唯一一个对非显明之物未做鲁莽判断的学派,没有自以为是地声称这些东西是可理解的或是不可理解的,而是按照怀疑论者的做法,跟随显明之物,从中选取似乎有益的东西。"①

显然这里塞克斯都认为怀疑论的思想更接近医学方法派。然而在《反学问家》中他又明确地把皮浪派和医学经验派联系到一起,②这或许因为塞克斯都后期写作《反学问家》时改变了原来的观点。③

塞克斯都的全部著作由三部分构成:

1.《皮浪学说概要》(*Pyrrhoniae Hypotyposes*,缩写 PH)

2.《反学问家》(7–11)(*Adversus Mathematicos* 7–11,缩写 M 7–11)

3.《反学问家》(1–6)(*Adversus Mathematicos* 1–6,缩写 M 1–6)

这些书名并非希腊文本固有,乃为古代拉丁学者校勘时命名,书名的拉丁文缩写为当今学界通用。《概要》(PH)分三卷,第一卷(PH 1)是怀疑论的基本纲要,涉及怀疑论的概念、缘起、论述、标准、目的,论式,表述以及怀疑论同相近哲学的区别,第二卷(PH 2)是对逻辑学问题的反驳,第三卷(PH 3)是对物理学和伦理学问题的反驳。《反学问家》(7–11)实际是在《概要》第二卷和第三卷基础上的进一步拓展,增添了更为丰富的材料和论题。内容分三部分:《反逻辑学家》(即 M 7–8)、《反物理学家》(即 M 9–10)和《反伦理学家》(即 M 11),这三部分的名称是从贝克尔(Bekker,1842)编辑的标准本刊行之后形成的,原文本身没有此类的名称。有学者认为,《反学问家》(7–11)或许属于一部现今已遗失的大部头著作的一部分。其中《反逻辑学家》的开篇部分(即 M 7.1)应当是类似于《概要》第一卷(PH 1)的内容,后来才演变成今天通常看到的独立的文本。④《反学问家》(7–11)原来可能拥有十卷的篇幅,遗失的部分

---

① 见 *PH* 1.236~37。

② 见 *M* 8.191。

③ 与希腊医学思想的关系,见 Frede,M.(1987),*Essays in Ancient Philosophy*(Oxford:Clarendon)。

④ 参见 Bett,R.(1996),*Appendix* in Sextus Empiricus,*Against the Ethicists*,trans.with an intr.and comm.(Oxford:Clarendon Press);Blank,D.L.(1998),Introduction to Sextus Empiricus,*Against the Grammarians*,Trans.with an intr.and comm.(Oxford:Clarendon Press)。

构成前五卷内容。^①这种推断似乎与塞克斯都提到的十卷本《怀疑论著》（Skeptika Hupomnēmata）^②以及第欧根尼·拉尔修记述的塞克斯都写有"怀疑论的十卷本和其他非常优秀的著作"^③相吻合。另有学者认为，"怀疑论的十卷本"应全部由《反学问家》构成，其中《反几何学家》（M 3）和《反算术家》（M 4）两个短篇可以并成一卷，这样《反学问家》整体上就是十卷内容。^④

从内容看，《反学问家》（1-6）同《反学问家》（7-11）和《概要》差别很大，几乎不存在类似于《反学问家》（7-11）和《概要》之间段落字句上的对应关系，也很少关注那些反驳对手的论证形式。《反学问家》（1-6）讨论的并非思辨知识（epitēmē）而是实用技艺（technē），即相当于罗马中世纪谈论的"自由七艺"中的"六艺"（逻辑学除外）。^⑤六卷内容分别涉及《反语法家》（M 1）、《反修辞家》（M 2）、《反几何家》（M 3）、《反算术家》（M 4）、《反天文家》（M 5）和《反音乐家》（M 6）。值得注意的是，希腊语 mathēmatikoi 源于动词词干 manthanō（"学习""理解"等意），是对自由技艺研习方面博学多识、训练有素的精专人士的通称，即指深谙七艺之道的"学者""学问家""学术家"，同以探究普遍原因为目的的"思辨者""哲学家"相互有别。因此，我们这里把 Adversus Mathematicos 这一书名译为《反学问家》。由此看来，《反学问家》这一名称仅适合于1-6卷的这些"六艺"论题，7-11卷所讨论的哲学问题被归在同一名下或许是古代学者的一个历史误会。^⑥但无论如何，《反学问家》（1-6）自身的学术价值不可低估，这是讨论"自由七艺"教育的第一部最为系统的文献。有学者指出，塞克斯都对语法家的反驳具有特殊价值，为我们研究古典学术史提供了早期重要史实。^⑦

---

① Blomqvist,J.(1974),"Die Skeptika des Sextus Empiricus",*Gräzer Beiträge* 2,7 ~ 14。转自 Floridi.L.(2002),9。

② 见 *M* 1.29;2.106;6.52。

③ 见 DL 9.116。

④ Zeller, E. 和 Brochard,V. 持这个观点。转自 Floridi.L.(2002),10。

⑤ "自由七艺"(liberal arts) 所包含的科目在柏拉图和亚里士多德的知识分类体系中早已涉及。比如，柏拉图在《国家篇》中明确将之列为接受辩证法学习之前的预备科目。亚里士多德在《形而上学》第一卷也区分了只知道"是什么"而不知道"为什么"的技艺、以实用为目的的创制性知识(poietikoi)和以研究本原、原因为目的，"为自身而存在"的思辨性或理论性知识(theoretikai)。技艺属于知识的初级阶段，只有满足"自足"条件才能称之为理论知识。这点类似于中国传统知识体系中的"小学"与"大学"科目之分。"自由七艺"在中世纪大学作为"预科"性质的科目，完成后进入法学、医学和神学等专业学习。实际"自由七艺"一直是欧洲古典学术的主要研究对象。19世纪初，由"自由七艺"教育逐渐发展出"通识教育"(general education)的理念和科目。

⑥ 参见 Floridi.L.(2002),8。

⑦ Sandys,J.E.(1908),*A History Classical Scholarship* (Cambridge Uniwersity press)1.330。

学者们认为，塞克斯都这三部著作的写作时间顺序为《概要》《反学问家》(7-11)、《反学问家》(1-6)。有关后两者的顺序没有什么争议，因为《反学问家》(1-6)当中至少有两处涉及到了《反学问家》(7-11)。[①]但《概要》究竟在《反学问家》(7-11)和《反学问家》(1-6)之前、之间还是之后存在着不同看法。

除了以上三部，塞克斯都是否还写过其他著作？在《反学问家》中他似乎提到了《医学论著》(*Iatrika hupomnēmata*)[②]、《经验论著》(*Epeirika hupomnēmata*)[③]和《论灵魂》(*Peri psuchēs*)[④]。有学者认为前两者乃名称略有不同的同一个短篇，另有学者认为《论灵魂》是现存著作中的某些段落，目前尚缺乏可靠的史料确证这些分歧。[⑤]

塞克斯都这些著作的写作蓝本或许是公元前1世纪的埃奈西德穆和公元1—2世纪的阿格里帕，他们在《概要》中被称为"新一代"怀疑论者。[⑥]在《反学问家》中塞克斯都将十大论式归于埃奈西德穆[⑦]，而第欧根尼·拉尔修则把五大论式归于阿格里帕。显然，埃奈西德穆关于皮浪学说的论述成为塞克斯都以及稍晚几十年的第欧根尼·拉尔修撰写怀疑论的主要依据。塞克斯都和第欧根尼·拉尔修的两个文本是我们今天研究希腊怀疑论最重要、也是最接近怀疑论思想的一手文献。[⑧]但我们从结构、术语、表达多个层面看，两个文本之间还是有诸多差异。谁更真实地触摸到了怀疑论的思想本身？是作为医生和怀疑论者的塞克斯都，还是作为历史文献家(Doxographer)的第欧根尼·拉尔修？也许历史本身永远保持沉默。但有一点似乎是真切可靠的，即通过两个文本的比较可以感知到，从皮浪和提蒙的"老一代"，到埃奈西德穆和阿格里帕的"新一代"，再到塞克斯都自己，跨越近四个世纪的怀疑论已产生很大的变化。如果说"老一代"怀疑论者像是瓦解独断说教、顺应自然习惯，标榜一种去信念化的宁静生活的智者，那么"新一代"怀疑论者和塞克斯都本人

---

① 见 *M* 1.35;3.116。

② 见 *M* 7.202。

③ 见 *M* 1.61。

④ 见 *M* 6.55;10.284

⑤ 参见 Floridi.L.(2002),10。

⑥ 见 *PH* 1.36;1.164。

⑦ 见 *M* 7. 345。

⑧ 为此，我们在附录里自希腊文全文翻译注释了第欧根尼.拉尔修第九卷的皮浪与提蒙评传，同时在《概要》的脚注中尽可能注明与第欧根尼.拉尔修进行比对的段落。

则更像是引述文献、套用论式、严格推证,试图发现每个命题都有一个等效的对立命题的教师。塞克斯都文本的逻辑性、体系性、冗繁性、学派性彰显无遗。在这种意义上,第欧根尼·拉尔修的文本似乎更原始地呈现了皮浪主义源头的某些景象,当然不排除阅读过学派化了的怀疑论的著作,因为埃奈西德穆本身就是从柏拉图学园走出的一位具有辩证法素养的哲学家。①塞克斯都对怀疑标准的要求是严格乃至苛刻的,按其标准,第欧根尼·拉尔修文本记述的若干怀疑论的思想先驱乃至皮浪本人都很难属于他所理解的真正的怀疑论者,甚至对怀疑论前辈美诺多图、埃奈西德穆的某些观点也持批判态度。②

另外还有两个常见的二手文本。一是优西比乌斯(Eusebius,约公元256—339年)在其《福音的准备》(*Praeparatio Evangelica*)中引述亚里士多科勒斯(Aristocles),一位活动于1—2世纪,生于意大利的麦西那(Messene)的漫步派学者有关怀疑论的30段文字。③关于这个文本,有学者认为是亚里士多科勒斯至今已遗失的提蒙的《讽刺诗》(Silloi)和《彼提亚》(Pytho)以及埃奈西德穆为直接阅读对象的批判性文本,几乎没有发现中期学园派阿尔克西劳和卡尔尼亚德的影响痕迹,应该是最接近皮浪的皮浪主义。④二是甫修斯(Photius,约810—893年)在其《文献》(*Bibliotheca*)中提供的有关埃奈西德穆《皮浪派的论证》的几段文字。⑤这个文本,基本利用二手文献,在思想观点、内容结构和术语使用上离怀疑论的出发点已经相去甚远了。

由于语言障碍或其他原因,塞克斯都以及第欧根尼的文本并未直接进入中世纪知识主流的视野。奥古斯丁在受洗之前(约387—388年)写作《驳学园派》(*Contra Academicos*)时不通希腊文,因此他对怀疑论命题的了解大概不会超出西塞罗的《学园派》(*Academica*),如果他的分析接近塞克斯都,也是因为他们使用了相同的材料、拥有共同的理论兴趣。⑥在中世纪的欧洲,学园派与怀疑派是同义词,这种情况一直持续到17世纪。沉寂了1000多年之后,塞克

---

① 见Photius,*Bibliotheca* 212.169 b(本书附录2:埃奈西德穆《皮浪派的论证》)。

② 见 *PH* 1.222。

③ 见 Eusebius,*PE* 14.18.1～30(译文见本书附录3:亚里士多科勒斯《反皮浪怀疑派》)。

④ 见 Chiesara,M.L.(2001): *Aristocles of Messene:Testimonia and Fragments* (Oxford University Presss),86。

⑤ 见 Photius ,*Bibliotheca* 212 169b18～170b35(本书附录2:埃奈西德穆《皮浪派的论证》)。

⑥ 参见 Floridi.L.(2002),13。

斯都的著作在希腊、阿拉伯与意大利学者日益频繁交流的文艺复兴时期被重新发现和翻译，并被完整地保存下来。15—16世纪，塞克斯都著作的拉丁文选译本或全译本共有七种。其中亨利科斯·斯蒂法诺斯（Henricus Stephanus）翻译的《概要》全译本于1562年首次印刷。另外，珍提阿诺斯·赫沃特斯（Gentianus Hervetus）翻译的《反学问家》全译本也于1569年出版。①这两个译本敲响了近代早期欧洲知识界的晨钟，预示着一场深刻的认识论转向的黎明即将到来。

---

① 参见Floridi.L.(2002),10～11。

波利比乌斯的历史编纂方法[①]

范秀琳[②]

（西南大学 历史文化学院）

波利比乌斯（约公元前208年—前126年）是古希腊的历史学家，生于迈加洛波利斯（Megalopolis）。其代表作是长达40卷的《历史》。该书主题是罗马及其统治下的地中海的统一。该作品内容广博，对西方古典学的发展产生重要的影响。

一、史料来源和选择

波利比乌斯的《历史》共40卷，1—30卷讲述从第一次布匿战争至公元前167年的历史，31—40卷完成后续改进计划。主要涉及罗马与迦太基的早期关系、亚该亚同盟的早期历史、迦太基战争以及希腊和地中海东部的主要事件等史料。波利比乌斯主要是记述当代史，亦是世界史的开始，他的史料来源多为亲身经历，也有一些间接史料，具体主要分为以下几种：

（一）实践调查和经历

波利比乌斯所著的历史始于公元前264年，可以说，对于晚近发生的事件

① 本文是2015国家社科基金一般项目：古罗马农书与农耕文明研究（项目号：15BSS008）阶段性成果之一；2015中央高校基本科研业务经费专项资金项目：古罗马农耕生产与供求关系（项目号：SWU1509410）阶段性成果之一。
② 作者简介：范秀琳，1978年生，世界史博士，西南大学历史文化学院副教授，硕士生导师，主要研究方向为古罗马史。

他是见证者。公元前168年伯尔修斯在皮德纳(Pydna)战败,一千名亚该亚人被带到罗马做人质,波利比乌斯即是其中之一。他通过偶然的机会遇到年轻的小西庇阿,之后融入罗马社会并有机会了解罗马政治和军事情况。

波利比乌斯在罗马羁留十六年,他遇到很多来自世界各地的历史见证者,他与当时的权威人物进行讨论和采访,其中保留下来的名字有赖里亚斯(C. Laelius)提到的"非洲征服者"西庇阿,努米底亚国王马西尼沙在年事已高时也回忆了汉尼拔的特征以及他的贪婪①。这些见证者的口述资料给波利比乌斯的创作提供了更为可靠且广泛的资料。

在罗马羁留的十几年中,波利比乌斯以历史调查为目的,同时秉承着他的信仰,即地理调查是一项重要的写作历史的基础,开始造访意大利各地区。他游历意大利南部和西西里,用公职权力参观阿非利加,跟随西庇阿前往西班牙,再经由南部高卢和阿尔卑斯山返回意大利。在《历史》第24卷中记载了当时的一些地理状况,但现已散轶。因此,相比于对一些事件进行大肆渲染的作家而言,波利比乌斯对很多事件有着亲身的经历和体验。譬如,在关于汉尼拔穿过阿尔卑斯山这一问题上,波利比乌斯的论述是最具权威性的,因为他曾亲自走过这条路线,采访过追随汉尼拔的人,"我有信心地说出这些事,是因为我询问过实际在这些现场的人关于环境的问题;而且为了取得一手资料和证据,我也亲自探寻这一国家,横跨阿尔卑斯山。"②同时他对提麦努斯(Timaeus)进行了严厉的批判,因为提麦努斯一直"生活在一个地区"③,他也批判罗德斯的泽诺(Zeno),因其粗心原因忽略了地理问题,这是历史研究中甚为重要的一部分。

同时,公元前146年波利比乌斯在阿非利加参加了第三次布匿战争,目睹迦太基城被夷为平地的过程,这为他书写第三次布匿战争提供了最可靠真实的资料;而且他还见证小西庇阿对外战争的多次胜利,亲历罗马的政治和军事体制。另外,波利比乌斯的父亲活跃于亚该亚的政治圈,而他本人在公元前170年/169年被选为亚该亚同盟的骑兵长官,因此他个人的政治经历对于创作公元前180至前170年代的马其顿及亚该亚历史,甚至是更晚期的历史

---

① [古希腊]波里比阿著:《罗马帝国的崛起》,翁嘉声译,北京:社会科学文献出版社,2013年,第121页.

② Polybius, *Histories*,3.48.12,the loeb classical library,Harvard University Press,1922.

③ J.B. Bury,The *Ancient Greek Historians*,The Macmillan Company, 1909, p.198.

有着重要的意义。但波利比乌斯对于叙利亚和埃及,了解和掌握的知识不多,除了提到托勒密(Ptolemaic)时期的罗德斯的泽诺外,波利比乌斯在写作埃及历史时好像没有提到其他书面来源。但一些学者认为他大量利用的是外交资料,因为当波利比乌斯在罗马时,所有东方的大使馆都驻在罗马,因此,他可能从中采用了很多可靠的材料。

(二)文字史料

对于波利比乌斯写作《历史》时所采用的文字史料,我们了解得较少。虽然他主要强调个人调查、采访目击者、各地采风等活动的重要性,但细究起来,其作品前半部分亦是大量依赖成文史而作的。"虽然很多事件我亲身经历过,但我也从经历其他事件的目击者那里听到一些。回溯历史如果就是在传闻的基础上书写传闻,这对我的判断和分析来说是不可靠的。"①因此,很难想象整部40卷的作品是完全建立在口述史基础上完成的,并且波利比乌斯在其作品中亦没有如此说法。波利比乌斯宣称文字史料是最不重要的,但他没有明确表示是最不需要的。从时间上看,波利比乌斯出生于《历史》第15卷中记载的汉尼拔战争末期,他几乎对于直至21卷中记载的公元前190年的事件都没有太多的记忆,如是,前20多卷的内容应该是来源于当时存在的历史作品或铭文,如罗马与迦太基之间的一些条约内容②,或第二次布匿战争开始时汉尼拔记载在一块铜板上的军事战略③,在意大利南部海岸的一个神庙中他发现了汉尼拔留下的一块铭文,上面记载了汉尼拔翻越阿尔卑斯山时所统率的军队和战象的数量④等。

波利比乌斯作为一名亚该亚的政治家,亚该亚政治家的回忆录自然对他有很大的吸引力,另外也是因为他们符合他的信条即历史是对实际发生的事件的研究而非对古文物的研究。对于有关公元前3世纪的希腊事件,他使用阿拉托斯(Aratus)的《回忆录》(Memoirs),可以说这是最重要的资料来源,另外还有费拉克斯(Phylarchus)的《历史》,波利比乌斯认为这是从斯巴达国王克利奥米尼(Cleomenes)的角度进行的写作;书写第一次布匿战争主要参考法比乌

---

① Polybius, *Histories*, 4.2.

② Polybius, *Histories*, 3.22~28.

③ Polybius, *Histories*, 3.33.17~18.

④ Polybius, *Histories*, 3.33,56.

斯（Fabius）和来自阿格里根特的菲利努斯（Philinus of Agrigentum），但他批评支持汉尼拔的索斯罗斯（Sosylus），认为他的作品是不可信的。波利比乌斯还提到萨摩斯的多里斯（Douris of Samos），此外还有埃弗鲁斯（Ephorus）、提欧彭普斯（Theopompus）等人的作品。①波利比乌斯的作品中可能采用很多文字史料，但他并没有言明，而且很多史料已经无法被指认出来，但他对早期事件的一些离题叙述，则可能是依据公元前4世纪史学家埃福罗斯及凯利斯尼兹（Callisthenes）的作品②。有关希腊东方之事务，他明显使用了文字史料，但这些已经无法指认③。

（三）文件和演说词

波利比乌斯作品中最真实可信的部分是他在叙述过程中加入了大量的文件，很多逐字逐句添加，没有遗漏，如很早即落入罗马人手中的腓力五世与汉尼拔结盟（7.9）的副本，以及罗马的一些和平条约等。波利比乌斯也有可能使用官方档案，如亚该亚人在埃基提翁（Aegium）的档案。另外他还找到一些国际性条约，其中很多可以在 Die Staatsvertragedes Alterums 的第二、三卷中找到④。

像其他希腊史家一样，波利比乌斯在他的叙述中也加入了一些演说词。但他和其他希腊史家面临同样的问题就是这些演说词是在特定情况下确实发表的抑或作者试图揣摩演说者的意图而捏造出来的。在这一方面，波利比乌斯严厉地批评了提麦努斯，因为后者是揣摩演说者的意图而捏造了演说词，波利比乌斯认为真正的历史学家的任务是发现哪些话是历史人物真正说过的，并记录具体的内容⑤。因此，他认为勤奋的历史学家应该走出去，采访当事人并利用自己的经验进行分析。其次，波利比乌斯还认为，历史学家不需要记录每一个可能出现的演说词，而是通过不断提问有选择地挑选出某一演说中确实所说的话，并只报道最重要而有效的部分⑥。再次，波利比乌斯认为历史的特别功能尤其是有关演说部分，不仅是陈述演说者所言，而且要"找

---

① 吴晓群著：《西方史学通史·第二卷·古典时期》，上海：复旦大学出版社，2011年，第134页。
② ［古希腊］波里比阿著：《罗马帝国的崛起》，翁嘉声译，北京：社会科学文献出版社，2013年，第120页。
③ 同上。
④ Polybius, *Histories*, 1~2,int.xviii.
⑤ Polybius, *Histories*,12.25b.1.
⑥ Polybius, *Histories*,12.25i.

出行动或辩论成功或失败的原因"①,他认为把演说词放入原因与结果的链条中分析是历史研究中重要的一环。如果演说者组织演说只是为了显示其修辞技巧,那只会削弱历史叙述与解释的完整性。因此,波利比乌斯在其作品中所加入的演说词,观点广博而各异,充斥着对现实政治的解说,对往事的追忆以及陈述当代所发生的事件。譬如,公元前189年夏天欧迈尼斯(Eumenes)国王与来自罗德斯的使者在元老院听到关于安条克国王割让小亚的新命令,波利比乌斯记载了双方发表的演说词②;又如埃托利亚的阿革拉俄斯(Age-laus)于公元前217年和平前夜在诺帕克图斯发表的演说,阿革拉俄斯提到罗马人和迦太基人,说他们是环绕在希腊上空的危险的"西方之云"(the cloud in the West)。③根据波利比乌斯的记载,这次会议是地中海事务第一次交织在一起的标志,之后希腊及其诸岛、小亚的注意力开始集中到意大利地区④。经学者 M. Gelzer 和 F.W.Walbank 的研究,他们对演说词的真实性没有过多的争论,因此,多数情况下认为波利比乌斯基本上是通过记述演说词重现了历史的真实情况。

因为没有波利比乌斯使用其他史家史料的留存,我们很难说他是如何采用他们的史料。但有时他对一些史家进行评论,通常表示他不同意他们的观点,这即暗示他在同意其他史家观点方面即已采纳其观点。例如,他提到在关于克里奥米尼(Cleomenean)战争上,"和阿拉托斯同时代的费拉克斯,他对一些事件的叙述是矛盾的,但一些读者仍认为他的观点是可靠的。我选择依据阿拉托斯的叙述来陈述克里奥米尼战争,对二者的可信度进行探讨,这样真相和错误不会拥有同样的权威"⑤,由此可见,即使费拉克斯声称对这一问题的研究他的资料要更为可靠,但波利比乌斯拒绝相信其观点,言外之意他倾向采用阿拉托斯的观点。

虽然我们对于波利比乌斯引用史料的方法和技巧不甚了解,但我们知道罗马后来的众多史家采纳波利比乌斯书中的一些观点,这即证明波利比乌斯的作品已尽量达到了公正客观。另外从波利比乌斯现存作品的完整章节中

① Polybius, *Histories*,12.25b.1.

② Polybius, *Histories*,21.19.1 ~ 21.11 和 21.22.5 ~ 23.12.

③ Polybius, *Histories*, ,int. xix.

④ Polybius, *Histories*, 5.105.

⑤ Polybius, *Histories*,2.56.2.

可以发现他没有做无用的拷贝工作,而是在其他史家的基础上更为详细真实地写作历史,因此,可以说,波利比乌斯的作品大多均为独创。因为他作为同时代人进行写作,后世史家直接或间接地引用他的作品,而他则成为他所涉及的这段时期历史的最主要的信息史料来源。

二、考证方法

波利比乌斯认为历史是具有世界性(Universal)和实用性(Pragmatical)的,在对以往历史学家史料批判的基础上他撰写了他那个时代的"通史"。

(一)关注历史的"世界性"

如我们所见,《历史》开始部分是描述公元前220年—前167年罗马的扩张,缘何选择这一时间段作为起始点,波利比乌斯曾做了详细的解释:在几乎同一时期爆发了三次大规模的冲突:一是罗马与迦太基的战争;二是希腊化的同盟战争(公元前220年—公元前217年),主要是亚该亚人和腓力五世联合攻击埃托利亚人;三是东方安条克与托勒密四世的战争,即第四次叙利亚战争(公元前219年—公元前217年)。直至这一时期,在世界不同地区发生的各种事件无论是在目的性方面或是事件的缘起方面都是毫无关联的。然而亦是从这一时期起,意大利和非洲开始与亚洲和希腊的事件产生联系,历史不再以各地分散发展为主线,而是开始统一成一个整体的发展态势,因此波利比乌斯开始以这一时间点作为其著作的起始点。

波利比乌斯在其作品中亦明确地提出写作的主旨,"我们所处的时代是一个奇迹。命运推动着世界上所有的事件朝着一个地区发展,并迫使所有的事件都朝着一个或统一目标发展。这也是我的作品中所强调的,让读者用统一视野下的方法和手段去认识世界。这一观点是我的主要创作动机。同时还有另外一个原因即我们的时代没有人尝试书写世界史。"①波利比乌斯在其作品中反复强调,"从一部分事实中仅能对整体获得大致的了解,单一事件的研究很难提供整体的知识。只有把不同部分结合起来,相互比较区分,方能获悉全貌"②。

① Polybius, *Histories*,1.4.1.

② Polybius, *Histories*,1.4.9 ~ 11.

波利比乌斯以问题的形式提出他创作《历史》的主题,即何人不会好奇罗马人通过何种方式和法律得以在不到五十三年的时间内征服了整个有人居住的世界,并且用自己独特的方式进行统治?①任何一个大国,如波斯、斯巴达或马其顿都没有像罗马这样进行扩张,可以说罗马在前无古人、后无来者的情况下建立了大帝国。②波利比乌斯把这种成绩的取得归结为命运女神的眷顾。从公元前220年第140届奥林匹亚德开始,罗马把一些零散发生在各地的孤立事件有机地联系到一起,形成一个整体,这个有机的整体就是波利比乌斯所创作的"世界史"。因此,从波利比乌斯起,世界性历史开始发展起来。

凯利说:"波利比乌斯的历史不是一个从狭隘或民族的观点讲述的故事,也不是一个根据简单的线性顺序来讲述的故事,而是纵横交错,'纺织'得像衣服一样"。③由此,波利比乌斯也成为"第一个把历史学设想为一种具有普遍价值思想形式的人。"④

(二)关注历史的"实用性"

对于历史"实用性",波利比乌斯认为一个实用的人是指一位实际的政治家,实用的历史则意味着历史与政治活动有关并提供实际的指导意义。波利比乌斯认为这种历史是非常有用的。"因为在我们的时代,科学和艺术发展得如此之快,所以研究历史的人开始以科学的方式来处理发生的事件。"⑤因此,历史学家的任务就是揭示并讲述确实发生的事件,反对被其他事情所替代的历史,反对一些所谓的历史是展示其修辞学技巧的媒介以迎合公众的情感与品位。原因很明显,如果历史要传达实用的经验和有用的政治规则,它必须是准确的。波利比乌斯在作品中提到,真相之于历史犹如眼睛之于生命,若历史被剥夺真相,所剩的仅为无聊之事⑥。不仅如此,若有人在此基础上引用转述则更为不利。这也是他经常批判其他史家的重要原因。他认为一些史家不理解历史的严肃目的,他们夸大、编造甚至伪造历史。他反对一如费拉克斯之流以"悲剧"(tragic)的形式书写历史,沉迷于情景剧中而降低品位。其

---

① Polybius, *Histories*,1.1.

② Polybius, *Histories*,1.2.

③ 吴晓群著:《西方史学通史·第二卷·古典时期》,上海:复旦大学出版社,2011年,第136页。

④ 同上。

⑤ Polybius, *Histories*,9.2.

⑥ Polybius, *Histories*, 1.14.

他则如提麦努斯，一味地为那些从未开口的演说家增加演说词①。波利比乌斯强调，演说词是历史研究中至为重要的一部分，所以读者要了解真实的争论是何种情况，以此获知成功与失败的原因。由是，后人才可学习或谨慎预防，以免重蹈覆辙②。

（三）质疑并批判

波利比乌斯在注重历史的"世界性"与"实用性"的基础上，以无畏的独立的判断力来批判权威作品，并且他毫不畏惧"权威"，他拒绝毫无保留地信任同时代者或有品德者。例如，他批判罗马历史学家法比乌斯关于布匿战争原因的描述时，他记述道"有很多人认为他生活在那个时代且是一位罗马元老，他应该被相信而不是被质疑。虽然我知道他的威望很高，但应该让读者以其自己的判断力来分析事件。"③

波利比乌斯亦非常重视对历史事件提供者的质疑，他视其为"历史学工作者非常重要的组成部分"，他说"全世界范围内会同时发生诸多事件，但一个人不可能在同一个时间内处于多个地区，对其而言同样不可能亲自参观世界各地并获得奇闻逸事。他唯一的选择就是尽可能地质疑，去相信那些值得相信的，去判断哪些是值得听的"④。波利比乌斯对提麦努斯、腓力努斯（Philinus）、费拉克斯进行批判，在第12卷中，他致力批判提麦努斯，也驳斥提麦努斯对他人的批判。波利比乌斯在其著作中提出一套详实的史学理论和史学方法，他认为叙述史实要具备三个条件，一是对史料的研究和批判，二是对所写的地区进行调查和分析，三是个人的政治经历⑤。但他认为提麦努斯只掌握了第一项，而对史料的研究是三者中最不重要的，书本学习不能代替现场勘查和政治生活。他批评埃弗鲁斯对陆地作战的了解是不足的，其中论述公元前362年曼提尼亚（Mantinea）战役时，波利比乌斯认为埃弗鲁斯谈到地形是没有太多意义的，"一个没有战场实际经验的人是不会将战争行动写好的，那么一个在政治生活方面没有经验的人也不可能写好这些议题。"⑥。虽然他不

① Polybius, *Histories*, 12.25a ~ b.
② Polybius, *Histories*, 12.25a ~ b.
③ Polybius, *Histories*, 3.9.
④ Polybius, *Histories*, 12.4c.
⑤ Polybius, *Histories*, 12.25.
⑥ Polybius, *Histories*,12.25g.

断批评其他史家,但并不表明他不采用他们的作品。他能分辨出腓力努斯和法比乌斯在写作历史时的各自倾向,在他们之间找到一条中庸之路。当波利比乌斯从西庇阿·艾弥利亚努斯(Scipio Aemilianus)那里或从其他方面获得更准确的信息时他会放弃或改正有关于其他史家对汉尼拔战争的记述。例如,他得到西庇阿曾写给马其顿腓力五世有关占领新迦太基的信件,之后批评并修正其他史家的观点,把作战的功绩归于西庇阿而非如其他史家所言归于神明及命运女神①。对于波利比乌斯而言,历史学家就是忠实地记录实际所发生或说过的,无论是多么的平常②。

在历史学家中波利比乌斯比较认同埃弗鲁斯和阿拉托斯。波利比乌斯成为一名世界史的历史学家,埃弗鲁斯对他的影响是非常大的,他认为埃弗鲁斯是"第一位且唯一一位从事全球史研究的人。"③因此,阿拉托斯和埃弗鲁斯对波利比乌斯创作《历史》均起到了非常重要的作用,同样也是波利比乌斯不断坚持的信念的来源,即历史观是独断的、全世界的。

(四)注重历史的因果关系

波利比乌斯坚持认为不盲目地引用前人的成果,广泛地运用军事和政治经验,辅之以详细的地理和地志知识以及各种实地调查结果,才能实现历史的实用价值。但仅记述事件是远远不够的,历史学家应该调查并解释事件的起因及内在的逻辑关系,如此一来,才能把整个历史事件的原貌完整无遗地呈现出来。

因此,波利比乌斯认为历史的主要价值还在于对原因的解释,因此他所倡导的观点即是调查事件的内在原因。他在其作品中使用了apodeiktike,即"详细或解释性"历史,这意味着在波利比乌斯的论述过程中,整个事件将会得到完整的阐述,因果关系是其关注的重点④。他把"解释性历史"与卷一、二中"前言介绍"所给出的有选择性的事件做一对比,他认为如果通过分析战争原因,利用与汉尼拔的冲突作为主要的例证及引用其他相关事件做进一步论

---

① Polybius, *Histories*, 10.9.3.

② Polybius, *Histories*, 2.56.

③ Polybius, *Histories*, 5.33.

④ Polybius, *Histories*, 2.37.3.31~32.

证的话①,那么"解释性历史"与"前言介绍"中的事件,二者的差别是不言而喻的。首先,波利比乌斯以亚历山大与波斯的战争来阐述他的意图②,之后对汉尼拔战争的解释如下:一是,汉尼拔父亲哈米尔卡的愤怒;二是战后(公元前238年)迦太基势力衰弱,无法维持,罗马对撒丁岛的吞并及大规模战争赔款;三是迦太基在西班牙的开发成功为他们带来了信心。导火线就是汉尼拔围攻并攻陷罗马在西班牙的同盟城市萨贡图姆(Saguntum),并穿过埃布罗(Ebro)河,最后,作为借口,汉尼拔指控罗马人不公平地对待萨贡图姆领导者并被要求来报复这种行为。在最后讨论哪一方应该为发动战争承担责任时,波利比乌斯继续为罗马辩护③。他总结说如果萨贡图姆是引起战争的原因,那么迦太基应该负责;如果是因为占领撒丁岛和战争赔款的话,那么罗马应该负责④。通过剖析原因,波利比乌斯阐述他对历史事件的深层理解。波利比乌斯的因果观常常是片面的,譬如迦太基在西班牙的成功是被列为战争的三大原因之一,但他没有提及这种成功会引起罗马的恐惧与怀疑。波利比乌斯关注心理变化与特殊事件之间的关系,如生气和愤怒与迦太基在西班牙的成功二者之间的联系。虽然波利比乌斯没有具体表明,但他所引用的材料和事件可以说明个人或群体心理和情感上的反应是促发事件的真实原因。

因此,波利比乌斯在其作品中也表现出对心理学的应用,他对心理学非常感兴趣。例如,在记述过程中,他提供了很多心理学的知识供读者阅读。据其观察,在交战过程中,有强烈获胜意愿的一方较为有利,因此,他认为从某种程度上而言,战争是一场意志战。同时,波利比乌斯还观察大众的心理,他认为普通人的特点就是无知和懦弱,因此,宗教感情对他们非常重要,因为他们无法忍受没有神意的意外或危险。波利比乌斯认为宗教信仰对受教育者是没有任何价值的,在国家的组成中除了智者外,其他都是多余的,但他没有轻视宗教在实际社会中的重要性,他指出宗教是罗马国家的基石。

---

① Polybius, *Histories*, 3.6~31.

② Polybius, *Histories*, 3.6.

③ Polybius, *Histories*,3.28.

④ Polybius, *Histories*,3.30.

(五)希腊史家的影响

那么波利比乌斯的写作是否受到希腊传统史家写作方法的影响,譬如希罗多德和修昔底德? 虽然后二者的时代较为久远,且波利比乌斯在现存的作品中并没有提及希罗多德,但当波利比乌斯引述早期希腊历史时,有很多迹象表明希罗多德的影响仍在其中。例如,他提到公元前223年塞琉古(Seleucid)王位继承中,安条克(Antiochus)三世面临米底亚(Media)总督摩伦(Molon)的起义时,召集会议讨论对策。在这种公开讨论中,两位大臣赫尔梅阿斯(Hermeias)和伊壁琴尼(Epigenes)提出尖锐的反对意见①。比较希罗多德的作品会发现,在希罗多德第7卷开篇有相似的场景出现,希罗多德提到,薛西斯(Xerxes)召集大臣讨论他提议入侵希腊一事,马多尼乌斯(Mardonius)和阿尔塔巴诺斯(Artabanus)发生了争吵。因此,学者 Mc Ging 认为波利比乌斯可能在模仿希罗多德,有意借用或无意识地继承了希罗多德的语言。

波利比乌斯的思想有时也是希罗多德思想的回响。例如,在作品的尾声,波利比乌斯希望自己的国家继续保持繁盛,"看吧,无论命运女神是否妒忌人类,无论她是否运用其权力,我们的生活都将越来越好"②。这种情感基调贯穿整个作品。在第一次布匿战争期间,莱古鲁斯(Regulus)所遭逢的灾难也提到这一点,"当我们享受胜利时,切不可依赖命运"③。这一思想与希罗多德第1卷中梭伦(Solon)指导克洛伊索斯(Croesus)所说的相似,"当你问我关于人类和他们所为时,克洛伊索斯,你把你的问题问给任何一位已经意识到命运是如何妒忌的人,命运是如何使我们挫败的"④,"凡人是不可能同时拥有命运的眷顾的"⑤。诸如此类相似的语言和思想便很可能说明波利比乌斯在一定程度上受到希罗多德思想的影响⑥。

同时,从波利比乌斯的作品中我们也依稀感受到修昔底德的影响。在现存的作品中,他仅一次提到修昔底德⑦,但作品多处可以看到修昔底德的影子。例如,当波利比乌斯认为如果在历史写作中忽略了分析,那么"所剩的不

---

① Polybius, *Histories*,5.41 ~ 42.

② Polybius, *Histories*,39.8.2.

③ Polybius, *Histories*, 1.35.2.

④ Herodotus, *Histories*,1.32.1.

⑤ Herodotus, *Histories*, 1.32.8.

⑥ Brian McGing, *Polybius' Histories*,Oxford University Press,2010,p.58.

⑦ Polybius, *Histories*,8.11.3.

过是讨巧的文章（agonisma），而非道德教训（mathema），那么只暂时愉悦了读者，而不可能对未来有益"[1]。修昔底德也曾表达过他的作品应该对那些想要了解过去和未来的人有益，因此，他说历史"是永久的财富，而不是为暂时的满意而讨巧（agonisma）"[2]。希腊语中agonisma一词并不常用，由此可见二者的思想非常相似，由是，说波利比乌斯在写作中借鉴修昔底德的用语或思想并不为过。

另外，二者都反对以遥远的过去作为历史的开端，提倡在政治和军事方面书写当代史，并强调他们的信息来自实际调查与目击者的证词。因此，基本上每位读者都会感到波利比乌斯的作品充满教育性而非娱乐性。虽然波利比乌斯承认娱乐性是应该考虑的[3]，但他认为历史学家应该严肃地集中于政治主题，放弃大多数读者所钟爱的宗谱、神话和其他古物类主题[4]。他轻视那些认为写作形式和风格高于内容的人，并且他认为作品的质量重于一切形式，这对历史学家而言才是最值得骄傲的[5]。波利比乌斯亦完全意识到，他的作品对大多数读者而言是没有太多吸引力的[6]，因此，这部作品倾向于为政治家服务，而非为古文物研究者或想要消遣的人服务。

波利比乌斯的写作受到修昔底德的部分影响，但他与修昔底德的写作方法却不尽相同。修昔底德如剧作家一样客观地对待事情，很少公开对读者发表批评或解释，而波利比乌斯则较为主观。在多数情况下，他总是批评、解释、强调、证明论点，提出问题并就个人的观点进行辩论。修昔底德提前安排好其作品，以合成或结论的形式展现给读者。而波利比乌斯则是把读者完全代入他的体系中，让读者参与到所有的分析过程。修昔底德用几句话概括其创作计划，用几行文字表明其编史的原则，他很少对其他史家进行批判，仅多只言片语。而波利比乌斯则大篇幅阐述其作品的计划，文中开篇他如是做，在作品的结尾处他亦给出整部作品的编年计划。他严格遵从历史的正确规则和研究方法，围绕主题进行阐述，但有时会岔开话题，对其他史家进行批判。

---

[1] Polybius, *Histories*, 3.31.12 ~ 13.

[2] Thucydides, *Histories of The Peloponnesian War*, Harvard University Press, 1928, 1.22.4.

[3] Polybius, *Histories*, 7.7.

[4] Polybius, *Histories*, 9.1 ~ 2.

[5] Polybius, *Histories*, 16.17.

[6] Polybius, *Histories*, 3.32.

三、史书体例

波利比乌斯的《历史》延续着西西里的历史学家提麦乌斯（约公元前350年—公元前260年）的作品《提麦乌斯叙事》，从远古至公元前264年，主要叙述西西里史，亦涉及希腊和整个地中海世界的历史①。波利比乌斯的叙述方法是建立在时间顺序和地理学基础上的。在编年史中他采用的是提麦乌斯的"奥林匹亚德"方法②，同时他也采用罗马执政官纪年和其他一些记载事件的方法进行增补。"奥林匹亚德"作为一个时间体系，是由提麦乌斯最早引入历史写作中的。把整个世界历史纳入一个体系中应该是在公元前217年诺帕克图斯（Naupactus）会议之后（这记载在第5卷结尾，即第140个奥林匹亚德，时间从公元前220年至前217年，更确切的应该是公元前220/219年至前217/216年）。

波利比乌斯通常采用的叙述顺序是由地理范围开始描述每个奥林匹亚德年的重大事件，从意大利至西西里、西班牙、北非、希腊和马其顿、小亚和埃及，记述一轮之后在第二个奥林匹亚德年又从意大利开始。当然，在一些情况下，严格地按照地理顺序描述会导致一些事件的结果过早讲述出来。比如，一些历史事件可能在西班牙发生，而在意大利结束。波利比乌斯亦注意到这一点③，但他认为这种叙事体系在阐述事件内在联系方面更有价值④，并增加了叙述的多样性和趣味性。通常他用两卷的篇幅讲述一个奥林匹亚德所发生的事件。例如，卷7和卷8主要介绍第141个奥林匹亚德，即公元前216/215年至公元前213/212年；卷9和卷10介绍第142个奥林匹亚德，即公元前212/211年至前209/208年。当论及与汉尼拔的战争时，这场战争的最后两年即第144个奥林匹亚德第一年（公元前204/203年）和第144个奥林匹亚德第二年（公元前203/202年）各占一卷，即卷14和卷15。

波利比乌斯主要是为希腊人而写作，因此文中很多评论性的着眼点在希腊的内部事务上，同时也是为了让希腊人更多地了解罗马和西方。其中最主要的是想让希腊人将罗马人的成功归因于令人钦佩的习俗和机构，在第6卷中他着重论及这一方面。另外这部作品也有一小部分罗马读者。波利比乌

---

① 易宁，波利比乌斯的普世史观念，《史学史研究》，2007年第4期，第6页。

② 这是奥利匹克赛会的四年周期，开始于公元前776年。

③ Polybius, *Histories*, 15.24a.

④ Polybius, *Histories*, 5.31.3～5.

斯主要是要让读者有两方面的受益，一是教育和从政生涯的训练；二是教导
人们学习别人是如何对待成功或失败，承担命运所带来的沉浮。①

可以说，波利比乌斯是一位学究式的史家，其作品中冗长的解释有时令
人乏味。他在写作过程中往往采用叙述中插入概述或总结的手法，会对一系
列不同主题中的一类进行分析或评述。而事实上，整部作品没有单纯的叙
述，波利比乌斯为了避免全部分析性的评论而穿插了叙述，因此，他的叙事特
点与早期的历史学家形成鲜明的对比，这也是其作品的主要特色，也是与其
他古典学家不同之处。有学者认为他可能是受到公共哲学的影响。但波利
比乌斯的作品确实为历史研究提供了新的方法，这对后来史家的创作提供了
有价值的借鉴。

---

① Polybius, *Histories*, 1.1.

六　边疆与民族史研究

论国家治理视野下清代滇东南边疆
民族地区文教仓廪制度①

聂　迅②

（西安工程大学　马克思主义学院）

摘　要：国家治理体系与治理能力是一整套紧密相连、相互协调的国家制度，二者是一有机整体，相辅相成。清朝对滇东南边疆民族地区实行改土归流，并对少数民族基层社会实行一系列制度性措施以后，以"文化先行"方略体现国家治理的执行力，相继建立开化、广南府官学体系及针对少数民族大众的义学教育和完整的仓廪赈灾体系，表明清代国家治理体系和治理能力已深入边疆少数民族基层地区。

关键词：国家治理；开化府；广南府；文教；仓储赈济

国家治理体系是指管理国家的制度体系，包括经济、政治、文化、社会等各领域体制机制、法律法规安排，也就是一整套紧密相连、相互协调的国家制度。国家治理能力，就是运用国家制度来管理国家事务和社会事务、管理经济和文化事业的能力，也就是制度执行力。国家治理体系和治理能力是一个有机整体，相辅相成。有了好的国家治理体系才能提高治理能力，只有提高国家治理能力才能充分发挥国家治理体系的效能。清朝对滇东南边疆民族地区实行改土归流，并对少数民族基层社会实行一系列制度性措施以后，一

① 基金项目：2017年度国家民委民族问题研究后期资助项目（2017GMH009）；2016年西安工程大学博二科研启动金资助项目（BS1627）；2017年西安工程大学哲学社会科学项目（2017ZXSK07）。
② 作者简介：聂迅，1987年生，男，西安工程大学马克思主义学院讲师，主要从事民族史和历史地理学研究。

般会以推进经济、文化、教育等方式体现国家治理的执行力。本文试以滇东南开化、广南二府文教仓廪制度为例,分析其发展进程,以求教于诸方。

一、开化府官学体系的建立与发展

教育是教化民众、宣扬国家思想的重要手段,对国家治理具有深刻的影响。中国古代官学教育是中央朝廷以地方行政区划为基准,由地方官府直接创办和管辖的旨在培养各种统治人才的学校教育体系,即由地方各级官府所创办的府、州、县等学校教育。清朝总结了历代中央王朝治理南方民族的经验教训,采取了一些比较适合西南民族地区的统治政策,较好地处理了与其之间的关系,使其统治得以深入。其中一项重要措施就是重视发展边疆地区的文化教育事业,即在南方民族地区采取"文教为先"的政策。①这一政策的实施,收到了稳定和巩固其统治的效果,这不仅体现了社会经济的发展,更是国家意志的传播。

明万历四十三年(1615年),开化府故地长官司龙上登赴京城受职承袭土职之时,"遍访名宿,学问大增,归梓后开始教授乡人,因而文化日有起色"。②但该地区明时仍为临安府南部长官司管辖地,国家并未设学,而龙上登教授土民仅出于个人兴趣,未以制度形成系统教化,且元明时期对边疆各民族教育的重点是为土司上层,目的是培养忠顺土司,忽略了对普通少数民族子弟的教育,使中央的统治搁浅在局部和上层集团,不能渗透到边疆各族下层民众之中。③因此,清代以前官学和私学,均没有深入少数民族基层中。

康熙初,开化府改流设府,同年于府城之东设立府学,"是年,置云南开化府,设府学教授一人",④标志着开化府官学正式设立。雍正十二年(1734年)、乾隆十一年(1746年)、二十一年(1756年)、二十二年(1757年)累修,生员共计二十名。⑤雍正八年(1730年),开化府增设附郭文山县,设立文山县学,"入学额数附府学内"。⑥此外,清前期开化府及附郭文山县还设有开阳书院,在府

① 胡绍华:《清朝对南方民族地区的文教政策》,《西南民族大学学报》(人文社会科学版)2006年第6期。
② 民国《马关县志》卷4《文教志·文化之起因》,何廷明、娄自昌校注,昆明:云南大学出版社,2012年,第94页。
③ 于晓燕:《清代云南官办民助初等教育"义学"探析》,《云南民族大学学报》(哲学社会科学版)2007年第3期。
④ 道光《云南通志》卷117《秩官志二·官制题名九·文职官制》,道光十五年刻本。
⑤ 乾隆《钦定大清一统志》卷374《开化府·学校》,《四库全书》史部,商务印书馆1985年影印版,第483册,第57页。
⑥ 《嘉庆重修一统志》卷488《开化府·学校》,《四部丛刊》续编史部。

城西门外,康熙三十三年(1694年)建,后隔年累修,时间同开化府学;及文山书院,在府城西,雍正八年(1730年)设县后置,乾隆四十六年(1781年)改名开文书院。①书院虽不列入国家学制的教育机构,但在边疆少数民族地区仍作为官学的辅助,承担了教化子民的义务,曾任文山县知县的徐本迁记:"古之教者,家有塾,党有庠,州有序,国有学,七年小成,九年大成,夫然后可以化民成俗,近者悦服而远者怀之。邑初设,余首肩其任,循名责成,捐资百五十两,置义馆六椽,学田一所。"②此外,还有建于枯木朝阳寺的古木书院,"清康熙初,合逢春全里人民捐建,置寺庄,产业甚多",畴阳书院,为明末季大年入蒙自县学归梓后所建,"其地客民,楚籍为多,捐资买置庄产,田租百有余石"。③可见,开化府城及所辖八里的书院是在地方官主导下捐资建立的,作为教化土民的机构。后开化府书院功能性质逐渐转变,嘉庆四年(1799年),开化府书院不再是地方官主导设立,而是"里人公建,并置馆金膏火田产",④更可能是养士之所用。

明清州、府、县治所大都建有孔庙或文庙,其既是供奉孔子灵位和祭祀孔子的神圣场所,又是当地推广儒家教育文化的中心,因此文庙是一种公共性的儒家文化象征符号。云南的文庙除承载教育和祭孔功能外,还是中央王朝推行"王道"的政治象征。⑤开化府文庙设置也是伴随改土归流开始的,"本朝定鼎,初设儒学,知府刘䜣创建大殿三楹",康熙二十二年(1683年),奉旨重修;二十七年(1688年),知府张仲信增建两庑,诸祠一;⑥三十二年(1693年),知府沈宁建启圣祠、明宦乡贤祠;三十三年(1694年),知府李锡凿泮池;五十二年(1713年),训导李春盛重修大成殿;六十一年(1722年),知府吴文炎建棂星坊及两庑。雍正十二年(1734年),知府宫尔劝、知县曹国弼重修建魁星阁及泮池、牌坊,置牌位祭器。文山县文庙附于府文庙内。⑦虽然修建文庙是地方官政绩考核的重要指标之一,却促进了当地文化教育的发展。

---

① 《嘉庆重修一统志》卷488《开化府·学校》,《四部丛刊》续编史部。

② [清]徐本迁:《修建文山书院记》,雍正《云南通志》卷29《艺文八》,《四库全书》史部,北京:商务印书馆1985年影印版,第570册,第521页。

③ 民国《马关县志》卷4《文教志·八里书院共同之由来》,何廷明、娄自昌校注,昆明:云南大学出版社,2012年,第95页。

④ 道光《云南通志》卷86《学校志三·书院义学·开化府》,道光十五年刻本。

⑤ 廖国强:《文庙与云南文化》,《云南社会科学》2006年第2期。

⑥ 康熙《云南通志》卷16《学校》,《中国地方志集成》影印康熙三十年刻本,南京:凤凰出版社,2009年,第394页。

⑦ 雍正《云南通志》卷7《学校》,《四库全书》史部,商务印书馆1985年影印版,第569册,第224页。

　　开化府自改流后官学体系的建立,使"学校蔚兴,人才繁盛",①文化风气相较改流以前有了很大改观,"惟文教日辟,竟有淹雅之士,而夷人亦列胶庠矣"。②据史料统计,自顺治元年(1644年)至康熙三十年(1691年),开化府没有一人中进士,中举者仅有一人。③此时据开化府改流后二十余年,学校各方面建立还未完善。至雍正年间,开化府中举人者增至14人,④比康熙时期文教稍有兴盛。乾、嘉、道时期,开化府继有13人中举,⑤其中两人还考中了进士。⑥可以看出,国家官学体系下,该区域科举考试已渐次深入。

　　咸同年间云南兵燹,官学机构及书院遭到焚毁,滇东南文教事业亦随之衰落。开阳书院,"自咸丰六年逆回叛乱,新街书院废弛,人民流离播迁";古木书院,"丙辰兵燹,寺及书院毁于或,遂废";畴阳书院,"经丙辰地方兵燹,废弛"。⑦由此影响了开化府学额,清政府对其进行调整,"减开平(化)府学六名,拨二名归安平并添设二名,丁未安平厅学额四名;拨四名归文山并添设四名,丁未文山县学额八名"。⑧

　　清末书院改学堂,是中国教育史上有重要影响的学制改革。除少数独具特色的书院外,绝大多数变成了科举的附庸,已远非育才之所,反而助长恶习,损德毁行,丧失了兴学育才的作用。⑨因此,全国各省级府州县的书院相继改为学堂。"将各省所有书院,于省城均改设大学堂,各府厅直隶州均设中学堂,各州县均设小学堂"。⑩至此,各省先后掀起了书院改学堂的热潮。至同治二十八年(1902年)全国大部分省区基本实现了书院改学堂,存在了千余年的中国古代书院,终于落下了帷幕。

---

① [清]王继文:《请设开化廪增疏》,康熙《云南通志》卷29《艺文三》,《中国地方志集成》影印康熙三十年刻本,南京:凤凰出版社,2009年,第180页。

② 道光《云南志钞》卷1《地理志·开化府》,杜允中注,刘景毛点校,《云南文献》1995年第2期,第61页。

③ 康熙《云南通志》卷17《选举》,《中国地方志集成》影印康熙三十年刻本,南京:凤凰出版社,2009年,465页。

④ 雍正《云南通志》卷20《选举·举人》,《四库全书》史部,商务印书馆1985年影印版,第570册,第69~83页。

⑤ 道光《云南通志》卷141《选举志三·举人四》,道光十五年刻本;道光《云南通志》卷142《选举志三·举人五》,道光十五年刻本。

⑥ 道光《云南通志》卷137《选举志二·进士》,道光十五年刻本;光绪《续云南通志稿》卷103《选举志·文进士表》,光绪二十四年刻本,《中国边疆丛书》(第2辑),台湾:文海出版社,1966年影印本。

⑦ 民国《马关县志》卷4《文教志·八里书院共同之由来》,何廷明、娄自昌校注,昆明:云南大学出版社,2012年,第95页。

⑧ 《清德宗实录》卷90,光绪五年三月乙丑。

⑨ 王炳熙:《中国古代书院》,北京:商务印书馆,1998年,第193页。

⑩ 《清德宗实录》卷486,光绪二十七年八月乙未。

开化府顺应历史潮流,安平厅书院改设学堂,初以"伦理、经史、舆地、图算数科",头班招生学生有六十名,多为新附生,长于国文、算学、图画者十数人,"颇可观也"。①马关书院在光绪十一年(1885年)后逐渐衰落,无人修整,房舍"渐坍塌"。至民国四年(1915年),知事景介溪莅任,提款一千八百二十三元增修,作为高、初级小学校。河口学堂在戊申起义后衰败,河口对汛副督办建立后,督办许德芬"师管子遗法,而学堂、警察、民团诸要政备焉"。麻栗坡对汛副督办辖区学校建设,初以督办周行广将船头渡捐及南温河渡捐办一学校,学生两班。继任徐之琛"始将学校统一,筹款补助,监督士课,学务日有起色"。锡板地区学校设于民国元年(1912年),由知府张湘安拨给锡板街设学。次年,林建候变卖地产,建立学校。八寨两级小学校修于宣统元年(1909年)观音寺,"越二年,学子济济,将三圣宫改作,按照新式修葺讲堂门窗,左右添建厢房十二间。高燥宽敞,透通空气",②均已完成由书院向新式学堂的转变,对促进儒家文化教育的传播具有重要影响,使得传统文化融入家庭教育和社会教育之中,促成续族谱、立牌位、建宗祠的宗族文化及少数民族与汉人的文化融合,培养了一批乡村知识分子。事实上,正是由于该地区文化教育进入的时期较晚,设学以前没有文化和识字之人,恰在新学建立后,儒家文化与新式教育一同进入该地区。学人通过对今马关县马洒区进行长期实地的考察也得出相近结论。③内地传统学堂是儒学教育,晚清新式学堂建立后,则主要以西式教育为主,而滇东南地区则体现为新学建立以后传统文化与现代文化一同进入,体现了滇东南边疆文化教育与内地的特殊性。

二、广南府官学体系的建立与发展

广南府元明时已纳入版图,但清以前"未设学校,犹结绳刻木",说明国家官学体系并未进入该地区。清初"无远弗届,立黉宫,设师儒,增广生员。一时大吏宣布圣化,颁经籍以资诵读,立义学以养蒙童。故今日家置诗书,俗知

① [清]贺宗章:《幻影谈》下卷《民事·开化》,《云南史料丛刊》(第12卷),昆明:云南大学出版社,2001年,第128~129页。
② 民国《马关县志》卷4《文教志·新制学校》,何廷明、娄自昌校注,昆明:云南大学出版社,2012年,第123~124页。
③ 杨宗亮:《儒学教育对壮族村落文化的影响——以云南省马关县马洒村为例》,《云南民族大学学报》(哲学社会科学版)2007年第2期。

礼义。人文之盛,济济恟恟,媲美大邦矣",①文教风气改观颇大,这得益于学校的设置。

康熙四十六年(1707年),广南知府茹仪凤详请开学,设教授一员,复设训导一员。次年,督学院魏岁试,照中学例取进文童十五名,武童十五名,设额廪三十,缺;额增三十,缺……三年之内,出岁贡二人。选拔之年,选拔二人。四十八年(1709年),知府茹仪凤建府学正殿三楹。②科举考试的推行,标志着广南府官学体系的正式建立。此后历任知府进行修缮和增修。雍正四年(1726年),知府潘允敏建大成门三间,东西庑各三间,乡贤、明宦祠各三间;五年(1727年),署事王婉建崇圣祠三间,左边建明伦堂五间;十一年(1733年),知府吕大成又重修。③乾隆年间对府学增修更为频繁,其中乾隆元年(1736年),广南府添设附郭宝宁县,宝宁县学附府入学,额数八名;④六年(1741年),知府陈克复倡捐重修正殿,请项建棂星门三间,左右门坊各一座,忠孝节义祠各三间;又拓地于明伦堂前建文昌阁三间,魁星阁三间,围墙、照壁悉备;三十一年(1766年),知府汪仪捐修正殿、棂星门、左右二坊、忠孝节义祠;三十八年(1773年),知府克色礼、宝宁县知县关基泰、徐沅接修崇圣祠、正殿、棂星门;四十七年(1782年),知县刘大鼎改建明伦堂;五十九年(1794年),知府翁元圻、傅应奎续修,升高棂星门,重修金声玉振门、乡贤明宦祠,镶正殿地砖、拜坛上下地砖。这体现了清中期对其教化更为深入,也反映出国家治理推进至边疆民族基层地区。道光以后虽遭兵燹,但仍有修缮:道光三年(1823年),知县吴登山辉煌崇圣殿牌位、墙壁,镶拜坛地砖;十年(1830年),知府董国华、知县刘沛霖、训导王学俭筹款修拜坛石栏和泮池石栏;二十六年(1846年),知县李荣灿筹款重修各处匾额,立"太和元气"石匾于照壁上,设"道贯古今""德配天地"屏门,修两庑牌位,镶崇圣殿地砖、两庑地砖、更衣房地砖,前后一色辉煌。⑤与此同时,广南府土富州于光绪二十六年(1846年)改流后,"历案小试均往广南赴考,宝宁县考毕送府考,府送院,其学额与广南共"。⑥官学教育在土司上层中全面开展。

---

① 道光《广南府志》卷2《学校》,杨磊等点校,兰州:兰州大学出版社,2004年,第59页。
② 道光《广南府志》卷2《学校》,杨磊等点校,兰州:兰州大学出版社,2004年,第59页。
③ 道光《广南府志》卷2《学校》,杨磊等点校,兰州:兰州大学出版社,2004年,第59页。
④ 乾隆《钦定大清一统志》卷373《广南府·学校》,《四库全书》史部,北京:商务印书馆1985年影印版,第483册,第53页。
⑤ 道光《广南府志》卷2《学校·庙制》,杨磊等点校,兰州:兰州大学出版社,2004年,第59~60页。
⑥ [民国]陈肇基原纂《富州县志点注及资料辑录》卷10《学制》,杨磊、农应忠点辑,昆明:云南大学出版社,2007年,第39页。

广南府书院也大多建于乾道年间：青莲书院，乾隆二十九年（1764年）知府王显绪建于城北；莲峰书院，乾隆五十九年（1794年）知府傅应奎建于明伦堂后；培风书院，道光元年（1821年）知府何愚建于文昌宫左；莲城书院，道光二十二年（1842年）署知府玉绥、知县沈炳捐资倡建于府署之左。①其中，莲峰书院和培风书院至光绪年间仍存，光绪九年（1883年），"巡抚岑毓英捐银四千两，生息以作膏火"。②书院内部规章制度不断完善，是清代滇东南书院教育日渐发展和成熟的一个表现。广南府曾制定过详细的书院条规：

一、书院山长，向由府、县、两土司公捐银两，以作束修，绅士自不应预议。在历任公祖，延请不过情面荐托，山长到馆亦不过因循了事。故百余年来，科目寥寥。自嘉庆壬申岁不园公祖莅任，必择素悉品学兼优、勤于教诲，且非科甲出身者不得延请。在公祖，虽拂宪意而不惜；在学校，实受栽培于无量。应请嗣后仍照何公祖章程办理。

二、培风书院每年收房屋、铺面租银，奉何公祖议定，只准租给人民，不准租给绅士。以书院皆绅士管事，欲通城绅士非亲即友，拖欠租银，彼此瞻徇情面，难以收取，则将来书院事体必为此等不肖败坏。公祖守此十余年，深悉地方情形。嗣后自应遵照办理。

三、定山长束修，岁二百四十两；生童膏火三十分，每分月钱六百文，皆前此所未有。每届乡试之年，给生员膏火二十分，鼓励赴科；如闲岁，则生童各十五分。嗣后请照此办理。

四、书院山长，固应延请举人、进士。从前广南无人，是以聘请外府绅士。兹数年来，科目迭兴，在籍孝廉不少。嗣后采访公论，即延本地科甲主讲，庶可长年驻馆，不至半途而废。即本地孝廉，亦籍资馆谷，不无小补。

五、书院山长，既议定延请本地科甲出身之人，若有品望不孚众论者，不得延请，亦不得将束修分请两人，徒为牟利起见，贻笑士林。③

① 道光《广南府志》卷2《学校·书院》，杨磊等点校，兰州：兰州大学出版社，2004年，第60页。
② 光绪《续云南通志稿》卷63《学校志·书院义学》，光绪二十四年刻本，《中国边疆丛书》（第2辑），台湾：文海出版社，1966年影印版。
③ 道光《广南府志》卷2《学校·书院》，杨磊等点校，兰州：兰州大学出版社，2004年，第62~63页。

这份条规明确地规定了聘请书院山长的资格，"凡书院山长，必素悉其品学兼优者，而后敦请；否，虽大吏荐嘱，弗顾也"。①此外，山长年薪、在学生员津贴、书院田产铺面租息的经营以及山长籍贯等也有严格界定，为书院的良性发展打下了基础。办学经费的来源直接关系到教育的良性运行。府学经费由官府支持，一般由官府出面置办田产并予以经理收取租银，以此维持运转。

科举中试方面，雍正年间广南考中举者2人。②从乾隆元年至道光末年，广南府继有17人考中举，其中1人考中道光六年进士。③从咸丰元年至清末科举考试废除，广南有14人考中进士，有1人考中光绪二年的进士。④

教材方面，学署藏书有《圣谕广训》《上谕》《御纂周易折中》《春秋传说汇纂》《书经传说汇纂》《诗经传说汇纂》《日讲四书讲义》《凤仪六经》《朱子全书》《性理精义》《古文渊鉴》《大学衍义辑要补》《孝经注解》《小学纂注》《近思录集解》《四礼初稿》《四礼翼》《文庙陈设礼乐祭器图》《学政全书》《文武官相见仪注》《斯文精粹》《日知荟说》《乡饮酒礼》《驳吕留良四书》《吕子节录》《明史》《通鉴》及《通鉴正史约》。⑤这些教材多是一些四书五经，以儒学为主，辅之以历史、礼教等内容，主要向基层群众传播儒家文化和宣扬统治者的治理思想，教化边疆少数民族群众学习一套日常行为、道德、礼仪规范，构建国家认可的社会秩序。

清代儒学教育在广南府得到较大的发展，主要表现在府学、书院的创设，形成了一个涵盖初级教育和中级教育的教育体系，"自设官建学以来，夷人子弟亦有读书列庠序矣"，⑥科举考试中逐渐有中举和成为进士的人出现。此外，通过政府经办和个人的捐助，解决了办学经费，维持了学校正常运转，并培养了一批本地士人群体，以此为载体传播了内地儒家文化。

---

① 道光《广南府志》卷2《学校·义学》，杨磊等点校，兰州：兰州大学出版社，2004年，第66~67页。

② 雍正《云南通志》卷20《选举·举人》，《四库全书》史部，北京：商务印书馆，1985年影印版，第570册，第83页。

③ 道光《云南通志》卷141《选举志三·举人四》，道光十五年刻本；道光《云南通志》卷137《选举志二·进士》，道光十五年刻本。

④ 光绪《续云南通志稿》卷101《选举志·文举人表》，光绪二十四年刻本，《中国边疆丛书》（第2辑），台湾：文海出版社1966年影印版；光绪《续云南通志稿》卷101《选举志·文进士表》，光绪二十四年刻本，《中国边疆丛书》（第2辑），台湾：文海出版社，1966年影印版。

⑤ 道光《广南府志》卷2《学校·经籍》，杨磊等点校，兰州：兰州大学出版社，2004年，第67~68页。

⑥ 道光《云南志钞》卷1《地理志·广南府》，杜允中注，刘景毛点校，《云南文献》1995年第2期，第60页。

三、少数民族教育与义学在滇东南的设置和分布

清朝除在全国各府州县设官学外,每个州县都在城区和乡下设立社学和义学,为负担不起学费的儿童或成人提供受教育的机会,义学在城市和乡村均有设立,而社学则只在乡村地区设立。清代义学体制类似于今天我国正在推行的基础义务教育制度,具有官办初等教育的特点,尤其是设立于边疆民族地区的义学,这是清朝独创于边疆民族地区的官办初等教育学校。

清朝义学伴随着国家统一边疆的进程而设立。清朝统治者把义学视为治边政策的重要组成部分,体现了统治者治理边疆和民族地区的意志和愿望。清政府对义学的创设,一开始就赋予了国家意志,即"化民成俗"的愿望,希望通过义学的教化,使少数民族子弟能够言行合乎规范,所学利于国家。康熙四十一年(1702年)"定义学、小学之制,在京师崇文门外设立义学,特赐御书匾额,五城地方各设小学,延塾师教育有成材者选入义学"①。雍正元年(1723年)在全国范围推广,"领各省改生祠、书院为义学,延师教读以广文教",②面向贫苦孤寒子弟,以"广兴教读""识字明理""开化夷人"为教育目标,以"训以官音,教以礼仪,学为文字"为教学内容。③滇东南地区义学教育也正是在此期间设立。康熙二十九年(1690年)开化府城内设立义学、知府张仲信捐俸延师训课。④比内地推行义学时间早了十二年;康熙三十三年(1694年)新设开化府义学与府城西门内。广南府于康熙四十四年(1705年)由知府茹仪凤首设义学于城内。⑤

开化、广南大规模设立义学始于雍正年间。这是由于其设置是作为改土归流的配套措施而大面积铺开,其中陈弘谋对义学的推广起了关键作用。陈弘谋在其担任云南布政使期间大力推广义学教育,敏锐地觉察到仅靠武力改流并不能实现对少数民族基层的统治,需要对广大乡村少数民族子弟辅以文教,因此先后发布三道"查设义学檄文",认为边疆民族地区义学重要性远远高于内地,更重要的是要对其少数民族孩童进行识字明理教育,即"教小子尤急于教成人,教夷人尤切于教汉户",命各府州县推广义学教育。因此,雍正

---

① 《清朝文献通考》卷69《学校考七·直省乡党之学》,《万有文库》本。

② 《清朝文献通考》卷70《学校考八·直省乡党之学》,《万有文库》本。

③ 于晓燕:《清代南方民族地区的义学研究》,昆明:云南民族出版社,2011年,第182~193页。

④ 康熙《云南通志》卷16《学校·义学》,《中国地方志集成》影印康熙三十年刻本,南京:凤凰出版社,2009年,第403页。

⑤ 雍正《云南通志》卷7《学校·义学》,《四库全书》史部,北京:商务印书馆,1985年影印版,第569册,第239页。

三年(1725年)广南知府潘允敏奉命在弥勒湾设立义学一所;八年(1730年)开化府增设附郭文山县,知县徐本迁增设县义学于府城西门内;截至雍正末年,开化府在马白关、开化里南桥寨、乐农里、安南里老寨、王弄里黄龙山寨、江那里、东安里牛羊寨、永平里八寨、逢春里枯木街、新现里共新设10所义学;广南府在普厅、皈朝、剥隘、暮雨竜、里波、八播、阿科新设立了7所义学。①其中开化府所辖八里至少每里一所义学,广南府与安南接壤的边境地区也都设立义学,这些地区多为少数民族聚居区,文化发展程度较低。可以看出在义学逐渐向边区、山区、夷区及基层推进的过程中,较之康熙年间设学区域更宽,范围更广,密度更大。

《圣谕广训》是义学的必读教材,通过义学影响着少数民族蒙童。云南地区《圣谕广训》传播过程中,特别是对八岁以下蒙童的传播,发挥了重大作用。这种教化不仅是儒家学说的基本要求,而且对于朝廷安全和社会秩序也是至关重要的。②《圣谕广训》的宣讲,在滇东南地区也起了显著作用。据记载,雍正年间有开化府人杨守士,"性纯孝,年八岁,父勾笃疾,刮股疗之。及母疾,亦然。人咸称异焉",③说明其已懂得人伦孝悌。乾隆十六年(1751年),开化镇总兵张凌霞向清廷上奏在当地宣讲圣谕广训的情况,"各夷民竟然欲神静听,额手倾心,依依不舍,尽日始散",面对这一情形,张凌霞感到非常吃惊,他说"可见边地士民均可勉策,即蠢尔愚夷,未尝不可化诲"。④各少数民族子弟通过义学《圣谕广训》他们就明晓了忠孝、礼义、廉耻,树立忠君爱国的思想,渐化桀骜犯上之气,从而达到移风易俗,让整个社会风气为之改观,稳定了乡村社会和边疆秩序,增强了少数民族的国家认同,有利于清朝深入统治和国家长治久安。

总之,清代在滇东南设立义学具有重要的意义。首先,它促进了边疆民族地区教育的普及,使教育向基层、平民转化。其次,它开启了边疆民族地区的民智,达到了化民成俗的效果,促进了少数民族教育的发展,增强了少数民族对国家的认同感。最后,义学是中央王朝通过文教对边疆进行思想控制的

---

① 雍正《云南通志》卷7《学校·义学》,《四库全书》史部,北京:商务印书馆,1985年影印版,第569册,第239页。
② 瞿同祖:《清代地方政府》(修订译本),范忠信等译,北京:法律出版社,2011年,第257页。
③ 雍正《云南通志》卷21《人物·忠义》,《四库全书》史部,北京:商务印书馆,1985年影印版,第570册,第149页。
④ [清]张凌霞:《奏报边方兵民情事及筹办缘由折》,乾隆十六年九月二十八日,《宫中档乾隆朝奏折》(第1辑),台北"故宫博物院"1982年影印版,第798页。

重要手段,加快了边疆与内地的一体化进程。更重要的是,义学是伴随改土归流后巩固成果的重要措施,也为繁荣边疆文化提供了条件,即"生夷渐化为熟夷,熟夷渐化为汉户,蛮烟瘴雨之乡渐成声明文武之俗矣",①这是国家治理能力在边疆民族地区的重要体现。

四、仓储赈灾制度的建立

仓储在国家政权体系中占有重要地位,它不仅能够直接反映出国家富裕程度,而且它的正常运转及充盈直接关系到国势走向。每当国库充盈之时,王朝也多出现开明之世,人民安居乐业,社会秩序稳定。当国库亏空之时,伴随而来的往往是贪污腐败、民不聊生。因此,对仓储进行严格的管理及控制,对仓储管理官员及吏役进行严密的监控也就十分必要。

自然灾害无时无刻不在威胁着全国各区民众,而治理灾害是国家乃至地方政府的职责。当地方遭遇无法预料的灾害时,地方官会从当地常平仓、社仓、义仓调拨粮食发放给受灾子民。遭遇洪灾时,州县官要查清受损房屋及溺死人畜数量,以便划拨房屋修缮的费用和丧葬费用。赈灾制度是中国古代社会中小农经济与专制集权相结合的产物,②相应形成常平仓、社仓、义仓等仓储制度。仓储制度是国家通过粮食储备调节粮食市场的一种重要手段,其与赈济及平抑物价都有密切的关系。作为国家的正式制度,只有在正式政区才会设有仓储,形成完备的赈灾制度。因此,仓储和赈灾制度均是国家治理体系中的重要一环。

雍正二年(1724年),开化府八里建社仓,"原贮谷一千六百六石八斗"。③但此时社仓并不作为赈济贫民之用。至雍正七年(1729年),世宗发上谕:"各省州县设立社仓,原为通有无济丰歉之用。嗣后如有贫民,不遇荒歉借领仓谷者,请准其给发。"④次年,"始行借放",社仓粮食方作赈灾之用。雍正末年,开化府文山县实贮历年社仓谷一千六百石五斗九升;广南府实贮历年社仓谷

---

① [清]陈弘谋:《奏请定夷乡入籍之例以利边地文教风俗折》,雍正十一年(1733年)十一月十二日,《雍正朝汉文朱批奏折汇编》(第25册),江苏古籍出版社1991年版,第405页。

② 夏明方:《清季"丁戊奇荒"的赈济及善后问题初探》,《近代史研究》1993年第2期。

③ 道光《开化府志》卷4《田赋·积贮》,娄自昌、李君明点注,兰州:兰州大学出版社,2004年,第78页。

④ 《清世宗实录》卷86,雍正七年九月戊寅。

九百六十三石六升零。①到乾隆年间,滇东南地区广泛建立社仓。乾隆二十二年(1757年),开化府粮食积贮已达六千六十八石五斗六升。同年各里也新建社仓:本城社仓,贮谷一千八百一十九石一斗四合;老寨社仓,贮谷三百六十六石八斗七升五合;新现社仓,贮谷四百一十一石二斗五升二合;大窝子社仓,贮谷四百三十六石三斗三升八合七勺;马白下寨社仓,贮谷一千二百七十六石一斗三升五合;乐竜社仓,贮谷三百七十九石六斗一升七合三勺;江那社仓,贮谷一千三百七十九石二斗三升八合。嘉庆二十五年(1820年)开化府设安平厅后,增安平厅分管谷折米一千五百石。②广南府,道光年间宝宁县贮常平仓谷五千石,额贮社仓谷三千二百零八石一斗一升五合;土富州额贮常平仓谷五千石,额贮社仓二千八百三十六石一斗一合六勺。③以上为额定存储量,实际可能低于此数。总之,清代滇东南在改土归流以后,开化、广南二府均设有仓储制度。

仓储制度建立后,当地方发生灾害之时,"以备缓急而利民生"。④据清宫档案记载,乾隆八年(1743年)二月初十日夜间,开化府马白汛地方客民杨逊远铺内,灯煤燃草失火,因风狂火烈,延烧铺户居民八十三户,内瓦房十七间,草房一百八十五间,税房一所。同年二月十一日未刻,有开化府城关厢居住之军杞王一才,草铺内煮饭起火,因草房遇火易燃,加值大风,难于扑灭,烧兵民五百二十八户,计瓦房二百六十间。楼房三十九间,苦片草房七百九十间,并千、把衙署十七间。随后调常平仓米减价粜卖以济灾黎,"照旧例瓦房每间赈银一两,楼房每间赈银二两,草房每间赈银五钱,共七百四十四两。马白汛被火各户,照依府城一例,共赈银一百七两"。⑤常平仓中储存部分粮食可在春天粮食青黄不接价格上涨时出售给本地百姓;到秋季再用春季售粮回收的资金重新低价买粮补充。社仓和义仓通常由乡镇居民通过自愿捐献设立,但均要由地方官来统一管理和调配。光绪三十三年(1907年),清政府普发广南

① 雍正《云南通志》卷14《积贮》,《四库全书》史部,商务印书馆1985年影印版,第569册,第430页。

② 道光《开化府志》卷4《田赋·积贮》,娄自昌、李君明点注,兰州:兰州大学出版社,2004年,第78~79页。

③ 道光《广南府志》卷2《田赋·仓储》,杨磊等点校本,兰州:兰州大学出版社,2004年,第85页。

④ [清]阿里衮:《奏为动缺常平仓谷请添价买补以实仓储折》,乾隆三十三年七月二十一日,《宫中档乾隆朝奏折》(第31辑),台北"故宫博物院"1984年影印版,第376页。

⑤ [清]张允随:《奏为开化府属地方被火赈恤事》,乾隆九年四月初二日,中国第一历史档案馆藏,档案号:04-01-01-0107-016。

府富州县春赈银一千元,经通判请领散发到各区团绅采买秋谷,存储积仓。[①]
可见,虽经历咸同兵燹,但出于维护社会稳定的目的,至清末之际,滇东南仓
储赈灾仍作为一项常规制度性措施,以成文法或者惯例的形式流传下来,在
恢复农业生产方面,发挥了一定的社会功效。

据此,仓储赈灾制度作为国家治理体系的环节,也是国家治理能力在边
疆民族基层地区的体现,具有赈济和平抑物价的重要作用。

---

① [民国]陈肇基原纂《富州县志点注及资料辑录》卷6《民政·仓储》,杨磊、农应忠点辑本,昆明:云南大学出版社,
2007年,第17页。

吐谷浑与突厥关系史考论

李文学①

（西南大学　历史文化学院）

摘　要：吐谷浑与突厥的关系，是中古时期中国版图上各政权关系的重要内容。在七十多年时间里，两者有战争、和平和役属等不同形式的互动，展示了跨越河西走廊的青藏高原和蒙古高原两大游牧民族群体的发展历程。对这一问题进行考析和梳理，有助于理解两者的历史脉络、当时的区域政治走向以及相关的历史地理问题。

关键词：吐谷浑；突厥；关系

南北朝时期的东亚地区政治格局，并不仅仅是南北朝政权，北朝与柔然、突厥的竞争，还有控制青海高原及其周围地区的吐谷浑参与其中。在突厥崛起后的很长时间里，其展开了跨越河西走廊的征服和役属，使青藏高原北部的吐谷浑政权也一定程度上被突厥化的浪潮所波及。对突厥与吐谷浑关系发展的历史进行深入考察，不仅仅可以发现其本身的发展脉络，还有助于对两个民族的历史尤其是吐谷浑历史的理解，有助于深入理解当时中国版图上各地区政权错综复杂的关系，也有助于检验以往关于河西走廊、丝绸之路及其民族互动等问题的认识框架。

---

① 作者简介：李文学，1979年生，男，汉族，山东高密人，西南大学历史文化学院、民族学院副教授，博士，主要研究方向是民族史。

吐谷浑(313—663年)与突厥正式发生关系,史文记载始于公元556年突厥木杆可汗击吐谷浑,终于630年东突厥颉利可汗溃败欲奔吐谷浑未遂。在这总计七十多年的时间里,吐谷浑政权[1]与突厥民族在两个层次上发生了关系,其一是东西突厥政权,其二是由于与中原王朝的战争而分散的突厥各部落。相较之下,前者更为重要,故本文将主要考察两个政权的关系脉络。

七十多年的关系发展史,应当是两个大的游牧民族政权历史上值得一书的事件。就有限的记载来看,两者关系大致经历了三个阶段:第一阶段为战争时期,大致在公元556年以后,相当于突厥的木杆可汗时期(553—572年在位);第二阶段为和平通使时期,大致相当于突厥木杆可汗弟他钵可汗(572—581年在位)时期及其后;第三阶段为役属关系时期,大致相当于突厥始毕可汗(609—619年在位)之后[2]。

一、战争时期

六世纪中叶,突厥政权趁高车政权覆灭、柔然政权衰落而对西域地区控制松动之机,兴起于金山一带。到土门首领时期,突厥势力不断兼并铁勒部落,增强实力,并与西魏正式建立交往关系,共谋柔然。土门与其宗主国柔然开战以后,建立突厥汗国,自称伊利可汗。不久,土门去世,其子乙息记可汗(552—553年在位)继位,一年多后,乙息记死,其弟木杆可汗继位。自土门之后,突厥未曾间断对柔然的进攻,木杆可汗继位以后把这项事业推向高潮并取得了实质性的胜利。555年,北齐高洋与东支柔然决战于沃野,后者惨败并彻底瓦解,留下了势力真空。同年,木杆可汗击败西支柔然,突厥势力迅速控制了整个漠北高原,成为继柔然之后的草原霸主。此后,在东亚地区纳入突厥人视野的就是西域和南方的吐谷浑政权了,而此时的吐谷浑正控制西域东南隅丝路要冲鄯善、且末,也不可避免地与突厥势力相遇。

在土门系突厥征服漠北的同时,土门之弟室点密可汗也正在征服西域地区[3]。漠北既靖,木杆可汗于556年借道河西走廊南掠吐谷浑腹地。此事《北史》《周书》之吐谷浑传皆有记,而《周书·史宁传》载之最详,其云:

> "时突厥木汗可汗(按即木杆可汗)假道凉州,将袭吐浑,太祖令宁率骑随之。军至番禾,吐浑已觉,奔于南山。木汗将分兵追之,令

俱会于青海。宁谓木汗曰：'树敦、贺真二城，是吐浑巢穴。今若拔其本根，余种自然离散，此上策也。'木汗从之，即分为两军。木汗从北道向贺真，宁趣树敦。浑娑周国王率众逆战，宁击斩之。逾山履险，遂至树敦。敦是浑之旧都，多诸珍藏。而浑主先已奔贺真，留其征南王及数千人固守。宁进兵攻之，退，浑人果开门逐之，因回兵奋击，门未及阖，宁兵遂得入。生获其征南王，俘虏男女、财宝，尽归诸突厥。浑贺罗拔王依险为栅，周回五十余里，欲塞宁路。宁攻其栅，破之，俘斩万计，获杂畜数万头。木汗亦破贺真，虏浑主妻子，大获珍物。宁还军于青海，与木汗会。"

此次军事行动，是以突厥汗国为主导，北周地方军力相配合而完成，是突厥漠北、西域扩张的继续，它要达到的效果在木杆可汗的突厥汗国可能有三：一是掳掠财物。吐谷浑控制丝路青海道历年，珍货较多，补充财力对于刚兴起于漠北的突厥汗国尤其重要。近邻三国周、齐、吐谷浑，周为盟友，齐国尚强，后者最弱，自然成为首选。二是为配合室点密可汗的西域行动，震慑和牵制吐谷浑。西域东南为吐谷浑势力范围，室点密西突厥征服西域的同时，使吐谷浑忙于东线腹地战事而无暇西顾应该说是绝佳的战略。三是外交上争取主动。柔然既灭，突厥代兴，漠北、西域的政治格局发生重大变化，对突厥来说，南方丝路大国吐谷浑迅速而深刻地认识到这一点是很有必要的。在北周，遣军参与其事仅是一次普通的边疆军事行动，从史宁的行为来看，北周主要目的是要教训多年来不停骚扰边疆的邻国吐谷浑，其次是强化与新兴突厥的盟国关系，以期共同对付东邻北齐。

可见，对于吐谷浑的战争，突厥和北周并不以剿灭和向青海拓地为目的。旦然吐谷浑树敦、贺真两镇遭受重创，但吐谷浑还是较为迅速地恢复了元气，并展开了对于北周西部边疆的所谓"蜂虿弥毒"的报复性行动。仅在第二年，"时吐谷浑入寇河右，凉、鄯、河三州咸被攻围，使者来告急"[4]；559年初"是云保……世宗时，吐谷浑侵逼凉州，宝与战不利，遂殁于阵"[5]。由此来看，北周上次配合突厥的行动目的并未达到。559年3月，"吐谷浑寇边，庚戌，遣大司马、博陵公贺兰祥率众讨之……（5月）贺兰祥攻拔洮阳、洪和二城，吐谷浑遁走"。从贺兰祥墓志来看，"吐谷浑乘凉州不备，入寇，害凉州刺史洞成公是云保,遂为边患"[6],是云保战殁与3月"吐谷浑寇边"当为一事,此事震动北周朝廷,引致贺兰祥带兵讨伐。战争之前,贺兰祥在讨吐谷浑檄文中说:

> "彼国包藏祸心,屡违盟约,自贻近患,是故往年致突厥之师也。自尔迄今,蜂虿弥毒,入我姑臧,俘我河县,芟夷我菽麦,虔刘我苍生。……突厥与国睦亲,同耻反道,驱引弓之民,总穹庐之众,解鞍成山,云蒸雾合。"[7]

这次行动以北周为主导,看来还得到了"睦亲"盟国突厥的襄助。此时正值突厥汗国木杆可汗在位第六年,突厥对于吐谷浑仍以战争威慑为主。

二、和平通使时期

木杆可汗中期以后,周、齐、突厥三方关系发生了变化,即突厥已控制漠北,不必像初期那样借重西魏的势力,尽管北周军事上不失时机地配合突厥人的行动,外交上一如既往地"甘言厚币",突厥与北周的联盟关系还是发生了动摇,而北齐对突厥的金钱财富外交又加剧了这种趋势。突厥的均势外交影响到与吐谷浑的关系,559年以后,再无突厥参与北周对吐谷浑战争的记载,北周在东线西线的战事从此失去了突厥人的帮助。在这种情势下,吐谷浑与突厥的关系转入了和平状态,双方有了通使往来。《北齐书》卷四一《傅伏附传》载木杆可汗弟他钵可汗时事:"(齐)后主失并州,使门府纥奚永安告急于突厥他钵略可汗(按即他钵可汗)。及闻齐灭,他钵处永安于吐谷浑使下。"尽管没有史料表明吐谷浑与突厥的贡使关系在559年后何时开始?由哪方首先发起?由什么契机发起?甚至到底是一种什么性质?但两者至晚在他钵时期转入了和平交往却是无可疑议的。而且自此以后的七十多年里,两个政权再未发生冲突。隋代周初,突厥与吐谷浑还成了盟友,史载583年5月"壬戌,行军元帅窦荣定破突厥及吐谷浑于凉州"即是两者联合的明证。[8]《隋书》卷八十四《北狄传》记,突厥可汗沙钵略受"怀复隋之志"的北周千金公主怂恿,"悉众为寇",隋帝遣将守乙弗泊、临洮、幽州、周盘等地,恐非仅防御沙钵略突厥,尤其是临洮防御的对象当主要是突厥的盟友吐谷浑。至此,西汉以来中原王朝控制河西走廊隔绝羌胡的地缘战略一定程度上宣告失败。[9]

他钵可汗后，东突厥围绕汗位之争发生内乱，内乱的结果是沙钵略继位，而封另外两个有继承权的从弟为第二可汗、阿波可汗，突厥大可汗权威骤降。后由于对隋战争的失利，沙钵略归罪于阿波可汗，击破其部落，矛盾公开化，阿波可汗投奔西突厥达头可汗，东突厥分裂。达头可汗系室点密之子，此时已不满足于居东突厥大可汗的名义之下。不久，阿波可汗在达头的支持下形成了反沙钵略联盟。此次联盟为沙钵略继位者莫何可汗击退。597年，东突厥内乱又起，莫何可汗继位者都兰可汗与北方受隋礼遇的突利可汗相互攻击，都兰可汗为稳定局势引入达头可汗势力。突利兵败入塞，为隋封为启民可汗。599年，达头可汗自称步迦可汗，正式成为突厥汗国大可汗。然而，与此同时他也遭到了各部的强烈反对，国内大乱。各部归附了启民，达头溃散，归路为铁勒诸部阻断，遂南奔吐谷浑。此事《隋书》有记：

> "三年，有铁勒思结、伏利具、浑、斛萨、阿拔、仆骨等十余部，尽背达头，请来降附。达头众大溃，西奔吐谷浑。"

达头可汗奔吐谷浑后无载，从后来的史实推测[10]，他应该是终老于吐谷浑，其少数部众也融入吐谷浑民族。这也说明吐谷浑与突厥的关系已非同一般，至少表明与西突厥有着较为友好的关系。从达头入漠北即汗位这段匆忙而短促的时间来看，西突厥与吐谷浑的这种友好关系由来较久，至少不是这段时间就可以奠定的。

在这段和平交往的时间里，吐谷浑和突厥还通过和亲来巩固关系。608年，隋炀帝遣崔君肃出使西突厥，讽处罗可汗[11]击吐谷浑，君肃有言：

> "吐谷浑者，启民少子莫贺咄设之母家也。今天子又以义成公主妻于启民，启民畏天子之威而与之绝。吐谷浑因憾汉故，职贡不修。可汗若请诛之，天子必许。汉击其内，可汗攻其外，破之必矣。"[12]

颉利可汗，"启民可汗第三子也，初为莫贺咄设，牙直五原之北。"启民之后，子始毕可汗（611—619年在位）继位。始毕传位于弟俟利弗设，是为处罗可汗[13]。处罗之后，隋义成公主以处罗子奥射设丑弱，"废不立之，遂立处罗之弟咄苾，是为颉利可汗（620—630年在位）"[14]。义成公主初嫁启民，依突厥收继婚俗,再嫁始毕,三嫁处罗,四嫁颉利,可以想见其有极高的地位和权力以致废立可汗。比对前引崔君肃言"吐谷浑者,启民少子莫贺咄设之母家也",可知颉利作为第三子也是少子(亦可从文献从未提及颉利有弟得到佐证),其母为吐谷浑王族。《旧唐书·突厥传上》载:颉利死后,"其旧臣胡禄达官吐谷浑邪自刎以殉",亦可证颉利母的吐谷浑人身份。唯该传又记云"浑邪者,颉利之母婆施氏之媵臣也,颉利初诞,以付浑邪",给我们的理解造成了一点不便,即若按此说,颉利母非吐谷浑之王族吐谷浑氏[15]?那么突厥与吐谷浑和亲一事似需存疑。而婆施一氏亦未曾见诸史籍。所幸有《新唐书》亦载此事,云:"其臣胡禄达官吐谷浑邪者,颉利母婆施之媵臣也。"原来婆施乃颉利母之名,而非姓氏。即其全称应为吐谷浑婆施。婆施入嫁启民,还带领一些臣仆。如此,吐谷浑与突厥之和亲为不争事实。

吐谷浑与突厥可汗政治婚姻的结果就是维持巩固了友好关系。而崔君肃的出使目的并未实现,后来西突厥并未出兵配合隋军攻讨吐谷浑的战事。个中原因,表面上是西突厥国人的强烈反对,事实上恐有西突厥与吐谷浑友好关系的深层因素使然,这也可以从达头可汗溃奔吐谷浑得到证实。然而,吐谷浑与东突厥的关系在此由于隋朝干预启民可汗的婚姻而出现了暂时的中断,即"启民畏天子之威而与之绝"。

此外,笔者想对吐谷浑与突厥(主要是西突厥)的这种和平关系作一注脚。雄强一时的突厥汗国崛起之后迅速地控制了漠北高原和西方至波斯的广大地域,但是独独把西域东部的丝路要冲鄯善、且末留给了吐谷浑。[16]这似乎是很耐人寻味的。笔者以为,正像历史上许多的北方草原民族一样,突厥民族对于丝路利益非常重视,室点密的控制西域、灭嚈哒、战波斯等行动无不与此有关或因此而起。突厥人占领他的广大地域之后,可以说丝路贸易尽在控制之中。这使得传统丝路的作用骤减。因为突厥人可以使西方、中亚商人通过漠北而不经天山南部商道。许多的文献和出土资料都证实了突厥人跟粟特人关系的非同一般。这种情况再加上当时罗布泊地区环境的恶化,使得鄯善作为丝路孔道的作用一落千丈。因此突厥人完全可以把它留给吐谷浑人以避免与之发生大规模冲突。两者在丝路利益问题上达成了一定程度的妥协,既使吐谷浑能得到一部分利益,又使突厥能控制大部分的丝路贸易。这应该是突厥与吐谷浑能建立和保持友好关系的原因之一。在这种实力对比中,为避免更多利益受损,吐谷浑也只能尽可能通过和平外交手段达成目的了,哪怕后来不惜名义上的臣属。

三、役属关系时期

隋末大乱,启民子"始毕可汗咄吉嗣立,华人多往依之,契丹、室韦、吐谷浑、高昌皆役属。……控弦且百万,戎狄炽强,古未有也。"[17]吐谷浑与突厥关系进入了新的阶段,即成了突厥的役属国。这种情况是隋末东亚地区政治力量对比发生变化的结果:(一)隋中期,突厥汗国内乱以达头集团上台旋又瓦解而告结束,后启民"尽有步迦之众",漠北地区再无与启民势力抗衡者,加之对隋实行和平外交,启民的突厥汗国逐渐强大,奠定了"古未有"的事业的基础;(二)突厥强大的同时,却是隋朝内乱走向瓦解的时期,南方没有了大的牵制力量;(三)达头亡入吐谷浑五年之后,隋炀帝大举进攻吐谷浑,这次以灭国拓土为目的的行动,致吐谷浑"其故地皆空,东西四千里,南北两千里,皆为隋有,置州县镇戍,天下轻罪徙居之。"[18]吐谷浑元气大伤。因此,趁隋末大乱之际吐谷浑虽能复国,其往日强势不复存在,为保全自己,保证部分丝路利益,只能在突厥重新扩张的形势下沦为了后者的附属国。

应当明确,尽管史书记"契丹、室韦、吐谷浑、高昌"皆为突厥役属,但吐谷浑同其他三者与突厥的役属关系是不同的。首先,契丹、室韦、高昌在始毕之前,即已附属于突厥汗国,契丹初由"突厥沙钵略可汗遣吐屯潘垤统之",室韦则由突厥"以三吐屯总领之"[19],高昌则在556年以前接受了突厥的官爵,臣服于后者。[20]突厥内乱有年,这些部落、政权纷纷摆脱突厥控制而独立朝贡于中原王朝。不久,启民之后突厥重新崛起,加之隋朝势力瓦解,他们又不得不再次附属于突厥始毕。其次,役属关系处于不同的差序层次。突厥之统治非突厥部落,依控制程度大小,有一个差序结构。第一层次如铁勒诸部,是较为直接的统治,所谓"自突厥有国,东征西讨,皆资其用,以制北荒。"第二层次如契丹、室韦、西域诸城国等,如上所引为派吐屯等官监领。主要是获得贡赋税收利益。第三层次如吐谷浑,名义上臣属突厥,无实质性的监制政策,其关系的确认维系可能仅是通过贡使的往来。[21]

反映两个政权关系的最后事件是东突厥颉利可汗欲奔吐谷浑未遂。"颉利初嗣位,承父兄之资,兵马强盛,有凭陵中国之志。"[22]看来自始毕到颉利上台的10年里,诸国役属于突厥的情势并没变化,吐谷浑当然也未摆脱役属关系。所幸此时的突厥可汗为吐谷浑王的外甥,从而赋予这种刚性的役属关系一些柔性。唐朝建立后,吐谷浑频寇唐洮、岷、芳、松、扶、鄯、叠等诸州,如果考虑到两者的役属关系,我们可以认为,这与突厥始毕之后敌视唐朝这一新兴势力并数度大举入寇不无关联,亦即吐谷浑的对唐政策一定程度上是受到了宗主国突厥的影响。到了贞观初年,突厥内乱再起,颉利与突利可汗(颉利上台后所封始毕之子)相攻击,突利可汗得到唐廷支持,颉利大败亡奔吐谷浑未遂,后为唐军所俘。[23]颉利之败奔吐谷浑,即非完全出于甥舅关系的原因,也是在两国一直保持了较好的关系基础上作出的选择,与达头可汗之奔吐谷浑类似。由此,也可看出突厥对于吐谷浑的役属是很松散的名义之事。

此外,吐谷浑政权还与附属于隋的突厥部落发生过关系。前述西突厥处罗可汗由于未能与隋朝积极发展合作关系,为隋所支持的射匮可汗(室点密突厥后裔,此前依附于阿波突厥处罗可汗)击败,率残部内徙。隋炀帝"诏留其羸弱万余口,令其弟达度阙牧畜会宁郡(今甘肃靖远)"[24]。达度阙的西突厥部落就成了隋的属部,作为边防力量为隋所役使。如613年,隋炀帝"遣阙达度设寇吐谷浑,频有虏获,部落致富",在隋的怂恿下与吐谷浑发生战争。此战争主要是小规模对吐谷浑边鄙的骚扰和掳掠。618年(唐武德元年),阙达度设率部内附,又与河西李轨联和。"隋西戎使者曹琼据甘州诱之,俄与琼和,共击轨,兵不胜,走达斗拔谷,与吐谷浑相辅车,为轨所灭。"[25]该部周旋于当时的几大势力间,终因势小力薄,未免覆灭的命运,而且它与吐谷浑的关系亦好坏无常。

总体而言,吐谷浑与突厥关系史发生于吐谷浑政权的衰落期,却是突厥政权的上升期。于是我们看到:其一,吐谷浑从被动发生战争到被役属,突厥则从掳掠吐谷浑到和平役属之。两者关系实际上是中国历史上北方草原民族与青藏高原民族的典型互动模式,即北方草原民族强势时往往跨越河西走廊南下,一定程度上主导两大高原上的民族群体,但却不能形成长时间的压倒性优势。加上中原政权自汉武帝以来奉行以河西防止两大高原民族联合的战略,两大高原的民族有联合互动,却难以形成实质性和持续性地融合。其二,突厥逐渐控制蒙古高原和西域地区,严重压缩了吐谷浑的生存空间。

实际上,最为严重的是通过主导丝绸之路,很大程度上威胁了"高原商业性游牧民族——吐谷浑"生命线,使其青海丝绸之路地位严重下降。在这种打击下,吐谷浑走向衰落和被役属也是情理之中了。

注释及参考文献:

[1]因此时吐谷浑民族与吐谷浑政权高度重合,散逸于政权外的吐谷浑人于史鲜征且不能形成足以影响民族关系的势力,故本文在此仅涉吐谷浑政权。

[2]由于两者关系的主动权多掌握于突厥,故以突厥世次为参照。

[3]参见吴玉贵.《突厥汗国与隋唐关系史研究》[M].北京:商务印书馆,2017年,第19~20页。

[4]《周书》卷30《于翼传》

[5]《周书》卷19《宇文贵附是云保传》

[6]罗新、叶炜著.《新出魏晋南北朝墓志疏证》[M].北京:中华书局.2005.第245页。

[7]《周书》卷20《贺兰祥传》

[8]《隋书》卷1《高祖纪上》

[9]其主观目的是"隔绝"羌胡,客观效果则主要是"隔"而未能"绝",即通过"隔"防止了蒙古高原与青藏高原北部民族成为一体,对中原政权形成包围之势;"绝"却是仅靠"隔"所不能做到的,其目标也往往难能实现。在中原政权内部较弱或出现变乱时,河西走廊往往成为漠北与青藏高原民族过往的通道,甚至为其完全控制。

[10]按汉文史籍记事习惯,达头作为重要历史人物,如不得善终,当有记载;再者,从后来屡有突厥王族欲奔吐谷浑来看,达头应该是得到了较好的安置。

[11]阿波突厥成了西突厥的东支,后势力逐渐强于室点密突厥,后西逐室点密西突厥,占据其地。处罗即阿波之后裔。

[12]《隋书》卷84《突厥传》

[13]此东突厥处罗可汗,值唐初;非以上所提及之西突厥处罗可汗。

[14][22]《旧唐书》卷194《突厥传上》

[15]按此时吐谷浑夸吕在位,史云夸吕之后改回慕容氏。

[16]周伟洲《吐谷浑在西域的活动和定居》,载《20世纪西域考察与研究》,中国社会科学出版社,1994年)一文认为吐谷浑控制鄯善、且末时间自5世纪末6世纪初到635年,除去隋朝灭吐谷浑设置郡县的时间,达140年;《中国历史地图集》两种也对这种事实作了表达。

[17]《新唐书》卷215《突厥传上》

[18]《资治通鉴》卷181《隋纪五·炀帝大业四年条》

[19][24]《隋书》卷84《北狄传》

[20]参见吴玉贵.《突厥汗国与隋唐关系史研究》[M].北京:商务印书馆,2017年,第19~20页。

[21]此系笔者的推测。因无论是有关吐谷浑的记载还是有关突厥的记载,皆无吐屯官监领吐谷浑的信息。

[23]参见《资治通鉴》卷193《唐纪九·太宗贞观四年条》

[25]《新唐书》卷215《突厥传下》

明清时期土司承袭与国家治理①

李良品②

（长江师范学院　乌江流域社会经济文化研究中心）

摘　要：土司承袭制度是土司制度的核心内容。明清时期中央政府对土司承袭采取五种具体举措：一是颁布土司承袭法规，二是控制土司承袭相关程序，三是规定土司制作承袭文书，四是限制土司承袭次序，五是赐予承袭土司多种信物。土司承袭中的国家治理具有国家权力的主导性、实施策略的创新性、制度变革的渐进性、治理技巧的灵活性等特点。明清中央政府在土司承袭中始终占据主导地位，起着决定性作用，对土司承袭进行着有效治理。

关键词：明清时期；土司承袭；国家治理

明清时期土司制度的实施不仅使土司在土司区取得了合法的统治地位，而且为中央政府对土司地区的有效控制和国家权力在土司地区的不断延伸铺平了道路。在明清时期国家实施土司制度的过程中，土司承袭制度是其核心内容。虽然土司政权与国家政权之间在实施土司制度过程中存在着互动、调适、博弈、冲突，但中央政府自始至终掌控着各地土司的承袭，换言之，国家在土司承袭中始终占据主导地位，起着决定性的作用。国家治理是国家制度

① 基金项目：教育部社科基金规划项目"元明清时期土司承袭制度研究"（批准号15YJA770009）中期成果；重庆市社会科学规划项目"元明清时期土司承袭制度与国家治理研究"（批准号2015YBLS107）中期成果。
② 作者简介：李良品，1957年生，男，重庆石柱人，长江师范学院教授，乌江流域社会经济文化研究中心专职研究员，主要从事西南民族历史文化研究。

和制度执行能力的集中体现,明清统治者在土司承袭问题上下足功夫,这不仅为维护土司政权的稳定、土司地区社会稳定以及中央政府对土司政权的有效管控作出巨大努力,而且为完善土司制度、加强国家治理取得重大成效。

一、明清时期土司承袭中国家治理的举措

明清时期各地土司承袭,事关中央政府对土司政权的有效管控以及土司地区的长治久安。当国家权力介入到土司地区时,土司承袭制度就上升到国家制度的高度,并在中央政府管控下逐渐规范。从现有文献看,明清中央政府除了在朝廷、行省、府州县设置相关机构(如中央政府的兵部武选清吏司、吏部验封清吏司以及行省的布政司、按察司、都司等)对土司承袭加强管理外,其举措主要体现在五个方面。

(一)中央政府颁布土司承袭法规

明清统治者在建构土司承袭制度过程中颁布了一系列承袭法规以体现国家的治理体系与治理能力,彰显中央政府对土司承袭的驾驭与控制。其承袭法规主要包括收缴前朝信物、规定承袭人年龄及承袭手续、限制承袭时间、规定袭替禁例等。在收缴前朝信物方面,大凡遇到改朝换代,土司要归降新政权,到新的王朝去请袭时,就必须上缴前朝的信物。《明实录》载:洪武元年三月"壬申,克全州。……道州万户吴友孙、宁远州土官李文卿、守蓝山县元帅黎茂陵等,俱遣人请降,纳元所授印章宣敕。"[1](卷31)朝廷制定和颁布承袭法规,一方面是为了体现各地土司承袭的合法性和正统性,另一方面是中央王朝以及当地流官驾驭和控制各地土司的重要法律依据。

(二)中央政府控制土司承袭相关程序

明清政府十分重视土司的承袭,设定了一系列项目繁多的承袭流程和操作严格的核查机制,试图通过土司承袭程序的实施与控制以达到强化中央政府对土司的管控以及土司地区的治理。《明会典》载:"凡各处土官承袭。……务要验封司委官体勘,别无争袭之人,明白取具宗支图本,并官吏人等结状,呈部具奏,照例承袭。移付选部附选,司勋贴黄,考功附写行止,类行到任。见到者,关给札付,颁给诰敕。"《明会典》既有呈部具奏、移交附选、司勋贴黄、

颁给诰敕等承袭流程，又有验封司委官体勘、官吏人等结状等核查机制。到了清代，也大体如此。《钦定大清会典则例》载："顺治初年定……其应承袭之人，由督抚具题，将该土官顶辈宗图、亲供、司府州邻印甘、各结及原领敕印，亲身赴部，由部核明，方准承袭。"[2](卷110)明清中央政府制定的委官体勘查核、取具宗支图本、册报应袭子侄名册、官吏人等作保、邻封土司甘结、督抚具题请袭、赴阙受职（或就彼冠带、亲身赴部）、兵部或吏部核明等承袭程序，体现了明清政府先进的国家治理理念和较强的地方管理能力。

（三）中央政府规定土司制作承袭文书

明清中央政府虽然对土官、土酋加以任用，让其世袭其职，但在土司承袭前的文书制作上却作出了明确规定：凡土官应袭者必须具备亲供册，备载先世事迹、应袭职务、宗支、年龄、领辖境界、辖区人口、贡赋钱粮数目等，且有邻近土职具结证明书，这些规定一直延续到清末及民国时期。亲供册又叫宗支图本，实际就是土官族谱世系，是各地土司承袭的主要依据。明代土司承袭必须制作以下两种承袭文书：第一，宗支图本。因明代中央王朝要求承袭土司者必须"取具宗支图本"[3](P31)，朝廷流官要"体勘应袭之人，取具结状宗图，连人保送赴部，奏请定夺"。[3](P31)第二，结状文书。应袭土司要具备邻近土司以及地方官勘验承袭人的嫡亲，确认该土司"别无争袭之人"的"结状文书"。否则，就不准继承土司职位。清代土司承袭，在文书制作方面大体相同。《钦定大清会典事例·吏部·土官》之"土官承袭"条载："其应袭职者，由督抚察实，先令视事，令司府州邻封土司具结，及本族宗图，原领号纸，咨部具题请袭。"[4](卷145)可见，明清中央政府一方面通过"宗支图本""结状文书"等承袭文书落实对土司承袭的管理。另一方面，又通过预造应袭名册、制作告袭文簿等承袭文书来弥补土司承袭中土司家族制作宗支图本和土司族人、邻近土司以及地方官吏结状文书造假的缺陷。《大明会典》卷之六"土官承袭"条载："凡土官册报应袭。……先具应袭子侄姓名，开报合干上司。……预取应袭儿男姓名，造册四本，都、布、按三司各存一本，一本年终类送吏部备查。"[3](P31)万历年间规定："凡土司告袭，所司作速勘明，具呈抚按，核实批允，布政司即为代奏。该部题选，填凭转给，就彼冠带袭职……抚按仍设告袭文簿，将土舍告袭、藩司代奏日期，登记明白，年终报部备考。"[3](P626)《钦定大清会典事例》卷五百八十九"土司袭职"条也规定："顺治初年,定……其应承袭之人,由督抚具题,将该土官顶辈宗图亲供、司府州邻印甘各结,及原领敕印,亲身赴部,由部核明,方准承袭。"[4](卷589)总之,中央政府规定土司制作相关的承袭文书,实际上是为了防止土司在承袭过程中的作弊、假冒、争袭等的出现。这一做法,体现了明清中央政府对土司在承袭过程中的有力监督。

（四）中央政府限制土司家族承袭次序

众所周知,家族"血缘"纽带是封建社会解决世袭问题的政治原则与基本特色。明清中央政府在治理土司的具体措施上也以家族血缘世袭为主。《明史·职官一》之"土司之官"条载："其子弟、族属、妻女、若婿及甥之袭替,胥从其俗。"[5](P1752)《大明会典》卷之一百二十一"土官袭替"条载："洪武二十七年,令土官无子,许弟袭。三十年,令土官无子弟,而其妻、或婿,为夷民信服者,许令一人袭。"[3](P626)这是明代中央政府规定的土司承袭次序和范围。具体而言,明清中央政府在土司承袭次序问题上,主要采取与汉族相同的亲属次序和从其俗的姻属、族属次序。《钦定大清会典事例》卷一百四十五载,顺治初年定,"凡承袭之土官,嫡庶不得越序,无子许弟承袭,族无可承袭者,或妻或婿,为夷众信服者,亦许承袭……如土官受贿隐匿凶犯逃人者,革职提问,不准亲子承袭,择本支伯叔兄弟、兄弟之子继之。若有大罪被戮,即立夷众素所推服者,以继其职。"[4](卷145)《钦定大清会典事例》卷五百八十九条载："顺治初年定,土官无子者许弟袭,无子弟,许其妻或婿、为夷民所信服者一人袭。"[4](卷589)由此可见,明清时期土司承袭的主要有父死子继、兄终弟及、母女袭职、妻婿承袭、叔侄相袭、同族袭职、孙袭爷职、妾媳承袭、兄职妹袭、曾祖母袭孙职、地方官员保举等形式。上述无论是明代提及的子弟、族属、妻女、若婿及甥之承袭,还是清代提及的子弟、妻婿、族人的袭职,均表明土司承袭的亲属次序。在土司承袭的实际操作中,各地土司家族也按照中央王朝的相关规定有相应规定,如四川龙安的薛氏、王氏等土司世职的传袭规矩为:世职传长,不计嫡庶,不得异姓乱宗。其承袭次序是:父亲亡故后,由长子继袭;长子已故,由长孙继袭;长房无后,二房继任。如应袭世职者年幼,则公议年高有才德者护理,而应袭之人则专事读书习礼,以待成人成才后才能袭任世职。[6](P274-275)从明代规定土司承袭因"俗"而定,到清代规定土司承袭"嫡庶不得越序",不仅凸显了国家治理土司时的管控逐渐有序,而且彰显了中央政府治理土司的能力逐渐加强,国家治理土司的体系逐渐健全与完善。

(五)中央政府赐予承袭土司多种信物

明清时期土司受职后,中央政府要赐予诰敕、印信、号纸等信物,作为朝廷命官的凭证。所谓"诰敕",是朝廷颁给土司的"任职证书",是朝廷"命官"的书面凭证。印信是土司威权的象征,各地土司凭此不仅代表朝廷命官,而且可以此号令辖区民众。所以,无论是明清中央政府还是各地土司,均极为重视印信。对中央政府而言,当土司归附后,必须交出前朝所授印信,以示臣服。所谓号纸,其实就是朝廷颁发给土司的任命书。《清朝文献通考》卷八五"职官"条载:"定例:凡土官承袭,由部给牒,书其职衔、世系及承袭年月于上,曰'号纸'。应袭职者,督抚察核,先令视事,取具各结及本族宗图,原领号纸纳部请袭。"[7](卷85)如果土司遗失印信号纸,则意味着该土司失去土职和实权。据《道光茂州志》卷三"土司"条载:"陇木长官司何棠之,其先杨文贵,于宋时随剿罗打鼓有功授职。明洪武四年颁给印信,嘉靖间土司杨翱随总兵何乡征白草生番,著有功绩,命改何姓。国朝顺治九年投诚,康熙二十四年颁给印信号纸,住牧陇东。"[8](卷3)这是中央王朝驾驭土司、治理土司地区十分有效的重要举措之一。

二、土司承袭中国家治理的特点

明清时期土司承袭体现了国家对土司治理的主导地位,各地土司、流官政府在中央政府"因俗而治"政策的指导下共同参与土司地区的国家治理。土司承袭中国家治理具有如下几个特点。

(一)国家权力的主导性

明清中央政府在土司地区施行"齐正修教""因俗而治"的民族政策,充分体现了以皇帝为首的统治者在治理土司承袭时的意志和利益,决定了土司承袭中的国家主导原则和国家利益至上意志,具体来讲,国家权力主导在土司承袭中表现在三个方面:

1. 重视顶层设计。在土司承袭制度的顶层设计上，无论是《大明会典》，还是《钦定大清会典》均作出了明确规定。任何一个应袭土司要承袭土职，中央政府都要委官体勘查核，取具应袭土司的宗支图本、地方官吏和邻近土司要作保结，当相关手续完结之后，由督抚向中央政府具题请袭，当中央政府准允某土司承袭土职后，应袭土司或到京城赴阙受职，或"取具地方官保结并宗图，呈报该督抚保送，到日准其承袭。"[2](卷110)当然，明清政府的这种顶层设计，有一个逐渐完善的过程，这个过程也是中央政府对土司承袭逐渐加强控制的过程。

2. 严格加强管理。在土司承袭过程中，中央政府从三个方面严格管理。一是强制要求应袭土司必须建造宗支图本、预造应袭名册、制作告袭文簿且请地方官吏和邻近土司撰写结状文书等承袭文书，这是对土司承袭的一种有力监督。二是控制土司承袭的次序，中央政府虽然规定以父死子继为主的世袭制度，但也不排除兄终弟及、母女袭职、妻婿承袭、叔侄相袭等袭职次序与形式，这无疑使土司承袭基本上处于有序运行，实现了中央政府对土司承袭有序管控的目的。三是通过中央政府授予应袭土司诰敕、印信、号纸、冠带、符牌等信物，达到了对土司承袭的有效驾驭。

3. 妥善处理问题。在土司承袭过程中难免会出现诸如借职、代职、越职等事象以及冒袭、争袭、仇杀、战乱等弊端，明清中央政府往往会采取一些诸如土司不世袭、土司分袭、革职、改土归流等措施。笔者在查阅《土官底簿》时发现，其中规定某土司"不世袭"或"不做世袭"之处多达168次。有时中央王朝甚至威胁土司，"若不守法度时换了"或"废了"。如《土官底簿》卷上"云南府安宁州知州"条中：永乐元年（1403年）二月奉圣旨："见任的流官知州不动，这董节是土人，还著他做知州，一同管事，不做世袭，他若不守法度时换了。"总之，《土官底簿》中"奉圣旨""奉钦依准""不世袭""还不世袭""他若不守法度时换了"等字样的记载，充分表明了土司官职由中央王朝所授，中央政府有任免大权，各地土司必须唯命是从。也就是说，明清时期土司承袭始终处于中央王朝的严格控制之下。

（二）实施策略的创新性

明清时期土司承袭制度随着时间的推移，经历了一个从设定到实施，从实施到落实,又在实施和落实中发现问题,不断修正,最后归于改流的过程。这也是土司承袭制度的积极创新与不断完善的过程。

1.承袭机制创新。"预制土官"是选定应袭土司在机制上的创新。明清时期由于有的土司妻妾成群,子孙繁多,存在因争袭而引起仇杀的问题。因此,中央政府在应袭土司选定机制上实施"预制土官"的新策略。《明实录》载:"今土舍私相传接,支系不明,争夺由起,宜如军职贴黄例,岁终令土官各上其世系、履历及有无子状于布政司,三岁当入觐,则预上其籍于部,其起送袭替及争袭奏扰者,按籍立辨,可以消争夺之衅。"[9](卷20)《明会典》卷六"土官册报应袭"对"预制土官"有如下规定:"正统元年奏准,土官在任,先具应袭子侄姓名,开报合干上司。候亡故,照名起送承袭。六年奏准,预取应袭儿男姓名,造册四本,都、布、按三司各存一本,一本年终类送吏部备查。以后每三年一次造缴。嘉靖九年题准,土官衙门造册,将见在子孙尽数开报。某人年若干岁,系某氏生,应该承袭。某人年若干岁,某氏生,系以次土舍。未生子者,候有子造报。愿报弟侄若女者,听。布政司依期缴送吏、兵二部查照。"[3](P1)时值清代,"预制土官"的策略一直被沿袭,这使土司在选定承袭人时有法可依,在很大程度上杜绝了以往土司私相传承,兄弟、亲族之间相互争袭、仇杀等类似事件的发生,有利于维护各地土司政权的稳定。[10](P22)

2.承袭次序创新。从明代"依次承袭"到清代"嫡庶不得越序",是土司承袭次序的创新。明朝时,土司承袭人的次序基本上是约定俗成,依次承袭。《明史》卷七十二载:"其子弟、族属、妻女、若婿及甥之袭替,胥从其俗。"[5](P1752)《大明会典》卷之一百二十一"土夷袭替"条载:"正统二年奏准,土官应袭者,预为勘定,造册在官,依次承袭。"[3](P626)事实上,明代的规定并不严格,只要"从其俗"(即先嫡后庶,先亲后疏)且"依次承袭"即可。故有明一代,作弊假冒、争袭仇杀之事层出不穷。据笔者不完全统计,《蛮司合志》《土官底簿》《明史·土司志》载,有明一代发生的冒袭、争袭、夺袭的记载有33次,《清史稿·土司志》记载争袭有3次。到了清代,清政府为了杜绝争袭仇杀之事,规定必须按宗支嫡庶次序承袭。《钦定大清会典则例》卷三十"土官承袭"条载:"承袭之土官,嫡庶不得越序。无子,许弟袭;族无可袭者,或妻或婿;为夷众信服,亦许袭"。[2](卷30)《大清会典事例》卷一百四十五又载:乾隆三十三年奏准,"土官袭替定例,必分嫡次长庶,不得以亲爱过继为词"[4](卷145)。《大清会典事例》卷五百八十九载："如宗派冒混,查出参究","承袭之人,有宗派不清、顶冒、陵夺各弊,查出革职。具结之邻封土官,照例议处。"[4](卷589)这是清政府对破坏宗支嫡庶次序袭替的土司给予处分的相关规定。

3.承袭程序创新。从"赴阙受职"到"停其亲身赴京",是土司承袭程序上的改革。《大明会典》中对应袭土司有多"连人保送赴部""起送赴京袭职""照例保送赴京袭替"[3](P31)的规定。《明史》卷三百一十说得更为明确:"袭替必奉朝命,虽在万里外,皆赴阙受职。"[5](P7982)但随着时间的推移,明代中央政府觉得推行过程中有一定难度,于是又有"令极边有警地方,暂免赴京""令该管衙门,作速查勘明白,……填凭转给土舍,就彼冠带袭职"等规定。清初承袭土司之人,仍需"亲身赴京"授职;康熙十一年(1672)则取消这一规定,《大清会典事例》卷五百八十九载:"土官袭职,停其亲身赴京。取具地方官保结并宗图,呈报该督抚保送,到日准其承袭。"[2](卷110)停止土司"亲身赴京"授职,这种承袭程序的改革,大大降低了土司承袭的社会成本,在操作层面更显科学、合理。

(三)制度变革的渐进性

明清时期中央王朝在施行土司承袭制度时,有很多变革不是一步到位、一蹴而就,而是渐进发展的,这种制度变革的主要目的在于便于操作、减少麻烦,减轻压力。

1.土司承袭人选择顺序从模糊性向明晰化发展。据《大明会典》卷之一百二十一"土夷袭替"条载:"洪武二十七年,令土官无子、许弟袭。三十年,令土官无子弟,而其妻、或婿,为夷民信服者,许令一人袭。"[3](P626)这无形之中给土司承袭人及承袭顺序预留下很大的模糊空间,这使明代土司争袭之事时有发生。基于此,顺治初年规定:"承袭之土官,嫡庶不得越序。无子,许弟袭;族无可袭者,或妻或婿;为夷众信服,亦许袭。"[2](卷30)清政府规定土司承袭必须有序进行,也就是先嫡后庶,先族内,再妻婿,后族外。同时还规定:"土官袭替定例,必分嫡次长庶,不得以亲授过继为词。"[4](卷145)清政府明确规定土司承袭时必须严格按照承袭次序,嫡庶分明,这就减少了土司争袭事件的发生。

2.在土司承袭上渐进推进改土归流,使土司在不知不觉中接受了改土归流这一事实。一是用仕途来消解土司家族对土司职衔的争夺。《钦定大清会典则例》卷一百十"土官袭职"条载:雍正三年(1725年)清政府规定,各地土官的其他支庶子孙,如果"更无他途,可以进身"。这里的"进身"就是让这些人入仕做官,提高他们的社会地位,使之不再迷恋土司职衔,这有助于促进改土归流。二是采取降等或分袭的措施来分化土司的权力和利益。雍正三年(1725年)清政府规定,对于各处土官庶支子弟,如果确实有"驯谨能办事者,许本土官详报督抚,具题请旨,酌量给与职衔。令其分管地方事务,其所授职衔,视土官各降二等,……视本土官多不过三之一,少五之一,此后再有子孙可分者,……照例分管,再降一等给与职衔、印信、号纸。"[2](卷110)土司经过分袭与降等后,原有职衔品级降低,土地、人口都大为缩减,这是明代中央政府"众建土司"的延续。清代中央政府一方面是想通过"众建土司"、分级降等办法以期达到削弱土司势力、分而治之的目的,另一方面则通过在分化瓦解各地土司的进程中推进改土归流的实施。

(四)治理技巧的灵活性

明清中央政府在灵活性与法规性之间不断探索、积极调试,在处理土司承袭具体问题时往往采取灵活、多变的技巧。

1.明政府对土司承袭采取了因地制宜、灵活处理的策略。除部分土司的诰敕文书上规定"世袭"其职外,大部分土司都以"不世袭"予以威胁。这正如《土官底簿》"提要"所言:"其官虽世及,而请袭之时,必以并无世袭之文上请;所奉进止,亦必以姑准任事,仍不以世袭为词。"[11](P1)其主要原因在于"明自中叶而后,抚绥失宜,威柄日弛,诸土司叛服不常,仅能羁縻勿绝"[11](P1),明代对此采取"不世袭"的处理策略,以彰显中央政府的"驾驭之威"[3](P626)。明朝对原来没有开具"世袭"字样的土司是不准世袭的,如云南宁州知州禄永成化二年(1466年)年十二月奉圣旨:"禄永准做知州,还不世袭。"以及庶次男禄俸弘治十一年(1498年)十一月奉圣旨:"禄俸还著他做知州,不世袭。"[11](P35)等。这种灵活处理"世袭"与"不世袭"的例子,在《土官底簿》中不胜枚举。明代中央政府在必要时往往以"不守法度""有虚诈"或"不系世袭官员"等为借口,实行改土归流。

2.明代在土司承袭后出现的问题及其处置上也极具灵活性。概括起来,主要有四种情形:一是规定土司"不世袭"外,如果出现问题就采取"换""废""替"的处理办法。如"云南府安宁州知州"条有记载:永乐元年(1403年)二月奉圣旨："见任的流官知州不动,这董节是土人,还著他做知州,一同管事,不做世袭,他若不守法度时换了。"[11](P11)在"云南驿驿丞"条也有"若不志诚时却著别人做"[11](P19)的记载。二是对犯事的土司,主要有"犯了法度时不饶"[11](P19)之说,如"禄脿巡检司巡检"条对赵氏巡检的规定是"但有虚诈就拿解京"[11](P5);在"赵州定西岭巡检司巡检"条有"若不守法度时罪他,著流官掌印"[11](P13)的记述。三是实行土流并治。如"宁州知州"条载:弘治十六年(1537年)四月文选司报:"宁州添设流官知州掌印,土官专一管束夷民巡捕盗贼。"[11](P35)四是对"绝嗣"或"户绝"的土司,实施改土归流。如"蒙自县知县"条载:嘉靖二年(1523年)九月巡抚王启奏:"禄赐户绝,流官知县管理县事,土官公座裁革。"[11](P34)

总之,明清中央政府在治理土司承袭问题时,积极探索、不断创新、能做到灵活机动、循序渐进、量力而行又留有余地。这种处理办法能在保证王朝国家权力的基础上,在尊重各地土司合理利益的同时,最大限度地追求和实现国家利益的最大化。

三、基于明清时期土司承袭中国家治理的思考

明清时期的土司制度是一种"齐政修教""因俗而治"的政治制度和地方行政管理制度,而土司承袭制度是其核心内容。基于明清时期土司承袭中国家治理的举措和特点分析,笔者认为,在土司承袭与国家治理方面,有几点值得高度重视:

第一,国家治理在土司承袭中体现得十分显著。明清统治者制订土司承袭法规、控制土司承袭程序、规定土司制作承袭文书、限制土司家族承袭次序、赐与承袭土司多种信物等一系列举措,不仅体现了明清中央政府在实施土司制度过程中的治理能力,而且彰显了中央政府对土司承袭的有效驾驭与严格控制,更为重要的是为国家权力在土司地区的延伸与下沉奠定了坚实的基础。

第二,土司承袭中的国家治理呈现逐渐加强的趋势。如果说明王朝对土司承袭采取"柔服远人"的态度,企盼与土司政权和谐共存,以达到稳定国家政权目的的话,那么,清代中期实施大规模改土归流之后,土司实力已明显减弱,除大小金川土司之外,再无与清代中央政府相抗衡的力量,包括土司承袭等权力已逐渐被中央政府所掌控,这体现了清代中央政府对土司的治理趋于加强。

　　第三,土司承袭制度下的国家治理始终占主导地位。虽然中央政府、流官政府及各地土司在中央政府"因俗而治"的政策指导下共同参与国家治理,土司政权与国家政权之间在土司承袭过程中存在着互动、调适、博弈乃至冲突,但明清中央政府在土司承袭中始终占据主导地位,起着决定性的作用,对土司承袭进行了有效治理。

参考文献:

[1]明太祖高皇帝实录[Z].台北:中研院历史语言研究所,1961

[2][清]来保.钦定大清会典则例[Z].乾隆十二年(1747)抄本

[3][明]申时行.大明会典[Z].北京:中华书局,1989

[4][清]昆冈,等.钦定大清会典事例[Z].中华书局影印本,1991

[5][清]张廷玉.明史[M].北京:中华书局,1974

[6]曾维益.龙安土司[M].成都:四川省民族研究所,2000

[7][清]乾隆.皇朝文献通考[Z].乾隆五十二年(1787)刻本

[8][清]杨迺怿.道光茂州志[Z].道光十一年(1831)刻本

[9]明实录·世宗实录(卷20).台北:中研院历史语言研究所,1961

[10]李均.清代西南地区土司承袭问题研究[D].云南师范大学,2015

[11][明]不着撰人.土官底簿[A].钦定四库全书[C].中华书局影印本,1991

七 世界史研究

斯蒂芬·兰顿与《大宪章》的形成

王美君①

（山东大学　历史文化学院）

摘　要：1215 年的《大宪章》距今已过 800 个春秋，历经时间的积淀，它的影响力可谓是世界性的。《大宪章》的促成因素错综复杂，而个人因素不容忽视，时任坎特伯雷大主教的斯蒂芬·兰顿便起到了关键的推动作月。兰顿得以介入 1215 年《大宪章》事件，是内外因素相互作用的结果。外在因素要归因于 12、13 世纪特殊的教俗二元政治体系和封建制习俗，内在的原因需求诸于兰顿个人能力。在此基础上，他才以坎特伯雷大主教身份参与《大宪章》的形成过程，并扮演了重要的角色：他既是调停者、起草人，但同时也不幸地沦为教俗二元政治权力争斗的牺牲品。

关键词：大宪章；斯蒂芬·兰顿；布道词；坎特伯雷大主教

素有"英国宪政基石"之称的《大宪章》，距今已过 800 多个春秋。《大宪章》由最初的封建性质的文件，经 17、18 世纪政治革命的诠释、借鉴，直到 20 世纪以来的现代解读，最终走出大不列颠，影响遍及全球，这一切皆因《大宪章》对时人（最初为贵族、教士和市民）自由或权利的尊重。人们在津津乐道于此的同时，却忽视了《大宪章》形成中那些为它奔走忙碌的人物。其中之一便是时任坎特伯雷大主教的斯蒂芬·兰顿（Stephen Langton）（又译作朗顿、郎格顿）。

---

① 作者简介：王美君，山东大学历史文化学院博士研究生，主要研究方向为世界中世纪史、英国中世纪史、西方教育史。

《大宪章》的形成原因，复杂而多样，包括社会、政治、经济、宗教等诸多因素，而历史中的个人因素，如兰顿的作用却被忽视。虽然编年史家将兰顿带到了公众视野中，但总体而言，学术界对兰顿的重视远远没有与这位人物的历史作用成正比，英国一位研究《大宪章》的专家尼古拉斯·维森特（Nicholas Vincent）指出，"兰顿对英国教会乃至英国的政治所起到的作用与世人对他的重视程度不成比例，有所失衡。"[1](P.51)相较之下，国内的兰顿研究更是一片荒凉之地，鲜有学者的专门论述。

一、学术史的简要回顾

就兰顿个人的研究而言，国内外学者已有一定成绩，尤以国外见长。但就本题而言，笔者仅就学者围绕兰顿与1215年《大宪章》的相关研究做一简要的梳理。

与兰顿同时代的学者如索尔斯伯里的约翰（又译塞利斯伯里的约翰）或后来的托马斯·阿奎那等相比，兰顿留下的作品从数量及影响力而言，恐无法相提并论，但对历史进程的影响，相信是可以与他们相媲美的，甚至更突出。13世纪的编年史家如温多佛的罗杰（Roger of Wendover）和马修·帕里斯（Matthew Paris），在1215年事件中，肯定了兰顿的作用，认为兰顿通过发现和重读亨利一世的加冕文，激起了男爵反抗的决心，但这被霍尔特反驳为"温多佛的谣言"（Wendover' rumour）。[2](P.224)他认为兰顿发现亨利一世加冕文的事件纯属子虚乌有。而英国著名学者斯塔布斯（William Stubbs）虽也没有直接证据证明兰顿发现亨利一世加冕文的真实性，却并未否定兰顿发现加冕文的功劳。在其《英国宪政史》一书中，他指出，在1213年的圣阿尔班大集会（The Asembly at S. Albans）上，"当时的皇家司法官员（Justiciar）发布了一项法令禁止政府的强征勒索，并提到了要以亨利一世的加冕文作为良好习惯的标准予以重塑。"当时集会的人，除了受过良好教育的大主教、主教和法官以外，就是约翰王和男爵们。"因此或许极少人能够真正了解到亨利一世的法律为何物。"[3](PP.565~566)然而，"大主教（兰顿）却注意到应该让这些人知道亨利一世律法的内容。"斯塔布斯用了一种含蓄的口吻，潜在地表达了兰顿发现亨利一世加冕文并将之公布于男爵的可能性。另据我国学者顾銮斋最新的看法，他认为时人将发现加冕文的功劳归之于当时的大主教兰顿,又是"一个合乎逻辑、富于价值的创意……不仅是因为这类文件存于大主教卷档是当时最具可能的收存方式之一,因而大主教一般具有发现宪章的便利条件,而是他一直倚重习惯的力量,让他来发现男爵们追求的目标并鼓动他们逼使约翰予以确认更顺理成章"。[4](P.411) 马修的编年史书系列中,有一部分手稿是关于兰顿的,在名曰《兰顿的一生》(*Life of Stephen Langton*)中,他以肯定的语气,不同的措辞,赞扬他为"出色的牧师"(Pastor Bonus),甚或"最好的牧师"(Optimus Pastor),并在1215年事件中,认为兰顿"夹杂在两大'难以摆脱的沉重负担'(millstone)之间:英诺森的恶意影响和约翰的专断中。"[5](PP.58-61) 马修根据兰顿在《大宪章》中的表现,认定他是那个时代的知识锦囊和政治巨人。

16世纪的英国历史学家,殉教史研究者约翰·福克斯(John Foxe),前后写出了四个版本的《殉教者书》(又译殉道史)(*Foxe's Book of Martyrs*,又名 *Acts and Monuments*),福克斯根据第一版批评者的意见和最新出现的资料,重新调整和丰富了自己的著作,并在第二版(1576年)和第三版(1570年)的书中,增加了对兰顿的记录和评价。为了保护自由大宪章的成果,兰顿果断敢于与约翰王和教皇的联盟作斗争,为了保护男爵们,不惜遭受停职和放逐。[6](P.336)

福克斯在对英诺森三世的记录中,认为是他利用兰顿和坎特伯雷的64位僧侣,强加干扰他们的意志,同英王约翰作对,接着将他逐出教籍,使之成为全英格兰教会的公敌;为了逼迫其就范,将英格兰全国置于绝罚中长达六年三个月……[6](P.349) 从福克斯的描述看来,既展现了英诺森三世教皇膨胀的权力欲,从而与英王王权产生冲突,另一方面又可以看出兰顿成了教皇用来和英王进行权力争夺的工具之一。

而18世纪苏格兰启蒙运动的代表大卫·休谟在他的《英国史》六卷本中,关于约翰王的论述中,多处提及这位坎特伯雷大主教,其对兰顿总的评价是极其肯定的。他认为如果没有这位大主教,"这个反叛联盟不可能取得多少成就。……英国人民仍然应该永远尊重他",无论兰顿协助男爵,促成《大宪章》的动机如何,"或者是天性慷慨、热爱公益;或者是约翰反对他,积怨已久,报仇雪恨,其乐无穷;或者是认为人民的自由有助于增加或保护教会特权。"[7](P.339) 可见,休谟虽然质疑兰顿促成大宪章的主观性,认为他不过是教皇的"工具",但最终结果却是带来了《大宪章》。

这些早期的关于兰顿的记录和研究,构成了19世纪至现在的兰顿研究的重要参考依据,1215年事件中的具体过程和各方利益集团的表现都在这些早期的兰顿研究中得以集中阐述。

对兰顿较为肯定的态度一度影响了中外学术界,甚至直到今天。就本题而言,总结19世纪以来的兰顿研究,除了一些兰顿的传记类著作以外,[①]众多的兰顿研究都蕴含在《大宪章》研究著述之中。

20世纪,詹姆斯·霍尔特(又译豪特)(J.C. Holt)的《大宪章》可谓大宪章研究的一部力作。对于兰顿在《大宪章》过程中的作用,霍尔特总结了以往编年史家和学者们已有的研究成果,对其中一些夸大兰顿作用的措辞和记载予以批判和纠正。在此基础上,霍尔特给予了较为中肯的评价,没有夸大也没有否认他的作用。"对于兰顿、其他教士或国王的官员和秘书们,我们不可否认他们的影响。但同时,我们也不必认为只是凭借他们的智慧和神学知识,才用魔法变出了《大宪章》里的所有好东西。"[2](P.295)

美国的历史学家鲍德温(John W. Baldwin)则将关注焦点落在兰顿早期的巴黎大学教育经历、政治思想与《大宪章》的关系上。兰顿在巴黎大学接受教育、进行讲学的经历,对他思想的形成产生了极大的影响。影响的结果是以兰顿对圣经的注解(包括他的教义问答)呈现的。这些在兰顿脑海中挥之不去的印记,在《大宪章》的最终形成中发挥了特有的影响。[8](P.811) 另有英国伦敦国王学院的大卫·卡朋特教授(David A. Carpenter)认为兰顿在1215年大宪章中的作用是"两面性的"(hypocrisy),一方面,他确实在《大宪章》的形成中起到了关键作用(key figure),但另一方面,兰顿并未直接参与制定男爵条款(The Articles of Barons)(大宪章形成之前的基础文本)。对此,卡朋特教授结合史料和各类研究结果给出了具体的论证。总体上,尽管存在诸多争议,卡朋特教授还是认为"兰顿的地位在大宪章的促成上仍处于核心位置。"[9](P.1065)而东英吉利大学的尼古拉斯·维森特(Nicholas Vincent)教授着重分析兰顿的思想与政治实践的关联,尤其是与《大宪章》的关联。正是巴黎时期的学术生活,才帮助兰顿成就一番政治事业。

---

① 最典型的三本传记分别是 C. Edmund. Maurice, Stephen Langton, London: Henry S. King &Co.,65 Cornhill, 1872;F M. Powicke. Stephen Langton(*Oxford University: Ford Lectures*), London:Merlin Press, 1965;J R. Leeming, *Stephen Langton: Hero of Magna Carta (1215 A.D.), Septingentenary(700th Anniversary)1915A.D.*, New York: General Books, 2010.

而反观国内通史类的著作和教材,对兰顿的定位集中在反叛联盟领导人、调停者和起草人的角色认定,这显然是受到了19世纪以前学者研究的影响。但就兰顿何以会介入其中,是什么样的贡献使得学者对兰顿做出这样的评价,国内的相关研究却鲜有提及,但是仍有部分学者提出了自己的看法。我国学者阎照祥先生在其《英国贵族史》这本书中,特别指出兰顿作为个别贵族的突出作用,他认为兰顿在英国的动荡的政治漩涡中,他表现出与众不同的主见和果敢。在他身上,历史学家评论说,已经映照出"宪政主义者"的影子。[10](P.80)阎先生对兰顿做出了极肯定的评价。另外,齐延平在对《大宪章》的研究中,特别提出兰顿大主教的作用。一方面他认为大宪章的文本"在很大程度上应归功于以兰顿为代表、深受基督教洗礼的教士阶层",但另一方面,齐教授也认为对他的作用不要过分夸大,在介入男爵的反叛联盟这件事情上,兰顿"是被要求参与调停的",[11](PP.164-165)而非主动。

除此以外,也有学者质疑兰顿对大宪章所起到的作用,①但他们无法全盘否定兰顿,因为历史上出现的证据无不在一定程度上肯定兰顿在英国历史上的作用。处在历史中的人,尤其在重要的历史节点中发挥作用的人物,不得不考虑个人和所在群体的利益,在当时,兰顿不仅身份特殊,且又处在13世纪那样一个政治格局动荡,各方利益争相博弈的时代。正是由于这些特殊的时代和特殊的身份,才使得兰顿可以在《大宪章》的形成过程中出现,并发挥一定的作用。

二、当选坎特伯雷大主教的内外因分析

兰顿一生的关键转折点,是当选为坎特伯雷大主教。一旦当选,从身份上,兰顿就不再单纯地是一位巴黎大学的教师、布道者,不再仅仅是一位就职于罗马教廷的红衣主教,而是一位兼具英国人和英诺森三世教皇同窗身份的坎特伯雷大主教。这意味着他在英国的日子步履维艰,每一个决策似乎都要顾及各方利益。因为长期在巴黎生活的英国人身份和教皇同窗的身份,虽不可思议但确实在其就任大主教的道路上,发挥了特殊作用,或正面或反面或两者兼有之。

---

① 对兰顿质疑的代表性研究有:H G Richardson,G O Sayles,*The Governance of Medieval England from the Conquest to Magna Carta*, Edinburgh:Edinburgh University Press,1963.

具体而言,他之所以入职坎特伯雷,掌握了英国教会的领导地位,取决于当时的内外因素。一方面,得益于政治时局的推动;另一方面取决于他的自身能力。

首先,12世纪末13世纪初,教权与王权的二元体系、封建制度是英国当时的政治背景。

兰顿一生的主要活动集中于12世纪末13世纪初的中世纪鼎盛时期。中世纪的政治局势动荡多变,神学思想如日中天,教会触角伸向社会的方方面面。然而从另一个侧面反观,特殊的历史时期却反而形成了与之相匹配的政治秩序。一则是教权和王权的二元权力体系,对权力的争斗引发的冲突不断,乃至升级,却往往因利益关系的急剧变化又可以走向合作的矛盾体系;二是封建的形成,带来了王权和贵族间特殊的权利与义务关系。而兰顿最终通过在坎特伯雷大主教的斗争之中,获得大主教的特殊职位,由此介入约翰王和男爵之间的冲突中,这样他才得以从两种特殊的、又彼此交织的政治斗争中,做出选择,并尝试解决。

具体言之,首先,教权与王权形成了二元政治体制。"教皇与皇帝之间长期、激烈的争斗,以及教皇与其他统治者之间的剧烈冲突是13世纪的标志。"[12.(P.345)]教会在经历了格力高利七世的改革后,权力欲不断上升,继任者纷纷踏着他的足迹,在全欧洲攫取权力,提高绝对地位;而此时的王权,同样对权力渴望至极。然而,权力的"猎物"只有一个,教皇和王权的争斗在所难免,二虎相争必有一伤,而12世纪末英国政治争斗的结局是英诺森三世教皇对国王约翰的胜利。这种胜利的标志性事件便是围绕兰顿就任坎特伯雷大主教而展开。

整个事件的起点要从1205年,约翰的得力助手休伯特·沃尔特(又译华尔德)(Hubert Walter)逝去为讫点。正是他的离去,留下了英国国内当时地位极高的职位:坎特伯雷大主教。所谓"一石激起千层浪",更何况坎特伯雷大主教这样一块巨石,很快随之而来的便是各方利益的角逐。从各方利益的社会性质来看,主要分为两大阵营:一为宗教势力,主要为坎特伯雷的一些教士们和后来强力插入的英诺森三世教皇;一为世俗君主势力,主要是王权的绝对代表约翰。

争夺的过程曲折多变,先是约翰王欲安插亲信诺维奇主教约翰·德·格雷(John De Grey)坐上这个位子,却半路受阻,坎特伯雷的一些教士秘密选举了他们的副院长接任。而副院长这个人却因个人情商不高而将事情搞砸,走漏风声,让约翰得知,迫使教士们否决选举结果,并亲往罗马,要求教皇批准自己的推荐人。看似一次偶然的机遇,却恰恰给了权力至上主义的英诺森三世干涉英格兰事务的最佳借口。教皇英诺森三世将教士和国王的人选置之一边,并"命令所有相关的教团派遣全权代表到罗马集合……教皇命令他们当场选举大主教。支持约翰和副院长的势力平分秋色。"[12](P.339)最终教士和国王双方无法达成一致,斯蒂芬·兰顿便带着英诺森的期望登上了另一个显现其才能的舞台。1207年6月,英诺森三世亲自为他穿上大主教的礼帔。

　　"教会在英国的权势始终没有大到它在欧洲大陆上的那种地步"。[13](P.234)虽然英诺森三世对兰顿的当选有决定性的作用,但依然要经过教士们的选举,更重要的是还要得到国王约翰的承认。受权力争夺的内在驱使,争夺的外在表现是约翰拒绝承认兰顿,1208年的9月,"约翰曾邀请兰顿参加在英格兰的一次会面,并承诺保证给兰顿三周的安全契约,而当时约翰对兰顿的称呼使用的是红衣主教而非'坎特伯雷大主教'。"[14](P.41)这等于宣布教士们的选举是无效的,这是英诺森三世和兰顿本人都无法接受的事实。虽然英诺森三世决定了大主教的人选,成功干预了英国教会事务,但种种专横行为却都是遵循教会法而执行的。随之,双方的互不相让,致使事态扩大,表现在由大主教选举之争演化为深层的"最高权力"之争,先是气急败坏的约翰没收教会财产,后是教皇使出教会的核武器,绝罚。约翰一人争夺权力之过,却要整个国家承担,人人都不得进行教会的一切活动。这在中世纪的文化环境中,类似于对每个人进行了精神上的死亡宣判。得不到神的庇佑,无法与上帝进行灵魂交流,犹如行尸走肉。面对绝罚,约翰除了逞口舌之快,扬言将英格兰的罗马教士遣返回国,挖眼割鼻之外,其余则无能为力。在中世纪宗教信仰为先的环境中,王权只得败下阵来,被迫承认兰顿的当选,而且还要付出其他代价。

　　此外兰顿的其他两名竞争对手无论在个人知识还是政治交涉能力上,都无法与其相提并论。约翰王心目中的人选诺维奇主教格雷,"纯粹是一位朝臣和文官",而另一位副院长政治经验匮乏,不适合复杂的政治环境。起初,他被教士们秘密选举为下一任的大主教,教士们企图让他秘密前往罗马得到教皇批准,并且,"这些教士们要求副院长在抵达罗马之前,不要透露风声。"[12](F.339)然而他最终却无法保守绝对机密而导致失败。这样简单的处事能力恐与复杂多变的政治局势格格不入。

因此，从英国13世纪初教皇和约翰王之间的权力之争，我们可以看出，这场争斗的表面形式是对坎特伯雷大主教职位的争夺，内在机制是教皇和国王之间的权力角逐，争夺的结果以英诺森三世胜出而告终。英诺森压倒约翰的结果从某种程度上看又是一种必然，这不过是整个社会教权暂时压倒王权的一个缩影，正是这样的二元权力背景，才有斯蒂芬·兰顿以高级圣职的身份踏入了英国乃至欧洲政治权力的斗争漩涡；"正是由于教皇的斗争和制衡，严重削弱了国王在英国教会的权力；也正是由于这种斗争和制衡，巩固了英国教会的地位，使教士群体有可能与世俗贵族形成联合，引领他们朝着宪政的方向迈进。"[15](P.247)这才有了1215年大宪章。彼时，似乎时代已经发展到了会出现宪政结晶的时刻，但若没有兰顿的出现和推波助澜，很难说大宪章不会推迟几年甚至更久。对这点的认识，可借助于马克思关于人的观念去理解，要"看到历史上个人的特征、品质和性格等看似完全偶然的因素对历史事件的实现形式"[16](P.61)，因为环境是由人来改变的。

其次，诺曼征服后的英国形成了封建制习俗。这一新兴的土地封授制度同时也带来了特殊的王权和贵族之间的权利和义务关系。因土地的封授，系在一起的国王和贵族必须恪守着这一契约，这在当时的社会已形成了社会的共识，成为"习俗"。习惯的形成和由此带来的限制作用任谁都无法轻易破坏，否则要付出相应代价。国王和贵族一方面享受着受对方保护乃至提供支持和帮助的权利，同时也担负着保护对方切身利益的义务。因而，从理论上来看，双方存在着合作的稳固基础。然而，现实复杂多样，社会局势的瞬息万变牵动着各方利益，出于利己的本性，国王和贵族天然地会做出利于自身利益的行动。至此，双方的冲突在所难免。这是整个中世纪时期大的社会背景，但同时也是兰顿大主教与男爵们联合起来得以反抗王权的基础。由于教权和王权的争斗，教会被置于了国王的对立面；又由于封建制的存在，男爵们为了自身利益，无奈站在了国王的对立面。这样，具有暂时的共同敌人的联盟才有了合作的基础。

最后，兰顿具有突出的能力。12世纪，兰顿在巴黎大学接受了良好的神学教育，因其出色的神学知识和能力，"获得了巴黎大学的神学博士学位"。[14](P.23)美国历史学家鲍德温还赞扬他为"神学家中的神学家"。在巴黎大学,兰顿从教30多年,留下了许多著述。著述从内容上分为三类:"圣经演讲集(Lectio)、辩论或教义问答集(Questio)和布道词(Predicatio)。"[8](P.811)这些著述全部由拉丁文写成,虽经西方学者的解读,已经出版了部分带有英文注释甚至是全部英文翻译的文献,但仍然有大量手稿未经解读,这些有待国内外学者勠力同心。已解读并出版的兰顿著述,在很多方面已被证实,《大宪章》中的基本精神确实与兰顿思想有共通之处。

就已出版的兰顿手稿而言,兰顿对圣经的解读,对神学课程的讲解以及面对普通群众的布道,蕴含着丰富的宪政精神。简要分析,这些精神正是与后来形成的大宪章某些条文的内涵有相通之处。首先,他的著述中蕴含了对神的全能的赞美和对王权的批判。他极力论证三位一体理论,证明上帝的万能(Omnipotence)。"上帝是智慧的源泉(Fountain of wisdom)",他认为"唯一的、至高无上的圣父(Father),凭借其意志(Holy spirit)创造了万物,然而'圣子'(Son)并非是圣父根据人性创造出来的,而是圣父、圣子、圣灵同时参与了神创万物的神迹"。[17](P.102)他在巴黎做的一次关于《申命记》(Deuteronomy)的一次演讲,"抨击贪婪的国王,批判他们不是为了维持所需进行敛财而是为了满足贪念"。[9](P.1042)其次,他的神学思想中暗含了对法律的珍视。兰顿认为,"是否经过法律程序的(公平)审判是判断一个人能否拥有政治反抗权的原则。"[8](P.820)如果一个国王发动非正义的战争,而民众又明白这其中的非正义性,那么他们是否还应该对国王服从?兰顿对于这个问题的反应,恰恰是与大宪章中对"法"的遵守相呼应的。他认为,"如果这件事情经过了法庭的审判,纵使法庭做出的审判有利于国王,那么民众也当服从,而不管这个审判是否公正"。[8](P.818)由此可见,兰顿深谙法律之道。"斯蒂芬是那个时代的一位伟人……他认为,正像教会有教会法一样,世俗社会也要有法治,国王、男爵和其他任何人都应服从这种法。"[12](P.379)再次,兰顿的布道多引用鲜活的例子,或是拿时下的政治事件作为布道的辅助性材料。在中世纪时期,教育被教会所垄断,普通不受教的民众,是无法接受良好的教育的,更别提对拉丁语的学习和运用。然而,当时的圣经语言都是拉丁语的,这就在教会和普通民众领受宗教的洗礼之间构架了难以逾越的语言鸿沟。"整个仪式——通常包括讲道,都用拉丁语,这已经不再是普通民众的语言。这种情况持续到宗教改革时期。" [18] (P.218) 而且"中世纪的教科书如法律教材非常难懂,与实用性不搭边",[19](P.21)而兰顿的布道词却具有面向普通民众(ad populum)的特点。因此,他尽量使自己的布道有趣、生动,容易让人理解。例如他用过的一些比喻:"由幼儿到老年的人生阶段""来自某位世俗国王野心勃勃的信函"或是"奸诈的商人售卖衣服却不将这些衣服展开"等等。"兰顿的长篇布道,目的就是服务于大众。"[20](P.242)虽然无法就此断定兰顿就是民权的代表,但至少与当时整个教会系统中的神父高高在上的姿态相比,在布道的那一刻,兰顿又何尝不是"与民同乐"的教士代表呢?

另外,从他对圣经的解读、教学和布道方法中,笔者可以推断兰顿是一个充满变革思想的人。在对圣经的解读上,他"不满足于借助其他教父或他人对圣经的传统解读,而是奋力找到了独特的语法和逻辑分析的方法分析教义"。[21](P.209)正因他的变革精神,才有了他首次将分章的方法运用于圣经中,"他无意发明了一种重要的参考工具。"[18](P.225)

值得一提的是,兰顿在巴黎求学期间,结识了后来成为教皇的英诺森三世,他在这时便无意间为自己以后的政治事业积攒了重要的人脉关系。但我们依然要立体地看待兰顿这段特殊的巴黎经历,大概可以用"成也萧何,败也萧何"进行概括。正是同窗关系,英诺森三世才熟知兰顿的优秀,让其先后担任罗马红衣主教和坎特伯雷大主教,却也正因如此,由于兰顿的推波助澜,形成了后来的大宪章,危及了教皇利益,反而遭受昔日同窗好友的惩罚和放逐;兰顿在巴黎长期求学的英国人身份,又是另一把"双刃剑"。一则是帮助他入职坎特伯雷,一则却成为后来约翰王拒绝承认他为兰顿大主教的借口之一,"约翰认为教皇居然推荐一个他根本不认识的兰顿,而且这个人还一直在自己的死对头法国长期生活"[6](P.324)。兰顿无时无刻不游走在教皇和国王的政治二元体系之中,这恰恰也是我们要正确认识兰顿作用的关键点。

无论如何,坎特伯雷大主教这一历史性的任职为他提供了可能发挥作用的机会。只有坎特伯雷大主教的身份才让他有资格介入1215年的争斗。可以说,大主教的身份获得是他敲开政治事业的"敲门砖",门后的"风景"除了受到各方利益的左右,更多的还要依靠兰顿的个人能力,这得益于他常年的巴黎教学、学习、布道经历。历史的机遇与个人的积累发生了化学反应,反应的结晶便是《大宪章》。

三、兰顿在《大宪章》形成中的角色定位及评价

兰顿政治事业的高峰毫无疑问是当选为坎特伯雷大主教,而走上了一个更高的平台后,兰顿便很快进入角色,这一点能够从他当选为主教之后的布道中探窥一二。比如,兰顿1208年的就职演说词,以及1213年、1220年和1221年的布道词。从这四个布道词的内容和含义来看,第一个就职演说词如果说还具有兰顿作为神学教师的学术气息,但后三个布道词则充分显示了兰顿坎特伯雷大主教的身份和地位。[20](P.10)

(一)约翰和男爵之间的调停者

1215年,男爵叛乱,兰顿作为"调停人"发挥了极大作用。由于广博的学识,他发现了亨利一世的《加冕敕令》,唤醒了男爵反对国王的勇气,找到了争取自由权利的有力武器。尽管《加冕敕令》如前所述,很可能只是一种"谣言"。但退一步讲,若确有其事,也只有时任大主教的兰顿才有这个可能以及这个能力去发现《加冕敕令》,才有可能在圣保罗的教堂会议上宣读,完成调动男爵奋起反抗国王的革命。男爵与国王之间的唇枪舌剑,兰顿都是见证者,他出席了所有的重要场合。在有关文献中,他被直接称为"中间人"。"国王派威廉·马歇尔和兰顿到男爵阵营取回他们的诉求清单。兰顿将清单的内容宣读给约翰国王听,但约翰王强烈反对,威廉·马歇尔和兰顿进行了强力游说和劝解但无果"[22](P.179)。约翰王面对武力和男爵坚定的信心,最终屈服。英国13世纪的编年史家Ralph of Coggeshall对此番焦灼对弈的评论是,"由于兰顿和其他主教的介入,才实现了(王国的)所谓和平(peace)。"[23](P.38)更重要的,"正是兰顿的存在,男爵反叛集团才拥有了一位这样'军师':指导他们如何组织和合理表达自己的愤怒,以此合理途径对抗王室政府"[22](P.177)。虽然大宪章的最终形成依然是依托于男爵武力反抗迫使约翰屈服的,但中间的曲折过程,兰顿和马歇尔尽可能地做出了和平劝说。

(二)《大宪章》的"起草人"

兰顿思想中的很多方面,都与《大宪章》条款反映出的思想相通。首先是对教会利益的保护。据相关学者的研究,《大宪章》的基础文件之一《无名宪章》本来并不包含任何有关"教会"和"教士"的字眼。"兰顿最关键的决定之一

便是将教会因素灌之于1215年《大宪章》之中。"[9](P.1050)除此以外,"审判"(Judgement)的观念也是兰顿对无名宪章的补充,这反映了前面已指出的兰顿对法律权威的重视。不仅在大宪章的观念上,而且在行为上,在约翰要准备对男爵们实行武力的时候,兰顿警告约翰王,未经审判不得对男爵实行任何的惩罚措施。兰顿除了对法律权威尊重,还利用其神学知识解释王权的来源,主要是基于他的上帝万能(Omnipotence)的思想。"神是在其处于愤怒的状态下(为世俗社会)创造了一位国王"。[24](P.116)上帝是无所不能的,国王都是上帝创造出来的,因而,王权要在上帝之下。另外,兰顿认为反叛权是有合法性。虽然王权来自上帝,但王权不等同于上帝,上帝是万能的、至善的,然而国王并非如此,他可以有邪恶,会犯罪,这时人们能否反对王权? 既然上帝是王权的制造者,那么反对上帝的"所出",是否意味着与上帝为敌? 兰顿的回答(Respondio)是"不"!"只有不服从上帝直接意愿的行为,如交税等,才被视作违背上帝。"[8](P.815)

而且,封建性浓厚的《大宪章》,虽然重点保护的是少数教俗贵族的利益,但里面仍有对自由农的保护条款,尽管自由农在当时的社会中拥有极少的数量,但由此产生的结果却使得《大宪章》意义非凡。这些条款"正是由于男爵,尤其是兰顿以及联盟中的其他合法成员的作用,自由农的利益才以条款的形式维护起来"。[3](P.571)而男爵对自由农保护的诉求,根源很可能在大主教兰顿这里。"在把男爵们纯粹封建性质的要求转变为整个王国的要求中,斯蒂芬·兰顿起到了至关重要的作用。"[25](P.141)

(三)教皇英诺森三世和约翰王之间斗争的平衡者、牺牲品

结合当时的历史背景及最终的走向来看,兰顿实际成了教皇英诺森三世和约翰王之间斗争的平衡者、牺牲品。兰顿以大主教身份入职英国教会,必然夹杂在教权和王权的二元体系之中。在教会历史上,英诺森三世都被认为是最伟大的教皇,他的权力野心扩展至整个欧洲,身为其同窗的兰顿只不过是他与约翰王争夺各自地位的一枚"棋子"。而兰顿入职英国后,也一直按照教皇的指示,调停男爵与约翰之间的争吵。但是,我们要认清这样的事实,国王和教皇之间的争吵本质上是权力之争,直接导火线就是大主教的授职权。然而追溯整个欧洲中世纪,王权神圣化似乎是整个社会不言自明的道理,而

教会需要依靠王权的庇荫。只是后来随着11世纪的教会改革运动,罗马教廷的权力欲不断膨胀,历经格里高利七世直到英诺森三世,教皇势力达至顶点,权力的扩展带来了对世俗王权的威胁,这才有了教权和王权的权力争斗;但从另一方面看,二者本来就有着合作联盟的基础,如果王权遭受到了过度的打击和削弱,对教皇而言未必是有利的。因而,《大宪章》促成以后,约翰写信告知英诺森教皇,诉说各种不满,教皇便很快宣布《大宪章》的不合法性质,还要求兰顿对反叛的男爵实行劝诫。但兰顿作为英国人的血液在此时潜在地影响了他的行为,他拒绝这样做,遭到停职的惩罚。所以说,带着教皇的使命入职英国的兰顿在各方势力中不断调适和周旋,却最终成为他们之间进行权力争斗、妥协、争斗,如此循环往复间的牺牲品。

但就此我们不能判断兰顿是一个具有绝对民权思想和大义无私的人,可以说,他是基于教会利益,以维护教会权力和自由为要旨,与英国教会暂时的对立面——王权或教皇——进行可能的争斗。"他的介入,其实并不像我们所想的那样,他并非出于主动意愿(乐于)将律法吸收和保护骑士乃至普通民众利益的观念输入《大宪章》,他所真正为之追求的是保护教会利益。"[9](P.1050)兰顿受过良好的教育,积累了过人的神学知识,具有较强的布道能力,加之适时的政治时局的推动,高级教职身份的任命,在思想和行动上,必然夹杂自己的利益诉求。带着自己的利益诉求,他一步步卷入中世纪欧洲上层的政治斗争的漩涡之中,得以介入并推动了《大宪章》的形成。

尽管兰顿促成大宪章的动机我们没有绝对的证据做出肯定的结论,但就结果而言,对《大宪章》的贡献,使他在英国的宪政史上有其应有的一席之地。兰顿挥动双手在历史的画布上留下浓墨重彩的一笔,将其精神注入《大宪章》。限于拉丁文献的解读能力,本文只做一初探性研究,还需赖于学界同仁们的共同努力,将对兰顿的研究发展得更广更深入。

参考文献:

[1]Nicholas Vincent, Stephen Langton: Archbishop of Canterbury, Jacques Batallion. E'tiene Langton, Predicator, Bibliste, Theologien[C], Turnout: Brespols, 2010

［2］J. C. Holt. Magna Carta[M]. Cambridge: Cambridge university press，1992

［3］William Stubbs，The Constitutional History of England in Its Origin and Development [M]. Oxford Clarendon Press，1891

［4］顾銮斋.中西中古税制比较研究[M].北京:社会科学文献出版社,2016年

［5］Brenda Bolton. PASTOR BONUS: Matthew Paris's "Life of Stephen Langton" [J].Archbishop of Cantebury （1207-28），Dutch Review of Church History.2004(No.1)

［6］John Foxe. Acts and Monuments of John Foxe vol 2[M]. Seeleys，1853-1858

［7］大卫·休谟.英国史卷1[M].长春:吉林出版集团有限责任公司,2012年

［8］John W. Baldwin. Master Stephen Langton，Future Archbishop of Canterbury: The Paris Schools and Magna Carta [J].English Historical Review，Vol.123，No.503(July 2008)

［9］David A. Carpenter.Archbishop Langton and Magna Carta: His Contribution，His Doubts and his Hypocrisy[M].English Historical Review，Vol.126，No.522(Oct 2011)

［10］阎照祥.英国贵族史[M]. 北京:人民出版社,2015年

［11］齐延平.自由大宪章研究[M]. 北京:中国政法大学出版社,2007年

［12］[美]布莱恩·蒂尔尼,西德尼·佩因特.西欧中世纪史[M].袁传伟译,北京:北京大学出版社,2011年

［13］钱承旦,陈晓律.在传统与变革之间——英国文化模式溯源[M]. 杭州:浙江人民出版社,1991年

［14］J R Leeming. Stephen Langton: Hero of Magna Carta (1215A.D.)，Septingentenary [M].Hard Press,1915

［15］顾銮斋.西方宪政史第一卷总论[M]. 北京:人民出版社,2013年

［16］陈启能等.人·自然·历史[M]. 南昌:江西人民出版社,2012年

［17］C.Edmund. Maurice. Stephen Langton[M]. London: Henry S. King &Co.,65 Cornhill，1872

［18］［美］斯蒂芬·米勒,罗伯特·休伯. 圣经的历史:《圣经》成书过程及历史影响[M]. 北京:中央编译出版社,2012年

［19］Pennington, Kenneth Hartmann, Wilfried. The History of Medieval Canon Law in the Classical Period[M].Washington: The Catholic University of American Press,2008

［20］Phyllis B. Roberts. Selected Sermons of Stephen Langton[M]. Toronto: Pontifical Inst of Medieval,1980

［21］Riccardo Quinto, Magdalena Bieniak. Stephen Langton :Quaestiones Theologiae[M]. Oxford: Oxford University Press,2014

［22］Painter, Sidney. William Marshal, Knight—errant[M]. Baltimore: The Jonhns Hopkins Press,1933

［23］William Sharp McKechnie. Magna Carta: A Commentary on the Great Charter of King John[M]. New York: Burt Franklin,1905

［24］John Hudson. Ius Commune and English Common Law, Janet S. Loengard. Magna Carta and the England of King John[C].Cambridge University Press ,2011

［25］［美］克莱顿·罗伯茨,戴维·罗伯茨. 英国史·上册:史前—1714年[M].潘兴明译, 北京:商务印书馆,2013年

"欧洲"还是"罗马"

——基于历史文献对于法兰克人 "欧洲"认同意识形成的探讨[①]

朱君杙[②]

（东北师范大学　世界文明史研究中心）

摘　要：加洛林时代是一个重要的历史节点。自公元476年开启的古典文明裂变的进程在加洛林时代已基本完成,曾经浑然一体的古典文明也已一分为三——西方文明、拜占庭文明、伊斯兰文明。与这一文明变迁的事实相呼应,法兰克人形成了一种全新的"欧洲"认同意识。不过,由于社会意识具有相对独立性和历史继承性,在这种新的认同意识形成的同时,法兰克人原有的对于古典文明及其代表罗马帝国的认同并未完全泯灭,它以一种"罗马情结"的形式表现出来。

关键词：认同；欧洲；罗马

随着古典文明裂变,西方文明形成,法兰克人在加洛林时代形成了一种全新的"欧洲"认同意识。然而,由于社会意识具有相对独立性和历史继承性,在这种新的"欧洲"认同意识形成的同时,法兰克人原有的对于古典文明及其代表罗马帝国的认同并未完全泯灭,它以一种"罗马情结"的形式表现出来。本文基于加洛林时代的历史文献探讨法兰克人"欧洲"认同意识的形成,不当之处,谨请方家不吝指正。

---

① 本文为2013年国家社会科学基金重大项目"法兰克时代核心历史文献的汉译与研究"（批准文号：13＆ZDl03）的阶段性成果。

② 作者简介：朱君杙,1983年生,男,辽宁大连人,东北师范大学世界文明史研究中心副教授,硕士生导师。

西方学术界关于"欧洲"认同意识形成的研究。社会学家认为,认同是在复杂的社会互动过程中通过"自我"与"他者"的区分而形成的。只有通过社会互动,人们才能通过强调"参照群体",对自己以及与他人的关系有一种明确的定位,进而产生对自己的身份、角色以及与他人关系的判定即认同。如英文版的社会百科全书对"sociali-identity"的定义即为"就其最普遍的意义来说社会身份是在与他者相联系的过程中形成的自我定义",英国学者戴维·莫利也认为,认同涉及排斥和差异,是"差异构成了认同"。[1]从历史文献的记载来看,西欧人自认为"欧洲人"的认同意识并不是从其进入文明的初始阶段就具有的,'欧洲'的全称"欧罗巴"最初仅是一个神话故事的主人公,宙斯化身一头公牛引诱了腓尼基国王阿基诺尔的女儿"欧罗巴"并将其带到了克里特岛,后来此地被人们称为欧罗巴。随着欧罗巴神话的传播开来,"欧洲"这一词汇也逐渐被人们视为一个地域,不过"欧洲"最初的地域范围仅仅包括色雷斯和希腊大陆,甚至伯罗奔尼撒半岛都不包括在内。[2]26然而,及至8、9世纪的加洛林时代,历史文献中有关"欧洲"的称谓陡然增多,而且"欧洲"一词所指代的地理范围已比先前大为扩展,基本上与加洛林帝国的统辖疆域相重叠,如在拉丁叙事诗《查理大帝与利奥教皇》(Karolus magnus et Leo papa)中,查理曼被称颂为"欧洲之父"(pater Europae)。[3]379

可以这样认为,西欧人自认为"欧洲人"是从加洛林时代开始的,但是这种认同意识何以在加洛林时代形成呢?据笔者的不完全搜求,西方学术界关于这方面的针对性研究并不丰富。西方学术界关于"欧洲"认同意识形成的研究从属于有关中世纪何时开端、西方文明何时形成这一问题的研究范畴,可以说后者是一个大的宏观问题,前者是后者范围内的一个子课题或具体性问题,所以有关"欧洲"认同意识形成问题的针对性研究不多,散见于对后者的研究成果中,不成体系化。其中,有关中世纪何时开端、西方文明何时形成,此种变革的时间、动因等问题,西方学术界观点纷呈、歧见颇多。关于西方文明形成的时间,国际学术界大致持两种观点,一种观点认为西方文明形成于加洛林时代,这种观点的首倡者是比利时历史学家亨利·皮朗,皮朗在《穆罕默德与查理曼》中提出了西方文明诞生于加洛林时代的假设,认为在这一时代里,一种给后世欧洲历史烙上不可磨灭印痕的新的文明秩序诞生了。皮朗所提出的假设在一战后的数十年里受到了众多历史学家的追捧,如 H.

St. B. 莫斯（H. St. B. Moss）的《中世纪的诞生，395—814》（The Birth of the Middle Ages，395–814）、克里斯托弗·达沃森（Christopher Dawson）的《欧洲的形成》（*The Making of Europe: An Introduction to History of Euopean Unity*）、C. Delisle·伯恩斯（C. Delisle Burns）……上述作者将皮朗命题的广度加以扩展，他们不仅认为西方文明，而且还认为拜占庭和穆斯林两个文明也是在狄奥多西大帝与查理曼之间这段历史时期形成的。而这三个古典文明的继承者均在8世纪时达到了一个重要的节点。第二种观点是由罗伯特·福西耶（Robert Fossier）提出的，他在《欧洲的形成：10—12世纪的经济与社会》中全面阐述了自己的观点，福西耶认为直到950年时仍无一个"柔弱的欧洲西方"诞生的迹象，活力和创造力只是存在于东方——即在拜占庭世界和伊斯兰世界。在10世纪中叶以前，除了满目疮痍和庸庸无碌之外，别无所有。然而，进入10世纪则发生了戏剧性的大转变，西方基督教世界拥有了一种属于它自身的且在各个方面都具有独自特征的生命。国外学者虽然在西方文明形成的时间上存在分歧，但有关西方文明本质特征的认识却颇为一致。第一，中世纪的西方文明不再以地中海沿岸作为中心，而是以阿尔卑斯山以北的西北欧世界作为中心；第二，中世纪的西方文明是建构在共同的罗马基督教信仰的基础之上的，共同的宗教信仰把西北欧世界逐渐凝聚成一个文明区域。

笔者以为研究法兰克人"欧洲"认同意识形成的历史动因，必须建立在对中古早期，尤其是对加洛林时代欧洲、地中海世界诸族群关系演变的充分把握的基础之上。因为依照社会学的观点，认同是社会互动过程的结果。认同不是与生俱来的，它是在复杂的社会互动过程中通过"自我"与"他者"的区分而形成的。只有通过社会互动，人们才能通过强调"参照群体"，对自己以及与他人的关系有一种明确的定位，进而产生对自己的身份、角色以及与他人关系的判定即认同。法兰克人在处理与异族他邦关系的时候，尤其是在处理与拜占庭人和穆斯林的关系并整合西欧大陆各族群的时候，增强了我们就是异于东方各民族的欧洲人的"自我意识"，在此过程中，古典文明的时空框架解体，拉丁西方、拜占庭、穆斯林三大文明形成，法兰克人与拜占庭人之间的文化"同质性"解构，文化"异质性"增强，在二者接触时，凸显了以法兰克人为主体的西欧各族群"罗马天主教——欧罗巴"的文化同源性，也增强了他们异于拜占庭文化的"罗马天主教——欧罗巴"文化的"自我意识"。将族群关系与"欧洲"认同意识结合起来研究,有助于弄清楚法兰克人的"欧洲"认同意识是如何形成的。

一、法兰克人"欧洲"认同意识形成的历史动因

5世纪至9世纪末的500余年,为西方社会演变进程中一个极为重要的历史时段。随着蛮族诸部族的大迁徙、西罗马帝国倾覆、蛮族国家建国、法兰克人崛起、墨洛温王朝与加洛林王朝的更替、查理曼帝国建成与分裂、新兴世俗王权与罗马教权的联盟、基督教世界东西两大教派的分离、穆斯林扩张、地中海裂变、诺曼人南下侵袭、封建制度萌发及形成、"加洛林文艺复兴"等众多历史变故,西方社会发生了一种结构性的巨大变革,并且一种以"罗马天主教—欧罗巴"取向为主要特征的新型文化认同逐步定型,"第一个欧洲"开始形成。这种新型文化认同意识的形成是中古早期欧洲各个族群之间的关系重新整合、重新界定的结果,而法兰克人是推动族群关系重新整合、界定的主体性族群。及至查理曼时代,法兰克人历史文献中的"欧洲"所指代的地理范围与加洛林帝国的统辖疆域相重叠,如历史著述者尼特哈德就曾言道:伟大皇帝查理在其身后所留下的是"一片繁荣的欧洲"。[4]129

法兰克人正是在处理与异族他邦等"他者"关系的过程中,逐渐地形成了一种将自己视为"欧洲"的文化和社会认同意识。认同是某一或某些社会成员在社会互动的过程中,通过对"自我"与"他者"关系的区分,自认为或被认为属于某个特定社会群体的同一性和归属感,"欧洲"文化和社会认同意识形成的一个重要内容是法兰克人等西欧族群与拜占庭人之间的疏离。对正在形成中的"欧洲"文化和社会认同意识而言,法兰克人等西欧族群与拜占庭人之间的关系是一个绝对不可忽视的因素。西罗马帝国灭亡后,古典文明的时空框架结构仍然存在,法兰克人等西欧族群与拜占庭人之间在政治和宗教方面仍然存在着种种"一体化"、同质的联系,如拜占庭皇帝从未放弃对西部帝国的宗主权,法兰克等蛮族国家的国王均以获得拜占庭皇帝赐予的"贵族""执政官"头衔为荣,法兰克国王希尔佩里克对罗马-拜占庭文化仰慕不已,在生活上,希尔佩里克处处模仿拜占庭皇帝,对拜占庭皇帝赠予的礼物爱不释手,遵照拜占庭皇帝的命令迫使辖区内的犹太人受洗。但随着二者间"同质

性"的解构,"异质性"的增强,如查理曼加冕事件中法兰克与拜占庭的外交和军事斗争,罗马教宗与拜占庭皇帝及君士坦丁堡大牧首之间的宗教歧见、纷争,拜占庭帝国的衰弱和向东转向。法兰克人等西欧族群与拜占庭人之间渐行渐远也使西欧诸族群和罗马教廷得以彻底摆脱了拜占庭皇权的束缚,为查理曼等加洛林王朝的君主赋予西北欧大地以"欧洲"的品性创造了条件。

"欧洲"认同意识形成的过程,也是法兰克人以武力、传教等方式整合西北欧各个族群的过程,在虔诚者路易统治时期,随着大规模对外征服活动的终止以及基督教化进程的推进,萨克森人等被征服民族似乎已被法兰克人同化,在历史文献中常与法兰克人并称或被包含在"法兰克人"的含义中。而这种现象在墨洛温王朝和加洛林王朝早期是不存在的,法兰克人在墨洛温时代由于政治上的分裂而未形成统一的族群意识,"法兰克人"一词并不包含所有生活在卢瓦尔河以北直至莱茵河的人群,如《法兰克史书》所载"法兰克人"专指纽斯特里亚人并不包含与之对峙的奥斯达拉西亚人。[5]10《弗利德伽编年史续编》后半部分中的"法兰克人"是指生活在整个法兰西亚地区的法兰克族群,其地域范围是从卢瓦尔河直至莱茵河,现在留存的《弗利德伽编年史续编》的版本源自9世纪加洛林时代誊抄的手稿,其有关"法兰克人"的概念或许是依照当时法兰克人的理解得来的,即"法兰克人"是指加洛林王朝统治下的所有族群,无论奥斯达拉西亚人还是纽斯特里亚人均包含在内。[6]114在查理曼统治的早期,法兰克人或许还仅仅指代法兰西亚地区的法兰克族群,不过,随着查理曼对周边民族的征服和同化,萨克森人、巴伐利亚人、阿勒曼尼人、勃艮第人、威尔兹人等族群在虔诚者路易统治时期已与法兰克人一样被认同为帝国臣民。如《王室法兰克年代记》823年的年代记所载:"5月,在同一地点(指法兰克福)召开了一次大会,与会者不仅有法兰西亚的所有贵族,而且还有东法兰西亚、萨克森、巴伐利亚、阿勒曼尼亚和邻近勃艮第和莱茵兰等各个地区的贵族,威尔兹人的两位王公兄弟因国事争吵,前来朝觐,恭请圣裁,此外尚有许多蛮族使节……"[4]112这条年代记表明此时威尔兹人属于帝国的附庸,而萨克森人、巴伐利亚人、阿勒曼尼亚人和勃艮第人已被认同为法兰克帝国的臣民,故不再恭列蛮族行列了。加洛林时代的族群整合既是武力征服的结果,也是传播罗马天主教、以罗马天主教同化原本信奉异教的他族的过程,如查理·马特支持卜尼法斯在弗里西亚人中传教、查理曼强迫萨克森人皈依基督教,而中世纪"欧洲"认同意识的情感基础恰好便是统一的罗马天主教文化,生活在西北欧的各民族虽然存在民族、语言、风俗习惯等诸多差异,但却都信奉罗马天主教,这种文化上的同源性为西欧人提供了一种文化情感纽带并使之成了一个有着集体归属感的整体,尤其是在他们与拜占庭人、穆斯林接触时,这种同源性便显得异常突出。

法兰克人的"欧洲"认同意识是在4—9世纪地中海世界文明结构变迁的背景下形成的,古典文明的时空框架结构解体,新的西方文明(罗马天主教-欧罗巴)、伊斯兰文明、拜占庭文明形成。研究法兰克人"欧洲"认同意识的形成,不能忽视穆斯林冲击地中海世界所产生的影响和作用,阿拉伯人高举着伊斯兰大旗,在短短不足百年的时间内,便先后征服了地中海东南沿岸的部分地区、南部沿岸的整个北非地区和西部沿岸的比利牛斯半岛地区的广袤大地。这场当时人们所始料不及的狂飙大潮,对古典地中海世界格局的崩溃进程施以了最后也是最重的一击!首先,由于地中海世界的大部分地区被伊斯兰力量所占据,"欧洲"的地理意义发生了变化,其地域中心也像整个西方社会一样由地中海沿岸的欧洲东南部向西部和北部内陆转移。其次,伊斯兰势力的冲击也使法兰克人与异质的伊斯兰文明直接接壤,从732年图尔-普瓦提埃战役开始,法兰克人便与穆斯林人处于长期冲突和对立的状态中,由于异质文化的对照、对立和压力,也凸显了法兰克人的"欧洲"特质,增强了他们的"欧洲"认同意识。

研究法兰克人"欧洲"认同意识的形成,同样不能忽视对于裂变古典文明结构曾起过重大作用的历史事件的研究。例如,800年教宗利奥三世为查理曼加冕就属于此类历史事件,自476年西罗马帝国灭亡至800年查理曼加冕,在这一阶段里,地中海西部世界的政教首脑大多遵奉拜占庭皇帝为名义上的宗主,尽管蛮族王国中也曾存在过不承认拜占庭皇帝宗主权的声音,但这种声音的侧重点在于强调蛮族王国自身的独立性,而并非强调蛮族王国具有与拜占庭帝国同等的政治地位,并非强调蛮族王国是另一个志在统合地中海世界且与拜占庭帝国并驾齐驱的"罗马帝国"。而拜占庭帝国也把"西向进取",恢复古罗马帝国旧日疆界作为自己内外政策的一个重要基点并不遗余力地予以推行。在476年—800年,尽管地中海世界的东部和西部存在着促使双方分离的种种历史因素,如拜占庭皇帝与西方蛮族首领之间的敌对、以君士坦丁堡和罗马为代表的东西方基督教会内部的争论,但东西地中海世界仍然存在着一个维系和联结双方的重要历史因素——拜占庭皇帝的世界宗主权。正是由于这一历史因素的长期存在,使得促使东西地中海世界分离的诸种因素都被约束在"一个罗马皇帝、一个罗马帝国、一个基督教会"的政治空间内发展。然而,800年查理曼加冕对于拜占庭皇帝世界宗主权的冲击,彻底摧毁了"一个罗马皇帝、一个罗马帝国"的古典文明政治空间,使得各种分离因素破茧而出并发展壮大,最终使法兰克-加洛林国王成了一个与拜占庭皇帝平起平坐的"罗马皇帝"。自此之后,西欧教俗封建主对于拜占庭帝国及皇帝的态度从之前的仰视转变为平视、甚至鄙视,增强了以法兰克人为主体的西北欧族群的"自我认同感",是"欧洲"认同意识形成的重要条件。

二、加洛林时代历史文献中的"欧洲"记载

自8世纪后期开始,在法兰克世界的历史文献中,含有"欧洲"这类词汇的作品的数量愈发增多,书信、诗歌、编年史成了它们的主要载体,法兰克世界的学者、诗人、编年史家把"欧洲"看作是一个新的世界秩序的地理和精神基座,这个新的世界秩序是以加洛林君主为核心的纯粹的基督教秩序。在查理曼统治的后期,其宫廷驻跸之所渐渐固定在亚琛,使其一度成了加洛林帝国的中心,由查理曼招徕的欧洲各地的学者纷纷汇聚于亚琛的宫廷中,他们长期生活在查理曼等君主的身边,有的甚至是加洛林君主所倚重的"夹带人物",有幸目睹了以加洛林君主为核心的、以"欧洲"为主要地域范围的加洛林基督教帝国统治秩序的建立,因而,他们有感而发,把"欧洲"作为一个文化符号用于谄媚、奉承加洛林君主。查理曼与罗马教宗利奥三世展开了政教合作,查理曼也由此登上了欧洲之巅,成了加洛林基督教帝国的领袖,一首题为《查理曼与利奥三世》(*Karolus Magnus et Leo Papa*)的诗篇歌颂了二人的合作,在这首诗篇中,查理曼享有了超越以往西方帝王的最为荣耀的称誉,被称颂为"欧洲之父"(*pater Europae*)。[3]379 司各脱也曾对秃头查理说过,其祖父是"欧洲之君主,帝国之荣耀"(*Europae princeps, imperial decus*)。[2]35

查理曼时代的"欧洲",已不再仅限于地中海沿岸和高卢地区,它正在向东方和更为遥远的北方扩展,因为加洛林王朝是"欧罗巴"新含意的缔造主

体,它不断向西北欧的方向扩展领土并把西北欧的众多民族都纳入自己的统治麾下,也在一定程度上扩大了"欧洲"的地理指向。例如,圣高尔修道院的修道僧结舌者诺特克在他的《查理曼事记》中四次提到了"欧洲",其中第二次是在上卷的第30段,诺特克写道:"对美因兹拱形大桥的修建恰好见证了这一事实——整个欧洲被(查理大帝)以最有效的方式动员起来从事建设。"[7]85美因兹位于今天德国西部莱茵河西岸地区,从地理位置的角度来看,它距离地中海沿岸已经很远了,查理曼既然动员了全欧洲在此地修建拱形大桥,根据征发劳役的就近原则,美因兹周边的居民肯定首当其冲,这表明在结舌者诺特克的心中,美因兹属于"欧罗巴"地区。《富尔达年代记》公元888年的年度词条也提到了"欧洲",这则年度词条写道"加洛林家族的阿尔努夫(Arnulf),这位私生子,在巴伐利亚、东法兰克、萨克森、图林根和斯拉夫等各地贵族的拥戴之下,在雷根斯堡承继了王位,并在此地居留了很长一段时间,然而就在这一时期,许多小王国却在欧洲各地纷纷兴起。"[8]115这则年度词条讲述的是9世纪末东法兰克王国的一次王位更迭政变,东法兰克王国国王胖子查理被他的侄子卡林西亚的阿尔努夫废黜并被取代,之后东法兰克王国陷入了"碎片化"的分裂状态,许多小王国纷纷兴起。年度词条的作者提到了"欧洲",从其语境中可以理解东法兰克王国属于"欧洲",而东法兰克王国的中心同样远离了地中海沿岸且临近欧洲北部海滨。

三、加洛林时代法兰克人的"罗马情结"

如上所述,在加洛林时代的历史文献中频频出现"欧洲"这一称谓,而且这一称谓的内涵也发生了有别于前代的变化。此种变化表明法兰克人在加洛林时代已然形成了一种全新的地缘地域认同和文化宗教认同。不过,它的产生并未使长期以来萦绕在法兰克人心目中的"罗马情结"彻底泯灭。在西方古代的历史长河中,若论统治地域之广、统治时间之长,对后世历史影响之深远,罗马帝国都是数一数二的。476年,西罗马帝国虽然灭亡了,但罗马帝国所取得的辉煌成就已成为一种文化遗产,积淀在法兰克人的心目中,并不断激起法兰克人的追忆和向往。这种"罗马情结"有时以仰慕罗马-拜占庭文化的形式表现出来,如法兰克国王希尔佩里克对罗马-拜占庭文化仰慕不已,他模仿诗人塞杜里乌斯的诗作撰写了两首韵律诗,还撰写了若干赞美诗以及吟诵弥撒的歌谣。另外,在生活上,希尔佩里克处处模仿拜占庭皇帝,对拜占庭皇帝赠与的礼物爱不释手,格雷戈里在他的《法兰克人史》中曾有这样的记载,希尔佩里克国王非常自豪地向他展示拜占庭皇帝赠与的礼物。格雷戈里写道:

"我去诺让的王室领地见国王,他把各有一磅重的金块展示给我们看,这是皇帝送给他的,金块的一面有皇帝的像,镌有"永垂不朽的提贝里乌斯·君士坦丁·奥古斯都"的铭文,反面是一辆架着四匹马的马车和御者,镌有"罗马人的光荣"的铭文。他同时展示了使臣们带来的许多其他贵重物品。"[9]290-291

希尔佩里克国王的这一举动恐怕并不仅仅是因为拜占庭皇帝所赠物品的贵重,更可能是因为他对罗马-拜占庭文明的仰慕以及对于拜占庭皇帝宗主权的充分认可,使他对拜占庭皇帝的垂青欢心不已,因而热衷于向他人展示以表明自身统治的合法性。这也似乎能够解释他为何遵照拜占庭皇帝的指令强迫辖域内的犹太人受洗。[10]174

重建和复兴"罗马帝国"是中世纪教俗统治者"罗马情结"的集中体现,800年罗马教皇利奥三世为查理曼加冕是中世纪西欧统治者重建和复兴"罗马帝国"的第一次尝试。尽管据查理曼的御用侍臣爱因哈德的记载,查理曼对于教皇的拥戴不仅事先毫不知情,而且还非常不喜欢皇帝的称号,但就当时教皇与查理曼二人之间的情势而论,教皇利奥三世处于仰人鼻息的依附状态,连自己的人身安全尚且需要查理曼的有力保护,即使他有为查理曼加冕的意图,又岂敢不事先告知后者,至于利用为查理曼加冕的机会,就教权与皇权孰高孰低的问题与之一较长短则更不可能。而从加冕之后,就查理曼与拜占庭方面的多次外交交涉中可以推知,查理曼对于皇帝的称号是极为觊觎的,他不仅在加冕之后便派遣了使臣前赴君士坦丁堡交涉,更重要的是,812年,为了换取拜占庭皇帝米凯尔一世对于其皇帝头衔的承认,查理曼甚至不惜在领土的问题上做出了妥协,放弃了威尼斯和达尔马提亚沿海的城市统治权。因为获取皇帝的头衔将会抬升查理曼的政治地位,使查理曼成为古罗马皇帝的继承人,从而名正言顺地统治那些新近征服的,原属西罗马皇帝的土地。故而,800年教皇为查理曼加冕一事,极有可能是查理曼一手策划的,而教皇利奥三世只不过是充当了配合演出的角色罢了。作为查理曼御用侍臣的爱因哈德为了彰显主君的谦卑礼让,自然不会直言查理曼的真实意图,于是,他把教皇推到了前台,塑造成这一事件的发起人和推动者,而查理曼则相应地成了却之再三、不慕荣利的"谦恭君子"。相比之下,由远离宫廷、较少牵涉宫廷政治恩怨的佚名修士修撰的《洛尔施年代记》,对于查理曼意图的记载和评论或许更为符合历史的真实:

"查理并不愿意拒绝利奥的恳请,但出于谦卑考虑,这种谦卑是上帝所赞许的,也是教士和全体基督徒所期许的,查理在我们的主耶稣基督诞辰那天以向主献祭的方式接受了教皇利奥所提请的皇帝名号。"[11]38

查理曼追求"罗马皇帝"的头衔是其心目中萦绕的"罗马情结"的集中体现,查理曼虽然出身于日耳曼蛮族,但却有着强烈的追慕古罗马风尚的情结。他在建筑上唯"罗马"是从,在其统治期间,竭力推崇古罗马的巴西利卡式建筑,并受当时拜占庭风格的影响,开创了建筑史上的罗马式建筑风格时代,位于首都亚琛的大教堂就是这种慕古风格的代表作。亚琛宫殿建筑群中的大教堂是模仿6世纪拉文纳的圣维塔莱教堂兴建的,许多罗马和拉文纳的建筑圆柱被查理曼掠夺至亚琛并在他的新宫殿建筑群中复建。当查理曼驾临罗马城时,他在罗马城拉特兰宫的宫门外,发现了一尊矗立的帝王镀金塑像,他误以为是君士坦丁大帝的塑像,而实际上那是马克奥勒留(now in the Capitoline Museums)的塑像,于是,查理曼从拉文纳狄奥多里克的宫中获取了一尊骑马的塑像并将其作为自己的塑像迁移至亚琛。查理曼的孙子秃头查理也是一位追慕古罗马风尚的统治者,另外他本人制订了大量引用罗马法的法律。"[12]214

这种"罗马情结"也同样萦绕在加洛林时代神学史家们的心头,800年,查理曼被教宗利奥三世加冕,这一事件在神学意识形态领域引发了争议,查理曼统御的加洛林帝国究竟是古罗马帝国的延续,还是一个新生的帝国,9世纪的神学家们结合《圣经》、教父著作中的神学知识给出了不同的神学解答。关于加洛林帝国的神学历史地位,以维埃纳主教阿多和洛布斯修道院院长法尔昆为代表的神学家们认为加洛林帝国是古罗马帝国的接续,仍然属于历史神学的第四大帝国"罗马帝国"的范畴。维埃纳主教阿多信奉"罗马不灭论"的思想,他在自己的世界编年史中阐释了罗马帝统延续的线索,这个线索从奥古斯都一直延续至拜占庭皇帝,之后再延续至查理曼"这位有着法兰克蛮族

血统的皇帝"。在西法兰克王国的末年,洛布斯修道院住持法尔昆在他的《洛
布斯历代住持传》中叙述了自亚述至罗马等一系列世界性帝国的交替延续,
法尔昆认为在他生活的时代里,罗马帝国由法兰克人的国王们统治,因为法
兰克人愿意保卫教会并保护修道院,上帝赋予了他们统治罗马帝国的权
力。"[13]结巴诺特克虽然认为查理曼创立的加洛林帝国是一个全新的帝国,但
他依然承认罗马帝国的伟大功业,他在《查理曼事记》中借"波斯"①使臣之口,
说出了自己对于罗马帝国的赞誉,他写道:"波斯国也派来使臣,他们不知道
法兰克国家在哪里;但是由于罗马的声名远扬,而他们又知道罗马归查理统
辖,因此当他们得以到达意大利海岸的时候,他们就认为这是一件大事。"[14]77

综上所述,在加洛林时代,由于文明结构变迁的作用,"欧洲"一词已由此
前的一个神话概念转变成一个地域地缘概念和宗教文化概念,法兰克人自认
为"欧洲人",他们使用"欧洲"一词来指称加洛林帝国所统辖的广袤地域并用
这一词汇称颂加洛林王朝的君主。但值得注意的是,原先建立在古典文明基
础之上的认同意识,对于罗马帝国的认同并未随着新的"欧洲"认同意识的形
成而消失,相反,它以一种"罗马情结"的形式表现出来。此种心理现象突出
反映了社会意识的相对独立性和演变的滞后性。社会意识虽然由社会存在
决定并根据社会存在的变化而变化,但这种变化并不是同步的,而是有所滞
后,因而加洛林时代的法兰克人在自认为"欧洲"人的同时,又怀念、留恋并追
慕往昔的"罗马",其社会心理呈现出"欧洲""罗马"新旧两种认同意识并存兼
具的奇妙形态。

参考文献:

[1]海路.多重视角下的认同概念[J].中国社会科学报,2010(3)

[2]Leyser, Karl J. Concepts of Europe in the Early and High Middle Ages .
Past and Present, 1992, 137(11).

[3]Dümmler, E. Monumenta Germaniae Historica: Poetae Tomvs I.Berlin:
apud Weidmannos , 1881.

[4]Scholz, Bernhard Walter. Carolingian Chronicles: Royal Frankish Annals
and Nithard's Histories. Michigan: The University of Michigan Press, 1970

---

① 实际是阿拉伯使臣,结巴诺特克本人搞错了,误把阿拉伯当成了波斯,实际上,波斯早在642年即已被阿拉伯灭亡。

［5］Bachrach, Bernard S. Liber Historiae Francorum.Lawrence,kan. Coronado Press, 1973

［6］McKitterick, Rosamond. History and Memory in the Carolingian World［M］.Cambridge: Cambridge University Press, 2004

［7］Noble, Thomas F. X. Charlemagne and Louis the Pious: The Lives by Einhard, Notker, Ermoldus Thegan and the Astronomer.Pennsylvania University Park: The University of Pennsylvania University Press, 2009

［8］Reuter, Timothy.The Annals of Fulda.Manchester: Manchester University Press, 1992

［9］［法兰克］都尔教会主教格雷戈里.法兰克人史［M］,O. M.道尔顿英译,寿纪瑜、戚国淦译. 北京:商务印书馆,2012年. 转引自朱君杙.《论查理曼加冕与拉丁西方-拜占庭之间的政治疏离》［J］.外国问题研究,2017(3)

［10］Bernhard Jussen. Spiritual Kingship as Social Practice: Godparenthood and Adoption in the Early Middle Ages.London: Library of Congress Cataloging-in-Publication Data, 2000. 转引自朱君杙.《论查理曼加冕与拉丁西方-拜占庭之间的政治疏离》［J］.外国问题研究,2017(3)

［11］Georg Heinrich Pertz. Monumenta Germaniae Historica, Scriptorvm I: Annales et Chronica Aevi Carolini, Volume I.München: Impensis Bibliopolii Avlici Hahniani, 1826. 转引自朱君杙.《论查理曼加冕与拉丁西方-拜占庭之间的政治疏离》［J］.外国问题研究,2017(3)

［12］Innes, Matthew. & McKitterick, Rosamond. The writing of history in Rosamond McKitterick ed., Carolingian culture: emulation and innovation. Cambridge: Cambridge University Press, 1994. 转引自朱君杙:加洛林时代史学成就研究［M］.沈阳:辽宁人民出版社,2015

［13］朱君杙,王晋新.长存多变的"巨兽"——论中古西欧史家"四大帝国"结构原则的运用［J］.历史教学(下半月刊):2016(2).

［14］［法兰克］艾因哈德,圣高尔修道院僧.查理大帝传［M］.［英］A. J.格兰特英译,戚国淦译.北京:商务印书馆,1979.05

八　经典译文

耶稣会士与毛皮贸易①

[加]布鲁斯G. 特里格著　梁立佳②译

摘　要：15、16世纪以来，欧洲人掀起的航海大发现时代打破了以往世界各地区彼此隔绝的状态，不同种族和文化间的交流和互动空前活跃。欧洲文化与北美印第安人文化的交流是其中的重要内容。与中南美洲地区出现的

① 原文出自 Bruce G. Trigger, "The Jesuits and the Fur Trade", Ethnohistory, Vol.12, No.1 (Winter, 1965), pp.33～53. 布鲁斯G. 特里格于1937年6月18日出生在加拿大安大略省的普勒斯顿市，1964年在耶鲁大学获得考古学博士学位，先后任教于美国西北大学和加拿大麦吉尔大学，是一位享誉世界的考古学家和人类学家。同时，特里格也是一位多产的学者，先后写作出的专著和论文多达数十部。特里格的考古学家、人类学家和历史学家的多重身份，使其更为注重考古学发现对重构原始文化的作用，在对不同文化的研究中，特里格是文化比较人类学的代表人物，坚信每一种文化都有其自己的发展历史，不能简单地认为某种文化高于另一种文化。他一生都是坚定的文化相对论者，强调考古学研究中的客观准确性原则。他的这些思想在西方学术界有着广泛的影响，他的著作也是许多欧美大学里的主要教材。随着国内考古学、人类学和民族历史学取得巨大的发展，特里格作品中影响较大的几部著作已先后译为中文，参见：[加]布鲁斯G. 特里格著，《考古学思想史》，陈淳译，北京：中国人民大学出版社，2010年版；[加]布鲁斯G. 特里格著，《时间与传统》，陈淳译，北京：中国人民大学出版社，2011年版；[加]布鲁斯G. 崔格尔著，徐坚译，《理解早期文明：比较研究》，北京：北京大学出版社，2014年版。《理解早期文明：比较研究》是特里格的最后一部著作，也是其最有代表性的一部著作。贯穿整部著作的考古学、文化人类学与历史学研究材料和方法的结合，对多种早期文明的文化相对主义视角无疑都是特里格一生学术思想的汇合。本文选译的《耶稣会士与毛皮贸易》一文是特里格早期的一篇经典论文，作者尝试利用最新的考古学资料，以耶稣会传教和毛皮贸易两项连接欧洲人与印第安人的跨文化活动为桥梁，揭示近代欧洲文化与印第安人文化的交流和互动。文中从史前时期印第安人部落间贸易的兴盛到印第安人各部族面临欧洲人到来之时所做出的各种应对，无不体现出特里格的文化相对论思想。特里格的这些学术思想和方法对当今欧美学界相关领域的研究仍有着重要的影响。有鉴于此，笔者翻译了这篇论文，希望在丰富国内学界有关北美印第安人民族文化和历史的同时，为文化人类学和民族历史学学者的研究提供一种跨文化、跨学科的研究范式。原文无内容提要，本译文内容提要为译者所加。——译者注

这篇论文曾在1965年1月30日安大略的奥里里亚举办的休伦人研讨会上阅读。这次会议是当地商会筹办的纪念尚普兰到达350周年的休伦尼亚展览的一部分。这篇论文中我尝试将以往的研究汇总，集中讨论以前所没有重点关注的问题。它是关于17世纪上半期法国—休伦人关系的一项研究的组成部分。这项研究预计会有一份书籍长度的报告。基金支持：教育部人文社科青年项目"全球史维度下的近代毛皮贸易研究"（项目号：15YJC770017）；北华大学博士项目"近代毛皮贸易研究：全球史维度下的近代毛皮贸易研究"（项目号：202115009）。
② 梁立佳，北华大学东亚中心博士，福建师范大学社会与历史学院世界史博士后。

印第安人与欧洲人激烈的冲突相区别,新法兰西地区印第安人与欧洲人的接触和交流更为温和。传播基督教和毛皮贸易是近代欧洲人在新法兰西扩张的主要活动,也是连接印第安人和欧洲人的重要纽带。基督教对印第安人的影响主要体现在精神领域,而毛皮贸易中大量欧洲商品的涌入引发了印第安社会在物质、制度和价值观等方面的变化。基督教传教和毛皮贸易是新法兰西殖民地发展的两个支柱。从这个意义上说,对耶稣会传教和毛皮贸易的研究有利于重构近代法国殖民者、耶稣会传教士和印第安人各部落文化互动的历史过程。以往研究侧重于传统的政治经济方面的意义,片面突出欧洲人活动的主导性。加拿大学者布鲁斯 G.特里格在最新的考古学发现的基础上,结合考古学、文化人类学和历史学的跨学科方法,强调宗教精神领域的交流具有一定的独立性,肯定了印第安人的历史能动性,为世人提供了一幅近代印第安人与欧洲人文化交流和互动的全新画面。

在过去的百年里,有两部著作在休伦尼亚耶稣会传教活动研究方面具有广泛的影响。第一部是弗朗西斯·帕克曼的《17 世纪北美耶稣会》。帕克曼将这些布道活动视为耶稣会争取将北美纳入罗马天主教信仰的基石。伴随北美东部部落间古老与血腥的战争因欧洲贸易者和欧洲火枪的到来而强化,耶稣会的这一努力被神圣的上帝注定是要归于失败。在这些战争中,休伦人被他们凶残而贪婪的邻居——易洛魁人所摧毁。第二部书,乔治 T. 亨特的《易洛魁人战争》以另一种不同的视角考察这段历史事件。亨特认为 17 世纪的印第安人战争并不是古代战争的高潮,取而代之的是圣劳伦斯地区欧洲人的部落贸易伙伴与哈德逊地区欧洲人的部落贸易伙伴之间围绕毛皮而展开的争夺。尽管亨特肯定了耶稣会的传教动机,但是他的这部著作主要强调耶稣会作为"毛皮贸易的助手"和"法国利益的代理人"等角色。正是休伦尼亚的耶稣会建立起与休伦人间的贸易网络,并引导休伦人的政策倾向于魁北克的毛皮贸易。亨特认为"这些传教士坚信最有效的传教活动就是为贸易服务。"

每一代的学者都尝试从新的经历中理解过去。1930 年代的经济决定论有别于 19 世纪的历史目的论。每一部著作都为耶稣会传教的研究做出重要贡献。帕克曼对历史材料的仔细解读值得赞赏,但他对印第安人方式等知识的匮乏和对天主教情感调动新法兰西居民和传教活动的忽视是其主要的不足。亨特的书对材料的解读很少出现错误(见特里格,1960:15;图客,1963:122)但他试图运用经济模式解释所有问题,忽视了实际发挥作用的因素所构成的广泛网络。因为上述原因以及考古学发现改变了我们对易洛魁人史前史的认识,我认为是时候重新解读耶稣会在休伦人领地传教的历史材料。对这些材料的解读不但要坚持社会力量所发挥作用的模式,而且需要一种更人性化的尝试,将个人和团体放入他们所面对和做出反应的方式之中加以理解。这两种历史方法不应被看作是相互排斥的,而应作为相互补充之用。每一个时代都是由那些非个人所为的力量和超越个人和国家掌控或理解的力量所决定。尽管如此,构成历史的事件并不是没有思想、抽象概念的人活动的结果,而是具有不同背景、能力和信仰的个体活动的结果。在一致性带来的巨大压力之下,人们更倾向于屈从而非捍卫自己的认识。尽管如此,让我们评价自身活动结果的自由也限制了行为的选择,需要一种平衡的历史解释,即不仅仅是帕克曼所倾向的特定团体和个人的行为,或者亨特坚持的抽象的社会和经济趋势。取而代之的是必须尝试创造一张有意义的关系网络,包括个体、社会过程和鼓舞人类生活的信仰和观念。

我写作这篇文章的目的不是对耶稣会唯利是图的控诉。这些控诉来自耶稣会在休伦人传教时代的法国和1672年新法兰西长官路易斯·德·布雷斯宣称耶稣会较之灵魂更喜欢转化海狸的言论。(兰特多,第2卷:63)耶稣会像所有殖民者一样使用毛皮作为一种交换手段,使用自身获得的毛皮从新法兰西公司购买补给。然而,耶稣会也需要赠予印第安人贸易商品以便换取印第安人的好感。即使在耶稣会与印第安人维持较好关系之时,这种贸易也没有中断。而且,很多依附于教会并获得贸易签证的世俗劳工利用他们的利润支持传教士。耶稣会既不是毛皮公司的搭档,也不是其竞争对手。从未掩盖耶稣会缺点的帕克曼正确地指出,"嫁祸于(耶稣会)唯利是图的动机是明显的恶毒攻击。"(帕克曼,1927:466)

耶稣会和毛皮公司之间从未存在过密切的联系。我的目标是考察构成休伦传教活动基础的传教士、毛皮贸易商和印第安人间的三角关系。首先,我们需要论述一些有关欧洲人与印第安人之间毛皮贸易的一般情况。[1]这种贸易开始得比通常想象得更久远。16世纪早期,西欧渔民开始深入沿海省份

---

[1]这部分论述的材料和详细内容参见特里格1962a.图客的《劳伦斯系易洛魁人》中有更多注释,1964:第3页、第4页。

的海岸和下圣劳伦斯河的北岸。这些上岸晾晒鱼类的渔民开始与印第安人交换毛皮，毛皮贸易逐渐发展起来。贸易早期包含各种动物的毛皮，但是在16世纪，一项对海狸皮加工的古老技艺开始复兴，海狸皮很快在数量上超过了其他所有种类的毛皮。东部海岸早期毛皮贸易的记录较少，但是当法国航海家和探险者杰奎斯·卡地亚于1534年第一次访问圣劳伦斯海湾之时，他的到来并未在印第安人中引起轰动。这些印第安人已经习惯于与欧洲人进行贸易。他对魁北克附近的劳伦斯系易洛魁人定居点的到访也未能造成大的影响，因为许多来自这些村社的印第安人在夏季就前往早已有欧洲人从事贸易活动的更偏东部的地区捕鱼和猎获海豹。

欧洲人的珠子、服饰和金属制品很受印第安人的欢迎。印第安人很快意识到欧洲工具和武器较之传统器物的优越性。尽管这些货物因为新奇而广受欢迎，但是很多部落逐渐适应使用并依赖于这些工具。

最早接触到欧洲贸易商品的是生活在下圣劳伦斯周围地区的印第安人部落。伴随更远地区的印第安人对欧洲商品需求的扩大，下圣劳伦斯地区的印第安人部落开始尝试垄断这些过往于其领地的贸易。这种行为甚至在毛皮贸易开始以前即已成为土著人贸易的一个特征。享有中间商地位的部落可以从不必参与狩猎的毛皮贸易和不用自己制造的欧洲货物两个方面中获利。这样的部落最为关心的是不让法国人与生活在内地的部落建立起直接的联系。早在1535年，魁北克城的印第安人就曾极力劝阻卡迪尔前往河流上游的奥雪莱加（Hochelaga），即今天的蒙特利尔。直到1581年，这一地区充满敌意的印第安人仍一直阻止卡迪尔前往上游地区。这种敌意似乎来自其在卡迪尔率领的第三次探险中受到的来自卡迪尔和德·罗贝瓦尔（de Roberval）的不礼貌对待。随着生活在内陆腹地的部落被毛皮贸易的利润所吸引，并且对这些商品的依赖日益增加，一旦他们变得足够强大就会尝试夺取下游部落所掌控的垄断权。正如亨特所说，这种情况导致一种新形式的部落战争。这种战争主要由经济引起，比毛皮贸易以前的战争更具杀伤性。同时，这种战争较少涉及血缘复仇、个人尊严或对人祭奴隶的掠取。

尽管具体的细节难以确认，但是印第安人部落间围绕对圣劳伦斯河贸易点的争夺无疑对解释劳伦斯系易洛魁人的消失中起到重要的作用，同时也强化或直接促成易洛魁人五族部落的形成。贸易货物在16世纪下半期抵达易洛魁人中，但他们无法与位于沙格奈河（Saguenay）口的塔杜萨克（Tadoussac）的贸易商建立直接的联系。圣劳伦斯的毛皮贸易先后为劳伦斯系印第安人和阿尔冈亲人所控制。

直至1603年欧洲人抵达圣劳伦斯河上游，生活在沙格奈河、圣莫里斯河（St.Maurice）、渥太华河（Ottawa）、黎塞留河（Richelieu）沿岸的部落早已卷入毛皮贸易，以及对直接与欧洲商人联系的冲突之中。直到这一时期，大部分贸易集中在塔杜萨克，伴随法国探险者塞缪尔·德·尚普兰的到来，毛皮贸易很快扩展到魁北克、三河和蒙特利尔。

尽管贸易商品可能通过阿尔冈亲人较早到达休伦尼亚，休伦人与法国人最早的直接联系发生在17世纪初的渥太华河。①然而，贸易已经在休伦尼亚的经济活动中发挥重要作用。1615年以后，法国人的文献显示休伦人使用玉米、烟草、印第安人大麻和松鼠皮与阿尔冈亲人换取干鱼、肉类、毛皮、天然铜、服饰和宝石。阿尔冈亲人和尼皮辛人（Nipissing）在休伦人领地过冬，居住在休伦人的村社外围，使用鱼类换取玉米。休伦人掌握了对其他部落的贸易，牵涉到破坏与这些部落友好关系的行为会受到比仅仅涉及休伦人更为严厉的惩罚。这些模式不可能在较短时间内形成，我认为休伦人早在毛皮贸易开始以前就与北方的狩猎民族开展起贸易活动。休伦尼亚拥有肥沃、易于耕种的土地，位于玉米农业难以维持土著人口的加拿大盾（Canadian Shreld）的边缘。而且，休伦尼亚位于可以深入北部地区的独木舟航线的最南端。休伦尼亚成为农业民族与狩猎——采集民族贸易的理想地点。随着休伦联盟的扩大，安大略中部和东部越来越多的易洛魁语系人口选择定居于此。

伴随毛皮贸易向西部的扩展，规模庞大的休伦联盟取代渥太华河谷的阿尔冈亲人成为这种贸易的主导者。休伦人仅仅扩大和增强了已有的贸易模式，并增加了法国贸易货物的数量。他们广泛种植的玉米在冬季挨饿的北方民族中有着很大的市场。依靠这种方式，休伦人能够在安大略北部的毛皮贸易中占据大量份额，成为法国人重要的贸易伙伴。17世纪早期法国人、阿尔冈亲人和休伦人联合击退莫霍克人对圣劳伦斯河谷的占领（英尼斯，1930：20），尚普兰沮丧地发现休伦人与其他易洛魁部落的“战争”仍然是传统的方式。莫霍克人喜欢将多余的毛皮与哈德逊的荷兰人交换，从抢夺渥太华河上的休伦人或阿尔冈亲人的货船中获利。尽管如此，易洛魁人仍然能够在本部

①思韦茨1896-1901，第16卷，第229页。更多材料和史前休伦人贸易和定居的讨论可以参见特里格1962b。

落的领地捕获海狸，直到1640年海狸资源的耗尽迫使其获得外部资源。(亨特，1940:33-35)

当这一地区不同的部落彼此间进行贸易，他们经常以交换儿童作为友谊的保证。[①]尚普兰借鉴这种做法，1609年一些法国男孩儿被送往内地与阿尔冈亲人和休伦人一起生活。1615年尚普兰对休伦尼亚的访问强化了与众多休伦人首领的联合。这些首领早已通过向下游法国人赠送礼物的方式暗示其与法国人结盟的渴望。从尚普兰时代开始就有一些年轻的法国人生活在休伦尼亚，与休伦人一起旅行，因为"亲属"的身份和参加毛皮贸易活动而获得较大的需求。第一批森林贸易者中最有名的是跟随休伦人队伍往返于苏必利尔湖和萨斯奎哈纳(Susquehannah)领地之间的艾蒂安·布鲁尔(Etienne Brule)。研究这一时期的宗教历史学家大多忽视这些人的活动。许多森林贸易商与休伦人一样过着艰苦的生活，与休伦族女子生活在一起就像晚些时候西北公司的贸易商那样。他们在组织毛皮贸易中的作用还需要进一步探究。尽管他们独自收集毛皮，但他们对公司的重要性主要体现在一般的鼓励毛皮贸易，以及在印第安人中树立自信和好的形象上。休伦人维持周边地区毛皮贸易霸权的决心显示在1623年当法国传教士被派往"中立部落"领地时的行动中。当神父德拉·罗氏·狄龙(de la Roche Daillon)领导的教会被"中立部落"印第安人所接收，法国人建议引导他们进行贸易。休伦人巧妙地通过散播法国人邪恶本质的谣言来吓跑这些潜在的竞争对手。

当时早期森林贸易者被尊为猎人和战士，成为休伦人社会中的一员，但前往休伦尼亚传教的传教士则遇到了截然不同的境遇。尽管传教士有时被尊敬为有实力和重要的人，他们非但不接受休伦人的生活方式，甚至连一点也不能容忍。法国祈祷者被认为是休伦人方式的补充，获得了能够为捕鱼活动带来好运的名声。尽管方济各会教士和耶稣会教士继续在休伦尼亚传教，神父让·德·布雷伯夫(Jean de Brebeuf)个人很受欢迎。神父尼古拉斯·维耶尔(Nicolas Viel)则被休伦人杀害，基督教在休伦人中劝诱改宗的活动难以取得成效。

尽管休伦人喜欢法国人的贸易货物，他们的尊敬对象并不涵盖所有法国

[①]参见思韦茨 1896-1901，第20卷，第59页；第27卷，第25页。有关贸易中的友谊和联盟的作用的进一步论述，参见特里格 1960：第23页。同一篇论文为下面的论述提供引证。

人。那些没有能力掌握休伦人语言和难以掌控新环境的人成为被嘲笑的对象。这些人因担心破坏贸易而无视印第安人的攻击,一旦对这种嘲弄作出回应,法国人就会被轻易杀掉。一方面尽管需要法国人的商品,但休伦人没有理由改变自己的生活方式。他们与贸易商的接触为其带来所需的新器物和奢侈物品,而没有带来对他们生活方式的挑战。另一方面,传教士不能够提供休伦人所需要的商品,却批评他们的行为,挑战他们所珍视的信仰。他们对传教士的容忍缘于维持与贸易商良好关系的考虑。

这一时期,由于方济各会规劝印第安人过定居生活和采纳法国人生活方式的政策违背了贸易公司自身的利益,这些公司较少支持传教活动。这一阶段,无论是印第安人,抑或贸易商都不需要或欢迎传教士的活动。尚普兰对传教活动的兴趣是一个特例,部分源于他对幼年新法兰西殖民地发展的宏达计划。认为法国贸易者需要传教士充当其代理人的说法明显能够被这些年存在的情况所反驳。森林贸易者能够胜任这项任务,不同于传教士,他们受到休伦人的欢迎。

1632年,经历了英国人的短暂占领又重新回到法国人手中时,传教活动的性质发生变化。方济各会不再被允许回到新法兰西,使耶稣会可以自由的发展出协调的计划。与毛皮公司的合作是传教活动取得任何进展的关键。以前,胡格诺派主要考虑蒙特利尔的毛皮贸易利益,那是在英国人占领前成立的,为热烈的天主教徒所有的新的贸易公司对传教活动报以更多的热情。

1633年,三名耶稣会士尝试到达休伦人领地的活动失败。休伦人以传教士的生活会受到圣劳伦斯河沿岸阿尔冈亲人的威胁为名,拒绝接受他们。休伦人在第二年再次拒绝耶稣会。法国人败于英国人之手使休伦人更敢于拒绝这些耶稣会士。通过赠送礼物,以及尚普兰坚持有关接受和善待传教士是维持与法国人友好关系的重要内容,最终说服了休伦人。(思韦茨,1896—1901,第10卷:27)一旦决定接受传教士,岩石部落和熊部落争相将传教士带回到本部族。

现在看来,耶稣会处理与休伦人关系的政策较为明智。[①]他们一般不改变休伦人的生活方式,而仅需要休伦人活得像一个基督徒。方济各会后来攻

---

① 应当指出它符合耶稣会所有政策。杜伊格南在1958年对这一政策进行了论述。弗兰特纳克的材料参见列·克莱尔1881年,第256页。

击耶稣会没有要求印第安人接受法国人的服饰和举止,而是使他们分离,使用他们的语言进行传教。教化一个印第安人部族,而非将印第安人转变为法国人在他们思想中占据重要地位。耶稣会采取的第一步是阻止森林贸易者居住在休伦尼亚,因为他们的道德行为被认为不利于传教的成功。(帕克曼,1927:465~466)耶稣会选择教会雇佣,并授权与印第安人贸易的世俗助手来替代森林贸易商。世俗助手被认为是信诚的教徒和严于律己的工人。

在耶稣会到达休伦人领地的第一年,他们很受欢迎,被邀请到不同的家庭和村社。他们被邀请作为法国人的代表参加军事会议。他们受到的欢迎还与毛皮贸易相关。法国人的食物和小饰品被赠予印第安人作为服务的回报。宗教活动因为伴随着烟草的自由分发而受到欢迎。

1634年至1640年对于休伦人来说是一段逆境时期。1634年,一种不知名的疾病,麻疹或天花开始在魁北克风行并向上游散播。这是接下来持续六年的一系列疾病的开始,它的高潮是1638年至1640年的天花病毒。在这一时期,休伦尼亚损失了超过一半的人口,大约只有1万人存活下来。①

休伦人坚信病毒来自魁北克,根据他们的传统信仰,他们开始控诉传教士实行巫术或者从杀害森林贸易商布鲁尔(Brule)的行为中寻求报复。因为耶稣会曾试图洗礼尽可能多的即将死去的儿童,洗礼被看作是一种巫术杀人的形式。部落会议讨论耶稣会是否应该被杀死或者驱逐出部落,一些村社拒绝让他们在附近生活。1638年,从纽约州逃往休伦尼亚的温罗(Wenro)印第安人向其传播了从哈德逊的清教徒那里的有关天主教传教士的可怕故事。这些类似的故事煽动休伦人的仇恨。然而,贸易在发展,维持与法国人贸易的需要使休伦人打消了杀害耶稣会士的想法。耶稣会士注意到当休伦人每年前往魁北克贸易以前或者贸易成功后其所受到的迫害最小。法国商品对休伦人十分重要,在危机时期也只有一个村社拒绝使用法国商品。(思韦茨,1896—1901,第15卷:21)一个休伦人坦言,如果他们两年没有前往魁北克,他们会非常艰难。

当耶稣会神父布雷伯夫(Brebeuf)和约瑟夫·玛丽·考蒙特(Joseph Marie Chaumonot)在1640年至1641年访问"中立部落"领地之时,休伦人曾试图贿

---

①不同的学者将疾病到来前休伦尼亚的人口数量估计在3万到4万人之间,但是这些统计都缺乏相应的支撑,这些统计可能也很离谱。1639年的人口调查无疑提供了那一年的较为准确的数据。

赂这些印第安人杀死传教士。通过这种途径，他们希望在不损害毛皮贸易的情况下杀死耶稣会士，并嫁祸于"中立部落"联盟的人。年长的首领似乎看透这一切阴谋，进而阻止事情的实施。无论如何，"中立部落"联盟的男子因为不用为毛皮贸易的关系而担忧，其对待传教士的态度也不如休伦人。

在部落内，休伦人希望通过不断地骚扰使耶稣会士离开。儿童被唆使攻击他们，他们的饮食不能保证，他们的宗教礼器被弄脏。其中，他们的一个非常有能力的信徒在带领耶稣会士前往矮牛人（Petun）领地以后被杀害，也许就是休伦人所为。[特里奇（Trigger），n.d.]

截至1637年，耶稣会士已放弃注重使儿童皈依基督教和在魁北克对其中一些人进行强化训练的倾向。此后，他们尝试洗礼老年人和家庭的首领。他们皈依者中的许多人是前往魁北克的贸易者，他们希望在那里进行贸易时获得优待。魁北克的法国人甚至宣布如果休伦人在四年内没有成为基督徒，毛皮贸易将被中断。（思韦茨，1896—1901，第17卷：171）然而耶稣会士没有凭借这些压力获得大量皈依者，而是仅仅洗礼那些能够证明自己有能力过基督徒生活的候选者。这一时期结束时，休伦人中只有60名正式基督徒。

到1640年，休伦尼亚发生了许多的变化。先前的六年里，部落死亡的人数超过总人口的半数。这些人中很多是儿童，这似乎说明后来易洛魁人只攻击较之人口规模人数更少的青年男性。许多老年人也死去，其中包括最杰出的首领和工匠。耶稣会士认为年长者掌握的大量休伦人的神话和宗教知识也会随之消失。（思韦茨，1896—1901，第19卷：123，127；第8卷：145~147）众多传统领袖的离去也对政治组织造成破坏。在疾病中存活下来的非世袭首领在会议中较之先前获得更为重要的地位。（帕克曼，1927:209）毛皮贸易也加速身份分化和暴发户（nouveau riche）①的发展。伴随古老技艺的丧失和传统领导权力的削弱，休伦人更加依赖法国人。

到1640年，易洛魁人已经耗尽自己领地内的毛皮资源，开始四处找寻资源。此时，他们也从南部不同的欧洲殖民地获得火枪。另一方面，休伦人只能与倾向于直接派兵保护印第安人盟友，而非向其出售火枪的法国人贸易。也可能疾病对易洛魁人的破坏没有休伦人那么严重。1642年，一队易洛魁人

---

①布雷博夫对死亡宴会上首领举止的论断可以从日趋增加的身份多元化中获得论证。（思韦茨 1896-1901，第10卷，第303~305页）对待财产的新态度参见思韦茨 1896-1901，第17卷，第111页；第23卷，第129页。

战士烧毁了康塔勒(Contarea)的休伦人村社,莫霍克人伏击了前往魁北克的休伦人船队。[①]休伦人的日趋削弱以及易洛魁人抢夺休伦人毛皮贸易或者至少与其分享毛皮贸易的欲望的增强都加速了休伦人对法国人的依赖。1640年也是一个丰收年,新法兰西长官查尔斯·雅克·德·浩特·蒙马尼(Charles Jacques Hualt de Montmagny)采取措施惩罚那些虐待传教士的休伦人,休伦人停止了对耶稣会的迫害。同时,他再次肯定了法国人与休伦人的联盟,强调耶稣会士留居在休伦人领地的重要性。(思韦茨,1896—1901,第21卷:143)

1639年,耶稣会在威河(Wye)河口附近建立一个永久性传教中心。休伦人新的首领 Ste. Marie 被要求为耶稣会士和他们的助手提供较为坚固的居所。这一中心包括一家医院、一处印第安人休息寓所、一个供基督徒节日聚会的地方。截至1649年,这个中心有超过60个欧洲人,其中包含23名基督徒。从魁北克带来的猪、奶牛和家禽被饲养,欧洲人的谷物也在周围的田地里种植。

1640年以后,耶稣会士不再遭到迫害。基督教较之以往更受欢迎。1642年至1643年间三位主要首领接受洗礼,这一举动赢得了更多的信徒。在耶稣会较早传教的是奥萨萨尼(Ossassane),基督徒的数量不断增加,耶稣会制定了洗礼整个村社的目标。现在,印第安人基督徒可以公开穿戴诵经念珠,他们中的一些人还进行转化"中立部落"的世俗传教活动。休伦人独自进行这项传教,他们作为一个整体不允许法国人直接与"中立部落"的印第安人接触。

休伦人有很多理由成为基督徒,包括:赞赏传教活动和亲人受到洗礼等。至少有一些皈依者是出于经济方面的考虑。例如,1648年休伦人部落有十分之一的人是基督徒,休伦人船队里有超过一半的人是基督徒或者有亲属是基督徒。有些印第安人成为基督徒是为了在魁北克受到更好的招待,也有人不想自己的财产在传统仪式中遭受损害。后一种原因也展现出休伦人文化中的新变化。

尽管耶稣会希望保留那些与基督教传教相适宜的休伦人习俗,但他们仍然面临许多困难。耶稣会传教士罗杰姆·拉蒙特(Jerome Lalemant)注意到由于部落首领主持传统仪式的需要,"成为一个首领和一名基督徒势如水火"。

---

①有关易洛魁人击败休伦人的论述参见图客 1963.

(帕克曼,1927:452)基督徒不再被从部落会议中驱逐,但是基督徒武士拒绝与传统信仰者一同作战,要求分离战斗。基督徒间的纽带强于亲属间的纽带,一些基督徒不希望死后安葬在本部落传统信仰者的身边。

因为休伦人中受洗礼者不断增加,传统信仰者担心他们传统的生活方式和他们的权力。当耶稣会士离开之时,皈依者就会遭受奚落,他们从家里被驱逐,甚至面临折磨和死亡的威胁。坚持传统信仰的女性试图引诱基督徒男子。村社中,耶稣会士需要通过向传统信仰者贿赂以阻止她们对基督徒的引诱。1645年和1646年,立足于反对基督教的新的异教信仰开始出现。一种是森林精灵的信仰教派;另一种则基于一位女性基督徒在死后来到天堂看到印第安人遭受法国人折磨的幻想。然而,基督徒经常表现得更为平静,因为他们被告知不能公开地攻击他们先辈。随着时间的推移,重要的首领在成为基督徒后不再放弃自己的职务,而是尝试将他们传统宗教的功能转化为统治工具。(思韦茨,1896—1901,第28卷:89)有时,传统信仰的领袖会拒绝基督徒参加包含传统仪式的节日活动。

这些事件都发生在一个深厚的历史背景之中。在1642年和1643年间,莫霍克人抢夺了渥太华河上的休伦人船队。1644年,他们封锁住这条水路。同年,一只由20名法国士兵组成的队伍被派往保护这一地区。1645年,法国人、他们的印第安人盟友、希望与休伦人和阿尔冈亲人贸易的易洛魁人签订和平协定。(亨特,1940:76~82)然而,休伦人不希望成为易洛魁人的附属或破坏他们与法国人的联盟。1645年有超过60艘、1646年有超过80艘的运载毛皮的船只抵达蒙特利尔。后者运载有32000磅的毛皮。

莫霍克人的怨恨不断增长。同年秋季,神父艾萨克·乔格斯(Isaac Jogues)被控告在易洛魁人中传播疾病和谷物害虫,最后被最东部的部落所杀害。至此,易洛魁人开始实行他们消灭毛皮贸易中的竞争对手——休伦人的计划。这一行动由荷兰人最主要的毛皮伙伴莫霍克人和居住在安大略湖沿岸的塞尼卡人所率领。因莫霍克人争夺易洛魁联盟控制权而愤恨的奥内多加人表现得最不积极。易洛魁人的攻击以及易洛魁联盟实力的增强令休伦人感到恐惧。1640年以后,超过两百名休伦人离开休伦尼亚,前往受法匡人保护的魁北克附近。1645年,更多的休伦人撤离到加拿大的南部边缘地区。1647年,易洛魁人封锁住圣劳伦斯河、岩河,生活在休伦尼亚东部的休伦人放弃了自己的村社而迁往圣玛丽(Ste. Marie)附近。尽管如此,休伦人仍未丧失斗志。1647年,休伦人在萨斯奎哈纳人的帮助下试图分裂易洛魁联盟,导致跟随塞尼卡人远征的300名奥内达加人被迫返回。1648年1月,莫霍克人袭击了前去与奥内达加人和谈的休伦人,最终破坏了这次和谈。

事件开始发展得更为迅速。1648年3月,圣伊格纳斯(St. Ignace)遭受巨大损失,幸存者撤往圣玛丽东部的一个耶稣会帮助建立的定居点。7月4日,易洛魁人进攻圣若瑟(St.Joseph),此时神父丹尼尔·安托万(Antoine Daniel)正在做弥撒,遭到杀害或俘获的人数超过七百。休伦人遗弃的圣玛丽村社被焚毁。随着恐惧感的增加,许多休伦人希望获得耶稣会的帮助和领导。1646年至1648年春天,有1300人受洗礼;1648年7月至1649年3月,有2700人受洗礼。1647年至1648年,超过3000个印第安人访问圣玛丽,9000份食物被分发。而主战派熊部族与遭受巨大损失、希望与易洛魁人和谈的岩石部族的政策分歧更加剧了这种不确定性。

皈依者的增加以及耶稣会地位的提高刺激了传统信仰者中的极端分子。我们无法了解这些传统信仰者如何与倾向于主和的派别联系起来。然而,主战派的熊部族也是基督徒最多的部落。传统信仰者不但反对基督教,而且反对法国人。也许他们真正的目的是破坏休伦人与法国人的联盟,并通过与易洛魁人开展毛皮贸易以换取和平。1648年4月,来自三个村社的六位首领集会并决定制造牵涉法国人的事件。他们杀害了一位耶稣会世俗雇员雅克·都艾特(Jacques Douart)。当基督徒包围圣玛丽之时,策划者并未隐瞒此事,而是要求所有基督徒离开部落。经过数日的争论,亲法派取得上风,通过巨额赔偿,耶稣会士重新回到部落,传统派因谋杀而受到惩罚。(思韦茨,1896~1901,第33卷:229~249)基督教派赢得重大胜利。

至此,奥萨萨尼城镇的多数居民成为基督徒。冬季,村社里占人口多数的基督徒不允许举办传统仪式。传教士的建议被上升到道德层面。耶稣会实现了休伦尼亚基督教化的梦想,尽管只是在一个村社之内。

尽管面临的危险不断增加,1647年夏季以后毛皮贸易却开始恢复。1648年,250名休伦人乘坐50~60艘独木舟前往魁北克。少量法国士兵被派往休伦尼亚防守圣玛丽,并保证下一年春季的贸易活动。贸易十分成功,圣玛丽储存的供给可以维持三年。

耶稣会传教的最后一年有着详细的记录。1649年3月,大约1000名塞尼卡人和莫霍克人武士前往圣伊格纳斯(St.Ignace)和圣路易斯(St. Louis)村社,掠走了拒绝逃走的神父布雷伯夫(Brebeuf)和神父拉蒙特(Lalemant)。这些传教士的死亡方式十分恐怖,在此不加详述。易洛魁人在前进过程中遇到从奥萨萨尼赶来的大约300名基督徒战士的抵抗,其中大部分人战死。易洛魁人考虑到自己遭受的巨大损失,挟持俘虏离开休伦尼亚。休伦人的伤亡虽小,但很短的时间里损失了五个村社。易洛魁人装备精良。他们在休伦尼亚安全定居或能够种植谷物的心愿远没有被满足。这最后一次的进攻使休伦人意识到本部落的失败。在掩埋了他们村社的15具尸体后,休伦人和他们的邻居矮牛人和"中立部落"印第安人一起逃往佐治亚湾周围的森林和岛屿。截至1639年5月,超过300户家庭定居在近岸的基督徒岛(Christian Island)。一些基督徒首领仍生活在邀请耶稣会定居的地方。耶稣会原本希望能够引导逃散者前往休伦湖的马尼图林(Manitoulin)岛,在那里重建休伦人村社并维持毛皮贸易。(思韦茨,1896—1901,第34卷,第205页)但他们最终同意摧毁圣玛丽,跟随休伦人迁往基督徒岛。

他们在那里与休伦人一起建立一所贸易站,并开垦出新的土地以种植谷物。最后的毛皮船队像往常一样驶往下游的魁北克。新法兰西较少的人口也遭受易洛魁人的威胁,加之粮食歉收,难以提供任何援助。到冬季,岛上已经挤满了6000个印第安人,他们的数量因为遭受易洛魁人冬季袭击的矮牛人的到来而不断增加。耶稣会竭尽全力维持局面,甚至向阿尔冈亲人购买橡子。岛上人口的大部分是基督徒,人们开展起大量的弥撒和宗教仪式。然而,粮食很快被耗尽,饥荒和疾病开始不断蔓延。晚冬时节,休伦人被迫依靠食用人肉来维持生存。饥饿使很多人选择离开岛屿,他们或者死于薄冰之下,或者死于易洛魁人的屠杀之下。到春季,已有300多印第安人离开岛屿。耶稣会同意将一部分印第安人信徒带往魁北克。然而他们在那里继续遭到易洛魁人的攻击,但其中一些人在罗瑞德(Lorette)一直生活到今天。

不是所有的休伦人都迁往基督徒岛,许多休伦人仍然散布于佐治亚海湾附近,其中包括那些责备法国人毁灭其故乡以及激进的反基督教者。(思韦茨,1896—1901,第25卷:175~177)其他人逃往矮牛人领地,与其共同形成怀尔恩多特人(Wyandot)部落。也有人前往"中立部落"和伊利(Erie),随后的几年他们将面临因易洛魁人进攻而带来的第二次逃亡。圣让·巴蒂斯特(St.
Jean Baptiste)和圣迈克尔(St. Michael)村社投靠于易洛魁人,被安排与塞尼卡
人共同生活。当然,饥饿和疾病较之易洛魁人杀害了更多的休伦人。

　　我只能提供耶稣会向休伦人传教的大概情况。尽管我不能在个体层面
进行讨论,但是我能够勾勒出整体的趋势。最后,我希望对有关休伦人基督
传教活动的琐碎观察进行一个总结。正如前文所言,学术界存在着一股暗示
耶稣会传教的不正当目的的潮流。依据耶稣会有时在部落中充当政治代表,
有时依靠毛皮贸易维持传教活动。这些解读都是一个世俗社会的产物。令
人奇怪的是,经过系统训练的学者费尽心机地去了解非西方文化人们的思想
和动机,却从不愿意思考他们自己文化中那些持有不同观点的人群。毫无疑
问,耶稣会的首要目的是教化休伦人皈依罗马天主教。在其灵魂深处,他们
认为教化新世界可以弥补旧大陆天主教因宗教改革而带来的损失。耶稣会
对休伦人和法国人友好关系推动的动机是法国为当时在北美东部建立殖民
地的唯一一个天主教国家。没有材料可以论证耶稣会腐蚀休伦人政治体制
或操纵休伦人首领倾向于法国人的政策。其实,他们是担心不受管制地与法
国人接触将阻碍他们渴求的天主教国家的发展。正如特纳克(Frontenac)所
说,耶稣会将印第安人分离,使用他们的语言传教,简言之,他们并不试图将
印第安人变为法国人。他们的目标与其在巴拉圭的同事十分相似。如果说
耶稣会在休伦人中传教的失败之处,那就是他们没有说服魁北克当局向休伦
人提供其所需的火枪。

　　耶稣会士也不是毛皮公司的代理人。面对休伦人的冷落,他们唯一的途
径是让毛皮公司劝说休伦人接受耶稣会是毛皮贸易的组成部分。在休伦尼
亚,耶稣会士使用世俗帮手取代了森林贸易商。因为后者会给印第安人提供
一个不道德的范例。耶稣会对毛皮贸易的任何活动都是以传教为目的而不
是金钱。简而言之,耶稣会代表新法兰西的政府或毛皮贸易所做的任何活动
都以保证其在休伦尼亚的传教和不违背他们的准则为出发点。宗教动机以
及少有的对初民福祉的责任成为耶稣会士思想中最重要的考虑。

参考文献：

［1］Bruce G. Trigger, The destruction of Huronia: a study in economic and cultural change, 1609−1650, Transactions of the Royal Canadian Institute, 1960, vol.33 (1), pp.14−25.

［2］Bruce G. Trigger, Trade and tribal warfare on the St. Lawrence in the sixteenth century, Ethnohistory, 1962, vol.9, pp.240−256.

［3］Bruce G. Trigger, The Historic location of the Hurons, Ontario History, 1962, vol.54, pp.137−148.

［4］Bruce G. Trigger, Chihwatenwa, Dictionary of Canadian Biography, vol.1, Toronto, in press.

［5］Christian Le Clercq, The first establishment of the faith in New France, John G. Shea trans, New York, 1881.

［6］Elisabeth Tooker,The Iroquois defeat of the Huron: a review of causes, Pennsylvania Archaeologist, 1963, vol.33, pp.115−123.

［7］Elisabeth Tooker, An ethnography of the Huron Indians, 1615−1649, Bureau of American Ethnology, Bulletin 190, Washington, 1964.

［8］Francis Parkman, The Jesuits in North America in the seventeenth century, Boston, 1927.

［9］George T. Hunt, The wars of the Iroquois: a study in intertribal trade relations, Madison, 1940.

［10］Gustave Lanctot, A history of Canada: vol.2, from the Royal Regime to the Treaty of Utrecht, 1663−1713, Toronto, 1964.

［11］Harold A. Innis, The fur trade in Canada, New Haven, 1930.

［12］Peter Duignan, Early Jesuit missionaries: a suggestion for further study, American Anthropologist, 1958, vol.60, pp.725−732.

［13］Reuben G. Thwaites, ed, The Jesuit relations and allied documents, 73 vols. Cleveland, 1896−1901.

征稿启事

《西部史学》为西南大学主管,西南大学历史文化学院 民族学院主办的学术辑刊,每年出版两辑。本刊立足西部、面向全国、放眼世界,现诚向国内外学界邀稿,敬请学界同仁支持并赐稿。

▽**栏目设置**

本刊常设出土文献、中国古代史、中国近现代史、历史地理学、历史文献学、史学理论与史学史、民族学与文化人类学、考古学、世界史、跨学科研究等专题栏目。

▽**来稿须知**

1.论文为未经刊发稿件,字数以10000字左右为宜,来稿请使用word排版。

2.论文基本要素齐全,包括标题、关键词、摘要、参考文献等。

3.所投稿件务请保证文章版权的独立性,无抄袭、署名排序无争议情况,请勿一稿多投。

▽**来稿格式**

1.论文题目(宋体4号字)

2.作者姓名、单位、地址、邮编(宋体小4号字)

3.摘要(宋体5号字,400字以内)

4.关键词(宋体5号字)

5.正文(宋体小4号字)

6.注释:采用脚注形式,引文务必核查准确无误,需注明引文作者、出处、出版社、页码(论文可不注明页码),古籍要注明版本。

7.文末注明作者简介,包括姓名(出生年月)、性别、学历、职称、研究方向及单位名称、通信地址、邮政编码、联系电话、邮箱等;如成果得到基金项目资助,请注明项目来源、名称、编号。

▽**来稿反馈**

1.本刊实行匿名审稿,编辑部收到稿件之后30个工作日内反馈稿件采用与否情况。

2.来稿文责自负,本刊有权对来稿作技术性和文字性修改。

▽ **其他**

1.本刊不收取任何版面费与编辑费。

2.来稿一经发表,即赠送作者当期刊物2册,并实行优稿优酬。

▽ **联系方式**

1.投稿邮箱: xibushixue@126.com

2.地址:重庆市北碚区西南大学历史文化学院 400715

3.联系电话:023-68252331